한^韓·중^中·일^日 사회적경제
Mapping

김의영 · 미우라 히로키 편

진인진

편자

김의영_ 서울대학교 정치외교학부 교수(제1, 2, 5장)

미우라 히로키_ 서울대학교 한국정치연구소 연구원(제1, 4, 5장)

연준한_ 서울대학교 정치외교학부 대학원 석사(제4장)

윤태희_ 서울대학교 국제대학원 박사과정(제3장)

이경수_ 서울대학교 정치외교학부 대학원 박사과정(제3장)

이상직_ 서울대학교 사회학과 대학원 박사과정(제4장)

임기홍_ 서울대학교 정치외교학부 대학원 박사과정(제2장)

한·중·일 사회적경제 Mapping

초판 1쇄 발행 | 2015년 7월 29일
편 자 | 김의영·미우라 히로키
발행인 | 김영진
발행처 | 진인진
등 록 | 제25100-2005-000003호
주 소 | 경기도 과천시 별양동 1-14 과천오피스텔 614호
전 화 | 02-507-3077~8
팩 스 | 02-504-3079
홈페이지 | http://www.zininzin.co.kr
이메일 | pub@zininzin.co.kr

ⓒ 진인진 2015
ISBN 978-89-6347-208-9 (93300)

본 단행본은 2013년도 정부재원(교육과학기술부인문사회연구역량강화사업비)으로
한국연구재단의 지원을 받아 연구되었습니다(NRF-2013S1A3A2054523).

　주민들이 공동 출자한 햇빛발전소, '돈 되는' 치료는 가능한 지양한
다는 마을치과, 사람과 동물이 공동대표인 협동조합형 동물병원, 1인
가구들이 모여 주거 공간을 공유하는 공동주택, 직원 80%가 장애인
인 빵 굽는 회사, 그리고 동네마다 갖가지 형태와 색다른 이름으로
만들어진 각종 마을기업들. 소설 속에서나 나올만한 이야기들이 아니
다. 사회적경제, 즉 '이윤뿐 아니라 사회적 가치를 추구하는 경제활동'
을 영위하는 조직들로서 최근 우리 언론의 주목을 받은 사례들이다.
협동조합, 사회적 기업, 마을기업, 자활기업, 농어촌 공동체 회사 등
한국의 주요 사회적경제 조직의 규모와 성장 추세 또한 결코 무시할
수 없는 수준이다. 가령 2012년 12월 협동조합기본법이 제정된 후 2
년 만에 설립된 협동조합의 수는 6,000여 개에 이른다. 아이쿱, 한살
림 등 4대 소비자생활협동조합은 올해 매출 1조원 시대를 열 것으로
기대하고 있다. 2007년에 제정된 사회적기업육성법에 따라 고용노동
부의 인증을 받은 사회적 기업 수는 2007년 50개에서 2014년 1,251
개로, 근로자 수는 2,500여 명에서 2만 6,000여 명으로 느는 것으로 집
계되고 있다.

　한국을 넘어 사회적경제는 전 세계적인 관심의 대상이다. 1장에서

좀 더 자세한 정보를 제공하고 있지만, 사회적경제는 유럽연합^{EU}과 UN 등 전 지구적 차원에서 보편적인 어젠다로 부상하였다. EU의 경우 2000년부터 CMAF, 즉 협동조합^{cooperatives}, 공제회$^{mutual\ societies}$, 결사체^{associations}, 재단^{foundations}의 네 가지 사회적경제 유형을 중심으로 유럽연합 차원의 사회적경제 정책을 논의하는 협의체$^{'유럽사회적경제·}$ $^{Social\ Economy\ Europe'}$를 구성해왔다. UN은 2012년을 '협동조합의 해'로 명한 후 2013년 UNRISD$^{UN\ Research\ Institute\ for\ Social\ Development}$를 중심으로 20개 이상의 UN 관련 기구가 참여한 사회적연대경제 관련 협의체인 TFSSE$^{UN\ Inter-Agency\ Task\ Force\ on\ Social\ and\ Solidarity\ Economy}$를 설립하였다. 또한 세계 유수한 대학과 연구기관들을 중심으로 사회적경제에 대한 폭넓은 연구와 교육이 이루어지고 있기도 하다.

이 책은 한중일 사회적경제 조직의 현황과 제도적 성격 및 발전 과정을 살펴보고 비교분석하고 있다. 한중일에는 다양한 관련 조직이나 사업체가 이미 제도화되어 있는데, 이들 중 특히 사회적경제와 관련성 높은 조직은 무엇이며, 이들의 발전 경로와 제도적 성격은 무엇인가? 또한 한중일 사이에는 어떠한 동질성과 이질성이 있으며 사회적경제의 본고장인 유럽 국가들과 비교하여 어떠한 차이가 있는가? 이러한 질문에 답하기 위하여 이 책은 한중일 각국에 대한 자세한 조사·분석과 3국 간 및 지역 간의 비교분석을 시도한다.

이러한 비교분석에 있어 이 책은 사회적경제의 다양성과 혼종성^{混} $^{種性·hybridity}$ 그리고 동태성에 주목하고 있다. 우선 각국의 사회적경제 조직 유형이 다양하다. 위에서 지적했듯이 유럽의 경우 CMAF를 중심으로 사회적경제를 논하고 있다면 한국은 사회적 기업, 협동조합, 마을기업 등을 주요 사회적경제 조직으로 간주하고 있다. 그런가 하면 일본과 중국 또한 뒤에 살펴보겠지만 각각 다른 이름을 사용하는 다양한 사회적경제 조직 유형이 존재한다.

사회적경제의 혼종성은 조직 및 운영 원리와 추구하는 가치의 다측면적이고 혼합적인 성격과 관련이 있는데 대체로 경제성, 사회성, 민주성 세 가지 측면이 혼재되어 나타난다. 첫째, 경제적 측면은 혁신적이고 창의적인 사업·비즈니스의 방식이다. 특히 경제적 이윤과 사회적 가치를 동시에 추구하는 새로운 비즈니스 방식이나 사업체가 각광을 받으며, 공정무역이나 마이크로크레디트, 사회 임팩트 투자, 사회통합형 기업, 공유가치창출 등 새로운 비즈니스 모델이 잇따라 등장하고 보급되고 있다. 둘째, 공감과 자립, 연대나 호혜 그리고 사회문제의 해결 등 사업의 근본적 목적이나 사업을 통해서 나타나는 중요한 사회적 가치의 내용이다. 사회적경제는 명백하게 윤리적인 목적의식을 가지며 수행되는 경우가 많다. 예를 들면 장애인이나 고령자, 여성, 청소년, 이주민 등 사회적 약자의 삶의 질을 개선하거나 협동적 노동을 통해 상호신뢰나 공동체 정신을 회복하고, 교육, 문화, 환경 분야의 사회문제 해결에 기여하고 있다. 셋째, 정치적 기능의 측면으로서 조직의 자발적 설립이나 사업의 자율적이고 협동적 운영 과정에 수반되는 시민정신의 함양이나 민주주의의 실천 등을 들 수 있다. 1인 1표의 의사결정을 직접 경험하거나 지역 공동체에 대한 적극적인 참여, 정부와의 관계 형성 등을 통해 시민 한사람, 한사람의 역량강화가 이루어진다. 한중일의 다양한 사회적경제 조직 유형들은 이러한 경제성, 사회성, 민주성의 측면에 있어서도 여러 혼종적 양상을 보인다.

다음으로 한중일 각국에 있어 사회적경제 조직들은 새로운 환경에 조응하여 기존 관련 조직들이 변화하거나 새로운 조직 유형이 등장하면서 사회적경제의 생태계가 지속적으로 진화·확대하는 동태적인 모습을 보인다. 가령 외부적으로 다양하고 복잡한 새로운 사회경제적 문제들이 등장하고 이에 대응하기 위하여 정부의 새로운 사회적경제 관련 법·제도와 정책이 도입되기도 하고 또한 이에 조응하여 기존 관련 조직들의 형태와 활동 방식이 융합·진화하는 양상을 보이면서 사회적경제의 생태계가 확대·재구성되는 것이다. 하나의 예로 국가와 시장 메커니즘으로 해결하기 힘든 복지 문제가 부상하고 정부가 이에 대처하기 위한 사회적경제 정책을 추진하면서 기존 시민사회 조직이 전통적인 옹호활동에서 민관협력을 통한 사회복지 서비스 제공 활동으로 그 영역을 확장하게 되고 결과적으로 사회적경제에 대한 기존 인식 틀과 조직 범주를 다양화하고 확대해야하는 상황에 처할 수 있다.

이 책은 이러한 사회적경제의 다양성과 혼종성 및 동태성에 착목하여 한중일의 사회적경제 조직 지형도를 그려보고 있다. 자세한 방법론은 후술하겠지만 한마디로 한중일에 있어 어떤 조직이 '사회적경제 조직이냐 아니냐?'식의 획일적인 개념화와 정태적인 유형화 방식을 지양하고 각국의 관련 조직들이 '어느 정도 사회적경제성을 띠고 있느냐?'를 기준으로 비교분석하고 있다. 이를 위하여 이 책에서는 한중일의 제3섹터, 비영리섹터, 시민사회와 관련된 모든 조직을 사회적경제의 모집단으로 간주하고 이들에 대한 총 79가지 법규정[한국: 30, 중국: 21, 일본: 28]을 분석한 후 각국 관련 조직들을 사회적경제성의 정도에 따라 주요 사회적경제 조직, 예비 사회적경제 조직, 기타 사회조직 I, 기타 사회조직 II로 유형화하여 비교하고 있다. 나아가 이 책은 한중일 사회적경제의 형성과 진화에 영향을 미친 외부적 요인[사회적 문제의 다양화·심각화·복잡화], 내부적 요인[조직 형태와 활동 양식의 진화], 정책적 요인[각국 정부 정책의 제도화]들을 살펴봄으로서 각국 사회적경제 생태계의 동태적인 모습을 분석하고 있다.

우리 학계의 사회적경제 연구는 아직 일천한 수준이며 특히 이러한 비교연구는 전무하다시피하다. 이 책의 의의는 사회적경제에 대한 당위적 주장 혹은 베스트 프랙티스^{best practice} 중심의 소수 사례 연구를 넘어 한중일 그리고 동북아 지역과 유럽 지역을 폭넓게 조망하고 비교할 수 있는 경험적 연구를 시도하고 있다는 점이다. 이러한 거시적 비교연구는 그동안 잘 들어나지 않던 동북아 지역과 한중일 각국 사회적경제의 동질성과 이질성, 보편성과 특수성을 보다 명확하게 보여주면서 사회적경제 연구에 있어 의미 있는 이론적·정책적 함의들을 제시하는 한편 후속 연구를 위한 여러 가지 흥미로운 연구 질문과 가설들을 제공할 수 있다. 이 책의 연구 결과가 향후 우리 학계의 보다 본격적인 사회적경제 연구를 위한 밑거름이 될 수 있기를 바란다.

이 책이 출판되기까지 많은 분들의 참여와 도움이 있었다. 참여 연구진에게 감사한다. 지난 2년여 동안 이 책을 집필한 한중일 사회적경제 Mapping 연구진은 매월 열리는 정기 워크숍, 2013년 원주 워크숍 등 지방회의, 2013년과 2014년 한국정치학회 연례 학술대회와 서울대 아시아연구소 학술회의 등 국내회의, 2014년 8월 캐나다 몬트리올에서 열린 세계정치학회^{IPSA}와 같은 해 서울시가 주최한 글로벌사회적경제포럼^{GSEF} 등 국제회의를 통하여 연구결과를 발표하고 꾸준히 수정·보완해왔다. 처음에는 생소한 주제에 대한 연구를 시작하면서 실로 '맨땅에 헤딩'하는 기분이었으나 서로 배우고 토론하면서 조금씩 연구의 방향과 윤곽이 잡혔고 결국 모든 연구진들이 국가별 원고를 한국연구재단 등재지에 논문으로 발표하였으며 이제 이 원고들을 수정·보완하고 서론과 결론 그리고 국가별 유용한 정보를 수록한 부록을 정리하여 최종적으로 이 책을 출판하게 되었다. 특별히 이 책의 공편자인 미우라 히로키 박사의 기여와 도움에 감사한다. 일본인이면서 중국어에도 능통한 미우라 히로키 박사는 연구의 핵심적인 아이디어와 실질적인 내용뿐 아니라 일본 및 중국 사례를 준비하는 과정에서 중요한 역할을 담당하였다.

이 책은 한국연구재단의 일반공동연구의 지원을 받아 출판되었음을 밝힌다. 또한 이 연구는 서울대학교 아시아연구소의 지원을 받아 진행되었다. 연구진들이 속한 아시아연구소 '민주주의와 경제발전 프로그램'에 대한 재정적 지원뿐 아니라 연구실과 회의실 등 각종 인프라를 제공해주었으며 연구 결과를 아시아연구소 총서로 출판할 수 있도록 해주었다. 프로그램 디렉터로서 아시아연구소 강명구 소장님과 도움을 주신 모든 분들께 감사드린다.

연구진을 대표해서

김의영

2015년 7월

차례

제1장

한중일 사회적경제 조직 Map
연구 의의와 방법

김의영·미우라 히로키

Ⅰ. 사회적경제의 개념적 지평 확대

1. 사회적경제 개념의 등장

사회적경제^{social economy}는 2000년대에 들어 세계적 붐을 일으키고 있음에도 불구하고 그 개념에 대한 구체적이고 충분한 합의가 있다고는 말하기 어렵다. 담론과 실천 차원에서 공히 사회적경제의 중요성에 대한 폭넓은 공감대가 형성되고 있으나 조직과 제도, 역할과 기능, 지향하는 규범이나 가치 등 제반 측면에 있어 아직 개념의 인식적 틀을 확대하거나 조절하는 탐색적 단계에 있다고 할 수 있다.[1]

---

1 사회적경제의 세계적 동향에 관해서는 다음 대표적 문헌을 참조. ILO, *Social and Solidarity Economy: Our Common Road towards Decent Work* (Turin: ILO, 2011); EU, *The Social Economy in the European Union* (Brussel: EU, 2012); Jacques Defourny, Lars Hulgård and Victor Pestoff (eds.), *Social Enterprise and the Third*

가령 유럽의 경우 2000년 CMAF 즉, 협동조합^{cooperatives}, 공제회^{mutual societies}, 결사체^{associations}, 재단^{foundations}의 역할을 중요시하는 유럽 협의회^{CEP-CMAF}가 출범하였고, 이후 사회적기업^{social enterprises}이나 중소기업, NGO 등 다양한 조직 유형과 지역발전, 연대^{solidarity}, 사회기업가정신^{social entrepreneurship} 등 여러 개념과의 관련성을 고려하여 2008년 유럽사회적경제^{SEE, Social Economy Europe}로 그 명칭을 발전적으로 수정한 바 있다.[2] 이후 각 유럽 국가들에 대한 비교연구가 활발하게 이루어지면서 사회적경제 담론의 핵을 형성해 왔다.[3] OECD 또한 1980년대 이후 지역차원의 고용과 경제발전을 촉진하기 위한 'LEED 프로그램'을 실시하여 지역차원에서 지자체와 중소기업의 협력을 추진해 왔다.[4] 이후 결사체나 주민조직, 기업가정신을 가진 개인들을 포함한 보다 광범위한 거버넌스 구축이 프로젝트의 중심이 되어, 2007년과 2009년에는 사회적기업의 중요성에 주목하는 보고서를 발간하게 되었다.[5] UN이 2012년을 '협동조합의 해'로 지정한 것

Sector: Changing European Landscapes in a Comparative Perspective (New York: Routledge, 2014); Simon Bridge, Brendan Murtagh and Ken O'Neill, *Understanding Social Economy and the Third Sector (2nd Edition)* (London: Palgrave, 2014).

2 SEE(Social Economy Europe) 홈페이지(http://www.socialeconomy.eu.org) 참조.

3 학술적 차원에서는 1996년에 EMES라는 유럽을 중심으로 한 국제적 네트워크가 탄생했다. 이 흐름에서 나온 중요한 연구 성과로서 다음 문헌이 있다. Carlo Borzaga and Jacques Defourny, *The Emergence of Social Enterprise* (London: Routledge, 2001); Jacques Defourny and Victor Pestoff, "Images and Concepts of the Third Sector in Europe." *EMES Working Papers* 8-2 (2008), pp.1-38; EU (2012); Defourny et al. (2014).

4 공식 명칭은 '지역경제고용개발 프로그램(Local Economic and Employment Development)'이며 유럽을 중심으로 30개국 이상이 프로그램의 실천과 개발에 참여하고 있다.

5 Antonella Noya and Emma Clarence (eds.), *The Social Economy: Building Inclusive Economies*, (Paris: OECD, 2007); Antonella Noya (ed.), *The Changing Boundaries of Social Enterprises* (Paris: OECD, 2009).

또한 사회적경제의 세계적 유행을 촉진하는 중요한 계기가 되었다. 이후 UN 관련 기구에서는 전통적 사회적경제 조직에 지역 공동체나 시민사회조직, 사회지향적 기업 등을 포함한 사회적연대경제^{social and solidarity economy} 모델의 보급에 힘쓰고 있다.[6]

한편 미국의 하버드 대학[7]과 존스 홉킨스 대학,[8] 영국의 옥스퍼드 대학,[9] 캐나다의 빅토리아 대학,[10] 벨기에의 리에주 대학[11] 등의 대학 연구기관과 EMES^{EMergence des Enterprises Sociales en Europe}, CIREC^{International Centre of Research and Information on the Public, Social and Cooperative Economy}, EURICSE^{European Research Institute on Cooperative and Social Enterprises}, ISTR^{International Society for Third Sector Research}, RELIESS^{Public Policy for the Social & Solidary Study, International Reference and Networking Center} 등의 국제적 연구 네트워크들을 중심으로 연구가 진행되면서 관련 조직, 제도, 정책 및 프로그램들에 대한 논의의 지평이

---

6 UN에서는 UNRISD를 중심으로 2013년에 20개 이상의 UN 관련 기구가 참여한 TFSSE(UN Inter-Agency Task Force on Social and Solidarity Economy)가 설립되었다. ILO (2011); Peter Utting, "Social and Solidarity Economy: A Pathway to Socially Sustainable Development?," (2013) http://www.unrisd.org; Jean-Louis Laville, *The Social and Solidarity Economy: A Theoretical and Plural Framework* (Geneva: UNRISD, 2013); UNRISD, "Social and Solidarity Economy and the Challenge of Sustainable Development," (2014) http://www.unrisd.org/ssetaskforce-positionpaper.

7 Harvard University Social Enterprise Initiative (http://www.hbs.edu/socialenter -prise).

8 Johns Hopkins University, Center for Civil Society Studies (http://ccss.jhu.edu).

9 Oxford University Saïd Business School, Skoll Center for Social Entrepreneurship (http://www.sbs.ox.ac.uk).

10 University of Victoria in British Columbia, The Canadian Social Economy Hub (http://socialeconomyhub.ca).

11 University of Liege, Center for Social Economy (http://www.ces.ulg.ac.be).

확대되고 있다. 이렇듯 사회적경제는 전 세계적인 관심의 대상으로 부상하면서 그 범위와 내용에 관하여 개념적 지평이 확대·재구성되는 추세에 있다고 할 수 있다.

2. 개념적 지평 확대·재구성의 배경 요인

사회적경제의 실태와 개념이 변화해 가는 배경으로서는 다음과 같은 외부적 요인, 내부적 요인, 정책적 요인들의 작용 그리고 이와 같은 요인들의 복합적인 작용에 유의할 필요가 있다.[12] 이 요인들은 한국, 중국, 일본의 경우에 있어서도 볼 수 있으며 한중일 사회적경제를 이해하고 비교하는 데 중요한 요인이라고 할 수 있다.[13]

● 외부적 요인: 사회문제의 다양화·심각화·복잡화

사회적경제는 기본적으로 사회서비스의 전달에 있어서 정부 및 기업 역할의 한계와 깊이 관련된다. 이러한 한계가 발생하는 실질적인 배경으로서 사회문제의 다양화, 심각화, 복잡화 등에 따른 서비스 대상이나 내용의 변화를 지적할 수 있다. 대표적 사례가 신자유주의적 경제운영의 부작용으로 생긴 소득 격차의 확대나 고용 없는 성장 문

---

12 복합적 요인의 예로 국제적 요인을 들 수 있다. 사회적경제의 담론 및 이론, 제도 및 정책, 프로그램 및 베스트 프랙티스(Best Practices) 등이 국제적으로 확산되면서 사회적경제에 대한 학습, 사회화 및 내재화가 각국에서 일어나는 현상에 대한 이해도 필요하다.

13 예를 들어 공석기는 한국 사회적 기업의 발전 메커니즘에 대해서 외생조건, 내생조건, 제도조건 그리고 사회적 기업가로의 변신 동력의 네 가지로 분류한 바 있다. 공석기, "한국형 사회적기업 모델 개발을 위한 탐색적 연구: 한국 시민사회 사회적 기업 길 찾기,"『신학과 사회』제28집 1호 (2014), pp.86-90.

제이다. 자유로운 경쟁 질서에 의해 경제, 사회가 발전할수록, 이 이면에서 발전에 따른 수혜를 누릴 수 없는 이른바 '사회적 사각지대'가 동시에 증가하는 현상은 자주 목격할 수 있다. 자본주의 경제운영의 근본적 틀을 변경할 수 없는 정부와 사회는 이와 같은 부작용을 완화하기 위해서 경쟁우위나 이윤창출을 우선시해야 하는 기업 보다는 자발적, 자율적으로 움직이는 민간조직의 대안적 역할에 기대하게 된다. 신자유주의 이외에도 도시화, 고령화, 환경 악화, 자연재해, 테러나 범죄 등 대안적 해법을 필요로 하는 심각한 사회문제는 다양하게 존재한다. 또한 삶의 질이 향상됨에 따라 사람들의 욕구 수준 자체가 높아지면서 결과적으로 교육, 보건, 생활, 문화, 예술, 기술 등 제반 분야에 있어 정부와 기업의 한계나 무능함이 부각되게 된다. 이와 같이 사회문제가 다양화, 심각화 될수록 이에 대한 대안적 혹은 보완적 해법으로서 사회적경제에 대한 수요나 기대가 커지며 이 결과 개념적 지평이 확대·재구성되는 것이다.

● **내부적 요인: 각종 조직의 형태 및 활동 방법의 진화**

사회문제의 변화에 따라 해결에 나서는 각종 조직의 형태나 활동 방법도 진화한다. 가령 재원확보나 모금 방식의 진화, 일반 회원과 상근 종사자의 관계 변화, 각종 파트너십 전략이나 거버넌스 형태의 발전, 정보통신 기술의 활용에 따른 새로운 사업 영역의 등장 등 조직 활동은 내부적으로 진화하고 있으며, 이에 따라 법적으로 동일한 '비영리법인'이나 '주민조직'이라도 개별 주체 차원의 성격 차이는 갈수록 커지고 있다. 특히 현대 사회에서는 지식이나 아이디어의 전파 속도나 학습 속도가 빨라지기 때문에 조직 형태나 활동 방법의 변화 또한 빠른 속도로 진행된다. 민간조직을 '서비스 활동형'과 '정책 옹호형' 또는 에드보커시형으로 구분하는 전통적인 인식 틀 또한 도전을 받고 있다. 미국에서 가장 영향력 있는 12개 비영리조직의 성공비결에 관한 한 연구에서는 모든 조직들이 서비스 활동과 에드보커시 활동을 병행하는 것으로 나타난 바 있다.[14] 효과적인 서비스 활동을 하기 위해서는 에드보커시 활동이 필요하게 되며, 서비스 활동에 실제로 종사하는 조직에 의한 에드보커시 활동은 단순한 비판적 활동 보다 설득력이 있다는 것이다. 사회적경제는 일반적으로 각종 민간조직에 의한 서비스 활동을 중심으로 이해되지만 이와 같이 이들의 활동 형태나 방법자체가 진화하고 있기 때문에 이에 따라 사회적경제의 주체, 범위, 내용 등에 대한 이해도 수정이 불가피하게 된다.

● 정책적 요인: 각국에서 진행된 다양한 제도화

사회적경제의 개념 지평이 확대되는 가장 중요하고 직접적인 배경은 각국에서 민간조직의 역할을 촉진하기 위한 다양한 제도나 정책이 도입되고 있다는 현실이다. 가령 '사회서비스에 종사하는 민간조직'과 관련하여 조직설립과 관리에 관한 제도는 물론, 이를 지원하는 중간지원조직에 관한 정책이나 제도, 금융적 지원이나 세제와 관련된 제도, 민관협력사업에 관한 제도^{민간보조, 민간위탁, 민간대행 등} 등이 있다. 제도화가 진행됨에 따라 행정, 입법 그리고 실천의 현장에서는 관

---

14 Leslie R. Crutchfield and Heather Mcleod Grant, *Forces for Good (Revised and Updated)* (San Francisco, CA.: Jossey-Bass, 2012).

련 제도를 보다 유익하게 운영하거나 개선, 보완하기 위해서 체계적 이해에 대한 수요가 높아진다. 특히 금융, 세제, 지원정책 분야에서는 각종 조직의 공공성이나 공익성, 사업의 사회적 가치를 평가, 측정하기 위해서 조직구조나 운영원칙, 사업 분야 등에 관한 보다 구체적이고 실효성 있는 이해가 필요하게 된다. 이러한 정책적 수요에 따라 사회적경제 혹은 후술하는 제3섹터나 비영리섹터와 같은 영역적 개념의 초점이나 범위가 재해석된다. 사회적경제 개념에 관한 최근의 담론 동향과 재해석은 특히 1990년대 이후 각국에서 제도화가 급속히 진행된 결과로서, 현실을 적절하게 이해하고 보다 유익한 제도운영을 실현하는 것을 목적으로 '현실 주도' 형태로 진행되고 있다.

3. 지평 확대의 이론적 배경과 연구 동향

사회적경제 개념과 관련된 영역적 개념으로서는 크게 세 가지를 들 수 있다. 제3섹터, 비영리섹터, 시민사회이다.[15] 사회적경제의 개념화나 포괄적 모델에 관한 최근 논의는 주로 이 세 가지 개념의 부족한 부분을 보완·재구성하거나 이들의 상호상승synergy을 통해 대안적 개념을 모색하는 방향에서 이루어지고 있다[그림 1].

---

15 각 개념의 내용에 관해서는 상당히 다양한 해석 방식이 있다. 기본적 개념 정리에 관해서 다음 문헌을 참조. 주성수, 『NGO와 시민사회: 이론, 모델, 정책』(서울: 한양대학교 출판부, 2004); 박상필, 『NGO학: 자율·참여·연대의 동학』(서울: 아르케, 2005); 장원봉, 『사회적 경제의 이론과 실제』(서울: 나눔의집, 2007a); 김승현, 『비영리부문의 비교연구』(파주: 집문당, 2008); 주성수, 『사회적경제: 이론, 제도, 정책』(서울: 한양대학교 출판부, 2010); 노대명·김신양·장원봉·김문길, 『한국 제3섹터 육성방안에 대한 연구』(서울: 한국보건사회연구원, 2010).

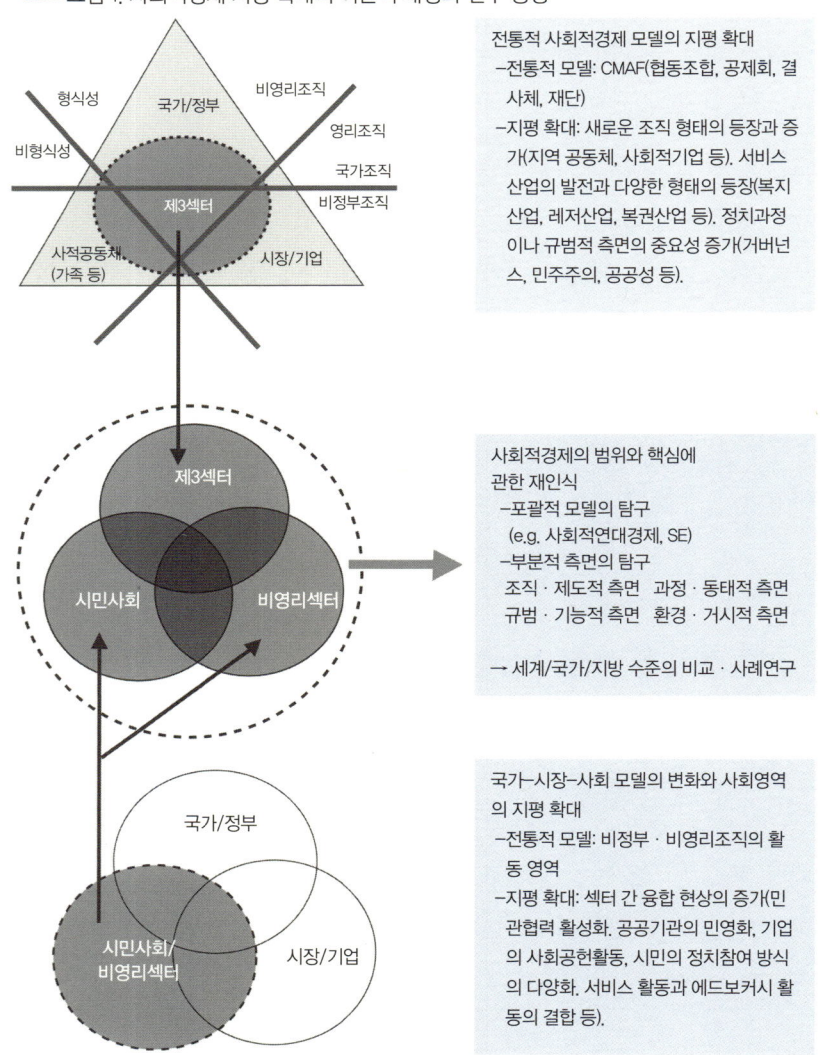

■■■ 그림 1. 사회적경제 지평 확대의 이론적 배경과 연구 동향

전통적 사회적경제 모델의 지평 확대
–전통적 모델: CMAF(협동조합, 공제회, 결
 사체, 재단)
–지평 확대: 새로운 조직 형태의 등장과 증
 가(지역 공동체, 사회적기업 등), 서비스
 산업의 발전과 다양한 형태의 등장(복지
 산업, 레저산업, 복권산업 등). 정치과정
 이나 규범적 측면의 중요성 증가(거버넌
 스, 민주주의, 공공성 등).

사회적경제의 범위와 핵심에
관한 재인식
–포괄적 모델의 탐구
 (e.g. 사회적연대경제, SE)
–부분적 측면의 탐구
 조직·제도적 측면 과정·동태적 측면
 규범·기능적 측면 환경·거시적 측면

→ 세계/국가/지방 수준의 비교·사례연구

국가-시장-사회 모델의 변화와 사회영역
의 지평 확대
–전통적 모델: 비정부·비영리조직의 활
 동 영역
–지평 확대: 섹터 간 융합 현상의 증가(민
 관협력 활성화, 공공기관의 민영화, 기업
 의 사회공헌활동, 시민의 정치참여 방식
 의 다양화, 서비스 활동과 에드보커시 활
 동의 결합 등).

● 제3섹터의 영역 확대와 정치과정적 측면의 보완

 유럽적 맥락에서 사회적경제 개념은 제3섹터 개념과 동일시되는
경우가 있고, 특히 조직 분류에 주목하거나 '경제'보다 '사회' 측면

을 논의하는 경우 제3섹터 개념이 활용되는 것으로 보인다. 이 개념은 당초부터 국가와 시장 사이에 존재하는 매개적 영역으로서 설정되었기 때문에 사회적기업의 등장이나 지역 공동체의 활성화 등에 대해서도 별 문제 없이 제3섹터의 영역을 자연스럽게 확대 해석하는 것이 보통이다. 또한 영역 확대에 따라 경제-사회-정치의 연계성이나 정치과정적·규범적 측면의 중요성이 부각되면서 단순한 조직 분류를 넘어 사회서비스 과정이나 시민 참여, 결사체 민주주의associative democracy 등 정치이론으로서의 발전을 지향하는 경향을 볼 수 있다.[16]

● 비영리섹터 및 시민사회의 영역 확대와 전제 조건의 재해석

사회적경제 개념의 사상적 기초나 규범적 내용을 설명할 때 보다 오래된 유사 개념인 시민사회와 비영리섹터 개념에 관련시키는 경우가 많다. 즉, 시민성이나 공공성, 호혜성이나 연대정신, 자발성이나 자율성 등의 규범이나 도덕이 주로 거론되는데 이들은 모두 시민사회 담론이나 비영리섹터 담론에서 전통적으로 중요시되어온 것이기 때문이다. 그러나 사회적경제 담론에서 등장하는 '시민사회'는 전통적인 의미의 그것과 초점의 차이가 존재하는 것도 부정할 수 없다. 이 차이는 특히 주요 행위자나 제도를 구체화하는 경우에 선명해진다.

---

16 Victor A. Pestoff, *Beyond the Market and State: Social Enterprises and Civil Democracy in a Welfare Society* (Aldershot: Ashgate, 1998); J.J. McMurtry, "Social Economy as Political Practice," *International Journal of Social Economics* 31-9 (2004); Victor A. Pestoff, *A Ddemocratic Architecture for the Welfare State* (New York: Routledge, 2009); Graham Smith and Teasdale Simon, "Associative Democracy and the Social Economy: Exploring the Regulatory Challenge," *Economy and Society* 41-2 (May, 2012).

모두 유사한 도덕적 가치를 강조하면서도 전통적인 의미에서 시민사회 담론에서는 국가와 시장 섹터에 속하지 않는 비정부, 비영리 행위자에 주목하는 한편, 사회적경제에서는 협동조합이나 마을기업, 사회적기업 등 영리-비영리의 혼종적 조직을 보다 주목한다.

이러한 초점의 차이를 내재하면서 사회적경제가 현실에서 발전한 결과 시민사회나 비영리섹터의 개념이나 영역을 재조명함과 동시에 재해석하는 유인이 발생하게 된다. 예를 들어 Bridge 등은 사회적경제의 미래를 전망할 때 '섹터'의 의미나 '사회'의 영역 혹은 '시민'을 '섹터'나 '영역'으로 이해할 수 있는지 등 근본적인 이론적 전제조건을 재검토할 필요성을 지적하고 있다.[17] 한편, 시민사회나 비영리섹터의 이론자체도 변화하고 있다. 기존의 차별화 논리 즉, '비정부', '비영리'라는 방식으로 조직이나 제도를 규정하는 것이 아니라 보다 포괄적 관점을 적극적으로 수용하는 경향이 나타나고 있다. 예를 들어 UN이나 IMF를 비롯한 국제기구에서는 기존의 'NGO' 대신, '가족과 국가 사이에 존재하는 모든 조직'을 포함시킨 시민사회조직 CSO, civil society organization이라는 용어를 사용하기 시작했다. 여기에는 기업이나 재단, 공공기관, 종교단체도 포함되며 이들과 협력하는 것이 '시민사회와의 파트너십 구축'으로 이해된다. 결국 최근의 사회적경제, 시민사회, 비영리섹터 담론은 모두 유사한 사상적 기초를 공유하면서 주체나 제도에 관한 개념적 외연을 확대하는 점에서 일치한다.

---

17 Bridge et al. (2014), pp.115-118.

● 사회적경제의 연구 동향: 외연적 범위와 핵심적 요인에 대한 재구성

  상기한 바와 같이 복합적인 현실적 배경과 이론적 범위 안에서 오늘날 사회적경제의 개념적 지평이 확대 되고 있다. 구체적으로 사회적경제 개념 논의는 크게 다음 두 가지 방향으로 진행되는 것으로 보인다. 첫째는 사회적경제의 핵심이나 포괄적 모델을 탐구하여 개념자체를 한 단계 개선하는 방향이다. 이 맥락에서는 이미 몇 가지 대안적 아이디어가 나오고 있다. 연대의 가치에 주목하는 사회적연대경제 모델,[18] 사회적기업 social enterprise 이나 사회기업가정신 social entrepreneurship 등 다각적 현상을 포괄하는 'SE' 모델,[19] 소외 계층에 대한 공감과 자립촉진을 지향하는 포섭적 비즈니스 inclusive business 모델,[20] 경제적 시민권과 정치적 시민권의 동시 실현을 지향하는 민주시민 democratic citizenship 모델,[21] 섹터 간 협동에 의한 사회문제 해결을 지향하는 사회혁신 social innovation 모델이나 사회생태계 social ecosystem 모델 등이다.[22] 모두 사회적경제 개념의 기본적 내용이나 가치관을 공유하는 아이디어들이다. 둘째는 사회적경제의 부분적 측면을 보다

---

18 각주 6 참조.

19 대표적으로 Jacques Defourny, Lars Hulgard and Viktor Pestoff, "Introduction to the "SE Field,"" Jacques Defourny et al. (eds.) (2014).

20 UNDP, *Creating Value for All: Strategies for Doing Business with the Poor* (Paris: UNDP, 2008).

21 American Political Science Association, (Task Force Report) *Democratic Imperatives: Innovations in Rights, Participation, and Economic Citizenship* (Washington DC: APSA, 2012), http://www.apsanet.org/.

22 Willie Cheng and Sharifah Mohamed (eds.), *The World That Changes the World: How Philanthropy, Innovation and Entrepreneurship are Transforming the Social Ecosystem* (San Francisco: Jossey Bass, 2010).

자세히 규명하려는 방향이다. 이에 관해서는 적어도 다음 네 가지 측면이 중요할 것이다. 1 조직·제도적 측면, 2 환경·거시적 측면, 3 과정·동태적 측면, 4 규범·기능적 측면이다.[23] 이와 같은 특정 부분에 대해서는 다양한 비교연구가 유럽뿐만 아니라 아시아, 남미, 아프리카 등 세계 각지에서 진행 중이다.[24]

이상에서 본 바와 같이 사회적경제의 연구 동향은 상당히 다양한 주제나 내용을 가지고 있다. 따라서 개념을 논의 하는데 있어서는 포괄적 방향이든 부분적 방향이든 연구 범위나 목적, 의도 등에 대해서 신중히 설정하는 것이 중요하다.

Ⅱ. 한중일 사회적경제 비교연구의 의의와 방향성

사회적경제가 세계적 차원에서 유행하며 개념적 재구성이 논의되고 있는 상황에서 본 연구는 한중일 3국의 현황과 특징을 규명하고 비교하여 동아시아 지역 수준의 사회적경제에 대한 이론적·정책적·

---

23 장원봉의 정리에 의하면 사회적경제의 개념화에 관한 주요 쟁점은 1) 주체 설정의 문제, 2) 사회적경제가 존재하는 정당성의 문제, 3) 사회서비스의 관한 대안적 조절 메커니즘의 문제가 있다. 본 연구에서는 이를 정치학적 관점에서 재구성하여 다음의 네 가지 측면으로 나누어 보고 있다. 장원봉 (2007a).

24 ILO (2011); Jacques Defourny and Shin-yang Kim, "Emerging Models of Social Enterprise in Eastern Asia: A Cross-country Analysis," *Social Enterprise Journal* 7-1 (2011); Denison Jayasooria, *Developments in Solidarity Economy in Asia* (Malaysia: JJ Resources, 2013), pp.86-111; Joana S. Marques, "Social and Solidarity Economy Between Emancipation and Reproduction," *UNRISD Occasional Paper* 2 (March, 2014); Manase Kudzai Chiweshe, "Understanding Social and Solidarity Economy in Emergent Communities: Lessons from Post-Fast Track Land Reform Farms in Mazowe, Zimbabwe," *UNRISD Occasional Paper* 1 (March, 2014).

실천적 함의를 도출하는 것을 목적으로 한다. 연구의 의의를 정리하면 다음과 같다.

● 동아시아 지역모델에 관한 이론적 함의 도출

첫째, 한중일을 비교하는 중요한 의의는 세계적 차원에서 비교연구가 진행되는 상황에도 불구하고 동아시아 비교연구가 상당히 미흡하다는 점에 있다. 한중일 모두 개별 국가 차원에서 시민사회나 비영리섹터, 제3섹터에 관한 어느 정도 체계적인 정리가 이루어지고 있으나 세계적 차원의 비교연구가 유럽, 남미, 아시아 등 지역을 중심으로 포괄적으로 진행되는 상황에서는 개별 국가의 맥락을 넘어서 지역 차원에서 각국의 특징을 도출, 해석하는 것이 필요하다. 기존 연구의 현황을 구체적으로 정리하면 시민사회의 비교,[25] 사회적경제의 관련 이슈에 관한 비교,[26] 부분적 측면이나 관련 제도에 관한 비교,[27] 그리

---

[25] 重富慎一(編),『アジアの国家と15ヶ国の比較』(東京: 明石書店, 2001); 정갑영 외,『동북아 지역의 정치와 시민사회』(서울: 오름, 2004); 이남주 외,『아시아의 시민사회(Ⅱ)』(서울: 아르케, 2005); 조효제·박은홍(편),『한국, 아시아 시민사회를 말하다』(서울: 아르케, 2005); Robert P. Weller, Civil Life, Globalization, and Political Change in Asia: Organizing between Family and State (New York: Routledge, 2005); 권용혁 외,『한중일 시민사회를 말하다』(서울: 이학사, 2004); 小倉充夫 ほか,『アジア社會と市民社會の形成: その課題と展望』(東京: 文化書房博文社, 2009).

[26] 김교성 외(편),『동아시아 사회복지와 사회투자전략: 한·중·일 비교연구』(서울: 나눔의집, 2010); 노대명 외(편),『고용·복지 연계정책의 국제비교연구: 한·중·일 비교를 중심으로』(서울: 한국보건사회연구원, 2013).

[27] 시민섹터 관련 법인제도, 사단·재단 등 비영리법인 제도, 비영리조직에 대한 세제, 공공기관이나 공기업에 관한 비교연구 등이 있다. 성승제 외,『'공공기관의 운영에 관한 법률' 비교법적 연구』(서울: 한국법제연구원, 2008); 한국조세연구원,『주요국의 공공기관Ⅰ』(서울: 한국조세연구원, 2009); 한국조세연구원,『주요국의 공공기관Ⅲ』(서울: 한국조세연구원, 2011); 정형곤 외,『한중일 공기업 개혁정책의 변천과 성과』(서울: 대외경제연구원, 2010); 稅兵,『非营利法人解释: 民事主体理论的视角』(北京: 法律出版社, 2010); 김대정, "법인법개

고 이 중에서 특히 사회적기업의 비교에 관해서는 다양한 연구가 이루어지고 있으나,[28] 유럽이나 국제기구에서 추진되는 사회적경제 전체를 대상으로 한 포괄적 비교연구는 아직 동아시아에서 이루어지지 못하고 있다.[29]

지역 차원의 특징이나 모델을 규명하기 위해서는 한중일 각국의 사회적경제 현황을 체계적으로 파악하여 비교하는 작업이 필요하다. 물론 한중일 3국에서 완전히 같은 형태나 내용으로 사회적경제가 존재하는 것은 아니다. 그러나 유럽의 비교연구에서도 각국의 다양성이나 이질성을 도출하되, 일정 수준의 공통적 범위를 도출하는 것이 일반적인 비교방법이다. 사회적경제 개념의 지평 확대를 고려하면서 한중일의 관련된 제도 유형이나 실천 현황에 있어 의미 있는 외연적 범위를 규명하는 것이 지역모델에 대한 함의 도출의 핵심이다. 참고로 드푸르니와 김 Defourny and Kim 은 가설적 수준에서 동아시의 사회적경제 모델의 외연 확장을 아래 〈그림 2〉와 같이 제시하고 있는데, 한마

정안 해설," 법무부 주최 법인 시효제도 개선을 위한 민법개정안 공청회 (2010); 崔銀珠, "日本と韓国における民間非営利セクタ—に関する研究: JHCNPを中心に,"『評論·社会科学』94号 (2011); 손원익, "비영리법인 관련 제도의 국제비교: 비영리법인의 정의와 설립을 중심으로,"『제정포럼』179호 (2011); 미우라 히로키, "시민섹터 관련 법인제도에 관한 한중일 비교연구,"『아태연구』제21집 2호 (2014).

28 Defourny and Kim (2011); 김학실, "한국·영국·일본의 사회적기업 지원제도 비교,"『한국비교정부학보』제15권 2호 (2011); 김연정, "사회적 기업의 현황 및 정책분석: 한국, 일본, 유럽 및 미국의 노인고용창출을 중심으로,"『아시아연구』제15권 3호 (2012); 박준식·안동규, "사회적 기업 발전 경로 비교,"『지역사회학』제15권 2호 (2014); 조상미·김진숙, "일본, 홍콩, 한국의 사회적기업 지원체계 및 지원방법 비교연구,"『한국사회복지학』제66권 2호 (2014).

29 일부 선구적 작업으로서 다음과 같은 연구가 있다. 김종길, "한국과 일본의 사회적경제: 사회적기업과 협동조합,"『일본학보』제100집 (2014); 이장원·전기림, "중국 '사회적 경제'의 민·관(民·官) 상호작용에 관한 연구,"『유라시아연구』제11권 2호 (2014).

디로 국가주도 하에 시장친화적으로 추진되어 온 사회적경제 모델이
각국의 시민사회 전통에 따라 점진적으로 사회적 가치를 반영하는
서유럽의 국가-시장-시민사회의 융합적 모델로 나아간다는 아이디
어다.

━━━ 그림 2. 동아시아 사회적경제 모델의 분석 사례

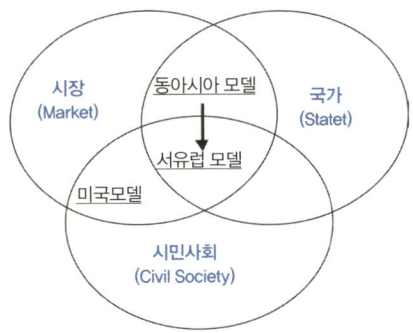

출처: Defourny and Kim (2011), p.103.

● **국가별 특징이나 제도적, 정책적 과제에 대한 함의 도출**

둘째, 기존과 다른 각도에서 한국의 사회적경제의 개선과 제도적
개혁에 관한 함의를 얻기 위해서 한중일 비교는 유익하다. 한국은
2000년대에 들어 영국이나 이탈리아 제도를 참고로 사회적기업과
협동조합 제도를 잇달아 도입했다. 그러나 최근 지역사회와의 연결성
이나 공익적 성격에 관한 제도적 규정 등에 관해서 다양한 문제점을
노출하고 있다. 여기서 중요한 것은 세계적 차원에서 사회적경제 개
념 자체가 달라지고 있다는 사실이다. 중국과 일본에서는 '사회적경
제'라는 표현은 그다지 사용하고 있지 않지만, 유사한 영역에서 다양

한 제도적 발전이나 흥미로운 정책 사례들을 발견할 수 있다. 가령, 2000년 전후에 본격적으로 시작한 중국의 사구社区 사회서비스 사업과 1970년대 이후 이어온 일본의 마을 만들기まちづくり를 통한 사회서비스 제공은 최근 지역 공동체를 중요시하는 한국의 사회적기업이나 사회적협동조합의 제도적·정책적 개선에 어떠한 함의를 주는가? 2003년에 제정된 중국의 행정허가법行政许可法과 같은 해 도입된 일본의 지정관리자제도指定管理者制度는 민간조직에 의한 사회서비스의 제공에 얼마나, 어떤 면에서 기여하고 있으며, 한국의 제도개혁에 어떤 시사점을 주는가? 한중일 비교를 통해 도출해낼 수 있는 제도적 개혁 및 정책 과제는 다양하게 있을 것이다.

정책적 함의를 도출하기 위해서는 각국의 '이질성'에 주목한 부분적 비교 작업이 필요하다. 이질적 제도나 실천이 왜 유사한 결과를 초래하는지, 유사한 사회상황에서 왜 이질적인 제도나 실천이 나타나는지 등에 대한 질문을 통해 각국 사회적경제의 보다 깊이 있는 특징이나 문제점을 규명할 수 있을 것이다. 그런데 정책적 함의 도출에 있어 한중일 사이에 존재하는 정치체제나 이념에 관한 거시적 차이를 고려할 필요가 있다. 제도의 내용이나 조직의 규모를 단순하게 비교하기 전에 각 국내적 맥락을 충분히 이해하는 것이 당연히 중요하다. 따라서 본 연구에서는 사회적경제의 현황과 동시에 각국의 정치, 경제, 사회에 관한 거시적 배경에 대해서도 깊이 있게 정리해서 다각적 관점에서 접근하고자 한다.

● 지역 차원의 사회적경제 사례에 대한 실천적 함의 도출

셋째, 한중일 사이에서는 이미 다양한 영역에서 정부 간 교류나 민간 교류가 이루어지고 있으며 사회적경제의 새로운 사업방법이나 사례, 지식, 아이디어 또한 활발하게 교환되고 있다. 2000년대에 들어 아시아사회적기업활동가대회, UN 글로벌 컴팩트 한중일 라운드테이블 회의, 아시아소셜벤처경연대회, 아시아 NGO 혁신 서밋 등 지식교류의 장이나 기회도 증가하는 추세이다. 한중일 비교연구는 사실 이와 같은 지식교류의 현장에서 제일 수요가 높을 수 있다. 한 국가나 도시의 성공적인 사업모델이나 획기적인 아이디어를 소개하려고 해도 각국의 제도나 실천 현황에 대한 이해부족으로 인해 이를 효과적으로 전달할 수 없거나 평가할 수 없는 경우가 많다. 동아시아 각국의 사회적경제에 관한 기초적 연구가 부족하기 때문에 발생하는 문제이다. 한중일 비교연구는 이러한 지역 차원의 교류와 협력을 활성화시키기 위해서도 중요하다. 예를 들어 한중일 3국 모두 급속한 고령화라는 공통적 문제를 안고 있으며 노인 돌봄 서비스에 관해서 민간조직의 역할을 중요시하는 제도를 운영하고 있다. 한국의 사회서비스 바우처사업, 중국의 양로서비스사회화养老服务社会化, 일본의 개호보험제도介護保険制度가 그 중심이다. 동아시아의 시민사회 교류활동에서 고령화는 자주 중요한 주제로 논의되고 있으며, 이 분야에 종사하는 각국의 조직들은 보다 유익하고 지속가능한 서비스 방법을 실천하기 위해 노력하고 사회혁신에 도전하고 있다. 이러한 노력을 측면에서 지원하거나 비전을 제시하고 실천적 함의를 제공하는 것이 연구자가 할 수 있는 중요한 역할일 것이다.

지역 차원에서 사회적경제의 사업 기회에 대한 실천적 함의를 도출하기 위해서는 '동질성'에 주목한 비교작업과 사례연구에 의한 보완이 요청된다. 또한 이러한 비교연구는 한중일 사이의 거시적 차이에 제약을 받는 것보다는 창의적이고 미래지향적 관점에서 제시될 필요가 있다. 사회적경제와 관련된 사업이나 사례의 대부분은 '문제 해결형'이며, 실험적으로 시행을 해봐야 그 효과나 가치, 문제점 등을 알 수 있는 것들이기 때문이다. 특히 최근 사회적경제 담론의 중심은 '조직' 형태에 관한 논의에서 '과정'에 주목하는 전략적이고 정치학적 논의로 이행되고 있는 것으로 보인다. 동아시아 비교연구의 현주소에서는 조직이나 제도에 관한 기초적 연구가 우선적으로 필요하지만 동시에 사회문제 해결을 위한 보다 전략적이고 창의적인 아이디어의 도출에 대해 시야를 넓히는 것 또한 요구되고 있다.

Ⅲ. 한중일 사회적경제 비교연구의 방법

1. 연구 초점과 로드맵

앞에서 지적한 방향으로 비교연구를 진행하기 위해서 본 연구는 1차적으로 한중일 사회적경제의 가장 기본적 현황과 특징을 규명하는데 초점을 맞춘다. 즉, 사회적경제 개념화의 다양한 측면 중에서 '조직·제도적 측면' 및 '환경·거시적 측면'에 초점을 맞추며, 국가 단위로 한중일 사회적경제의 기본적 및 전체적 모습을 도출하는 것을 우선적인 과제로 하여, 세부적 모습과 관련된 '과정·동태적 측면'과

'규범·기능적 측면'에 대한 연구는 후속 과제로 한다. 후자 측면은 전자에 대한 충분한 비교연구가 이루어진 이후에 가능하게 되는 응용적 영역이라고 할 수 있기 때문이다.^{그림 3}.

조직과 제도는 국가 단위 사회적경제의 특징을 이해하는 데 가장 기본적인 측면이다. 본 연구에서는 특히 조직의 설립이나 운영에 관한 각국의 제도 디자인^{사회적경제 조직 Map}과 해당 제도의 운영 현황을 포괄적으로 조사 및 비교하고자 한다. 즉, 제도적 관점에서 각국 사회적경제의 주체를 규명하는 것이다.[30]

'환경·거시적 측면'에서 주목하고자하는 것은 조직에 관한 각종 제도가 각국의 일반적인 정치경제적 환경이나 기본적 국정운영의 흐름과 어떻게 관련되면서 발전해 왔는가에 관한 문제이다. 이를 통해 보다 거시적이며 현실적 맥락에서 각국의 사회적경제의 제도적 특징을 도출하는 것이다. 앞서 언급했듯이 사회적경제의 범위나 필요성 및 역할은 국가 및 시장의 역할과 불가분한 관계에 있으며 한중일 사이에 정치체제의 차이가 존재하는 것은 분명한 사실이다. 따라서 '조직·제도적 측면'에 대한 이해는 반드시 '환경·거시적 측면'에 대한 이해에 의해 보완될 필요가 있다.

요약하면 본 연구는 한중일 각국 사회적경제의 '조직·제도적 측면'과 '환경·거시적 측면'에 초점을 두며, 각국 및 지역 수준의 사회적경제를 이해하는 데 가장 중요한 조직 Map을 논의하는 데 범위를 제한한다. 거버넌스나 사회혁신, 각종 제도 간의 시너지 효과 등 사회적

---

30 주체에 관해서는 물론 제도화되지 않은 자생적 조직이나 개인도 있다. 이들의 전체적 모습이나 동향을 현실적으로 파악하기 어렵다. 이들에 대해서는 '과정·동태적 측면'이나 '규범·기능적 측면'에 주목하여 발전적 방법으로 분석하는 것이 유익할 것이다.

경제 관련 제도나 조직의 운영에 관한 과정·동태적 특징 그리고 리더십이나 사회적기업가정신, 시민정신, 사회통합, 지역발전 등 개별적 사업 사례에 내재되는 규범·기능적 특징의 규명은 본 연구에서 다루지 못한 한계점이며 향후의 과제로 한다.

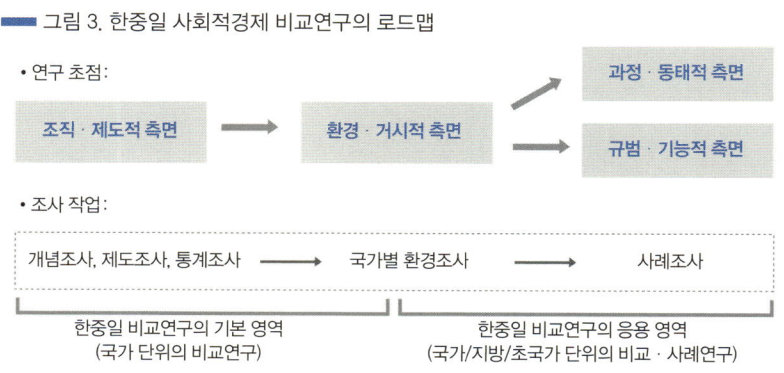

▬▬ 그림 3. 한중일 사회적경제 비교연구의 로드맵

2. 사회적경제 및 사회적경제 조직의 개념 정의

앞에서 이론 및 실천적 동향을 소개했듯이 사회적경제나 사회적경제 조직의 개념에 대해서는 정확히 합의가 공유된 바가 없으며, 외부적 요인, 내부적 요인, 정책적 요인이 결합되면서 계속해서 확대, 재구성의 단계에 있다고 할 수 있다. 국내 연구 동향을 봐도 신명호는 "사회적경제의 개념에 관해 누구나 동의할 수 있는 하나의 정의는 존재하지 않는다"고 지적하고 있다.[31] 그러나 개념을 둘러싼 이와 같은

---

31 신명호, "사회적경제의 이해," 『사회적경제의 이해와 전망』 (서울: 아르케, 2014), p.23.

상황에 대해 기존 연구는 잠정적 개념 정의나 모델화를 시도하여 현실적 사례에 적용하면서 개념을 발전시켜 왔다. 본 연구에서도 역시 완벽하지는 않지만 특정의 관점에 입각하면서 분석적 정의를 시도하여 개념적 발전을 전망하는 방향으로 논의를 전개하겠다.

개념의 본질적 특징을 모색한 국내외 기존 연구에서는 다음과 같은 사례를 볼 수 있다표 1. 드푸르니와 더벨테르Defourny and Patrick Develtere는 사회적경제 개념을 "기업, 협동조합, 결사체, 공제회가 추진하는 모든 경제활동"으로서, 사업 수행에 관한 4가지 윤리적 원칙을 제시했다.[32] 2002년에 '사회적경제 헌장'을 제정한 EU에서는 이후 지속적으로 개념 정의를 개선하여 최근에는 사회적경제 조직을 '자본 투자자에 대한 이윤환원보다 사람들의 욕구를 해결하는 것을 주요 목적으로 하는 인적 결합체'로 규정, 7가지 세부 특징을 제시했다.[33] 국내에서 깊이 있는 개념 정의를 시도한 사례로서 다음과 같은 연구가 있다. 장원봉은 이러한 유럽의 경험을 바탕으로 하여 사회적경제를 '자본과 권력을 핵심으로 하는 시장과 국가에 대한 대안적인 자원분배를 목적으로 하며, 시민사회 혹은 지역사회의 이해당사자들이 그들의 다양한 생활세계의 필요들을 충족하기 위해서 실천하는 자발적이고 호혜적인 참여경제 방식'으로 규정했다.[34] 노대명 외의 연구에서는 기존 개념 정의를 체계화 및 단순화시키면서 사회적 목적, 사회

---

32 Jacques Defourny and Patrick Develtere, "Social Economy: the Worldwide Making of a Third Sector," in Jacques Defourny, Patrick Develtere, and Bénédicte Fonteneau (eds.), *Social Economy North and South* (HIVA: KULeuven, 1999), pp.15-16.

33 EU (2012), p.17.

34 장원봉, 『사회적 경제의 이론과 실제』 (서울: 나눔의집, 2007b), p.299.

적 소유, 사회적 자본이라는 사회적경제 조직의 3원칙을 제시한 바 있다.[35] 기타 국내에서는 실무 차원에서 더 구체적인 조직유형이 제시되며 지속적으로 수정되고 있다. 대표적으로 서울시에서는 2012년에 '사회적경제 정책기획단'이 설치되며 사회적기업, 협동조합, 마을기업, 자활기업의 4가지 조직유형을 중심으로 한 지원정책이 등장했다. 이후 단기적이고 제한적인 조직 지원에서 다양한 방식의 사업 지원이나 사회혁신기업 육성, 사회적경제 생태계 조성 등 보다 복합적인 정책으로 'Paradigm Shift'가 논의되고 있다.[36]

한편, 조직과 관련된 특정한 측면이나 기타 조직과의 차별화에 초점을 맞춰, 사회적경제 조직의 Map을 그리는 방식으로 개념을 이해하는 경우도 있다. 다양한 유사 개념이나 조직이 존재하는 현대적 상황에서 이와 같은 접근방법은 제도 디자인에 관한 실천적 합의를 도출하거나 국가 간에서 비교분석을 하는 데 유익하다. 기존 연구에서는 다음과 같은 Mapping 방식을 볼 수 있다^{그림 4, 5, 6 및 표 2}. 조직에 대한 '규제의 정도'^{자유-규제}와 '경제 행위의 목적'^{상업적-비상업적}을 기준으로 조직을 분류한 사례, '활동범위'^{전국 기반-마을 기반}와 '자원 연계도'^{창업자의존-주민공동출자}를 기준으로 한 사례, 정부섹터와 기업섹터, 시민사회의 상호관계를 기준으로 한 사례 등이다. 이외에도 중국의 사회적기업의 특징을 논의한 Yu의 연구에서는 '조직의 성격'^{영리성-비영리성}, '소유 형태', '세제 혜택', '잉여금 분배', '자율성'의 5가지 관점에서 중국의 각종 조직과 '이상적 사회적기업' 간의 거리 관계를 가시화한

35 노대명·김신양·장원봉·김문길, 『한국 제3섹터 육성방안에 대한 연구』 (서울: 한국보건사회연구원, 2010), pp.172-175.

36 "사회적경제 현황과 정책흐름," http://www.slideshare.net/kimnoza/2013-20130221.

바 있다. 그러나 기존의 Mapping 연구에서는 기준 설정의 엄밀성에 관해서 미흡한 점이 있으며 Map자체가 결국 추상적 수준에 머물고 있다는 단점을 노정하고 있다.

〈표 1〉 사회적경제 조직의 개념 정의에 관한 선행 연구

연구	개념 정의나 특징
Defourny and Develtere (1999)	*사회적경제 조직의 개념: "기업, 협동조합, 결사체, 공제회가 추진하는 모든 경제활동으로서 다음 4가지 윤리적 원칙을 가진다." 1. 회원이나 공동체에게 이윤보다 서비스를 우선. 2. 자율적인 운영. 3. 민주적 의사결정 과정. 4. 수익의 배분에서 자본보다 사람과 노동을 우선.
EU (2012)	*사회적경제 조직의 개념: "자본 투자자의 이익이 아니라 사람들의 수요를 충족시키는 것을 주된 목적으로 운영되는 인적 결합체로서 다음 7가지 특징을 공유한다." 1. 공공섹터에 속하거나 통제를 받지 않는 사적 조직임. 2. 법적 근거 등을 가진 형식적 조직임. 3. 설립과 해산, 조직 구조나 활동 내용의 결정 등에 관해서 완전한 자기 결정권을 가짐. 4. 가입과 탈퇴의 자유가 보장됨. 5. 수익이나 잉여금을 분배할 경우, 각 조직 구성원의 출자금이나 회비의 차이가 아니라 활동 참여나 이용고를 기준으로 함. 6. 자본의 축적이 아니라 사람들의 수요를 충족시키기 위해 스스로 경제활동을 수행하는 인적 결합체임. 7. 일부 자선단체를 제외하여, 주로 기층 수준의 조직 구성원에 의한 '1인 1표'의 민주적 의사결정 구조로 운영됨.

노대명 외 (2010)	*사회적경제의 특징: "사회적경제는 시민사회로 하여금 국가와 시장에 의해서 충족되지 못하는 사회적 필요에 대응해서 다양한 시민참여와 협력을 통해 시민주도성에 기초하여, 자본과 권력 자원에 기초한 시장과 국가에 대한 사회적 자원분배의 주체로 등장하게 한다." *사회적경제의 3 원리 1. 사회적 목적(복합목적) 2. 사회적 자본(복합자원) 3. 사회적 소유(복합이해관계자)
ILO (2011)	*사회적연대경제 조직의 특징: "경제적 목적과 사회적 목적을 추구하여 연대를 깊게 하면서 특정한 재화나 서비스, 지식을 생산하는 기업이나 조직이며, 주로 협동조합, 공제회, 결사체, 재단, 사회적기업으로 대표됨."

■■■ 그림 4. 사회적경제 조직 Map에 관한 선행 사례(1)

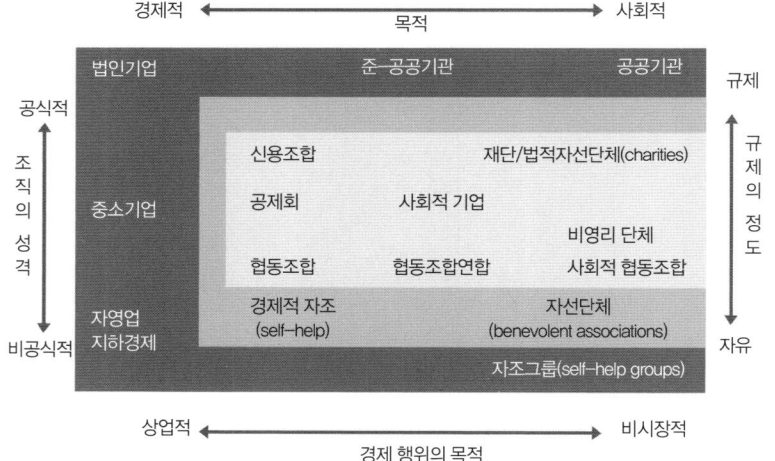

■ 비사회적경제 조직
■ 불확실한 사회적경제 조직(개별 조직·사례마다 다름)
▨ 확실한 사회적경제 조직

출처: William Ninacs, "A Review of the Theory and Practice of Social Economy," SRDC Woeking Paper Series 2-2 (2002), p.7.

■■■ 그림 5. 사회적경제 조직 Map에 관한 선행 사례(2)

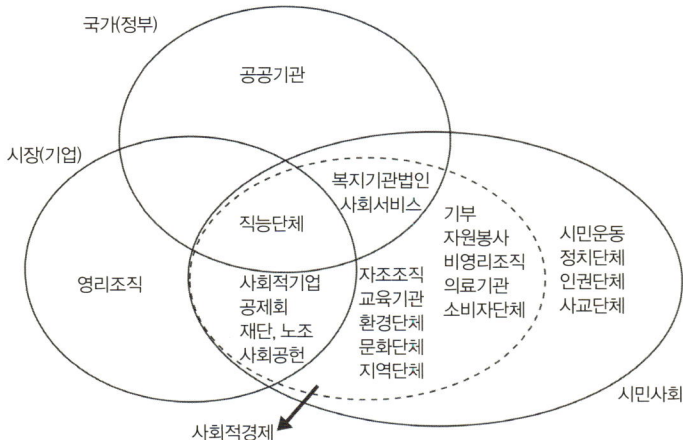

출처: 주성수, 『사회적경제: 이론, 제도, 정책』(서울: 한양대학교 출판부, 2010), p.23.

■■■ 그림 6. 사회적경제 조직 Map에 관한 선행 사례(3)

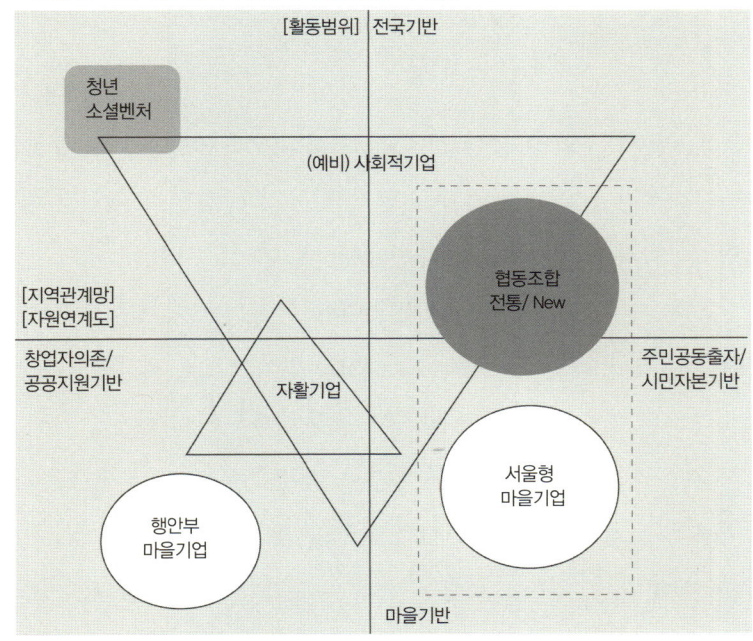

출처: 서울사회적기업개발센터, "사회적경제 현황과 정책 흐름," (2013).

<표 2> 사회적경제 조직 Map에 관한 선행 사례(4)

	Nature (목적, 사명)	Ownership (소유 형태)	Tax—exempt (세제 혜택)	Profit— distribution (잉여금 분배)	Autonomy (관리원칙)
3점		준국가적 소유			
2점	순수 비영리 지향	순수 사회적 소유	있음	원칙적으로 제한	아주 자율적
1점	어느 정도 비영리 지향	어느 정도 사회적 소유	어느 정도 있음	어느 정도 제한	어느 정도 자율적
0점	중간 지향	중간 소유 형태	중간	규정 없음	규정 없음
-1점	어느 정도 영리 지향	어느 정도 사적 소유	없는 편임	어느 정도 허용	어느 정도 정부 감독
-2점	순수 영리 지향	순수 사적 소유	전혀 없음	원칙적으로 허용	철저한 정부 감독

*2점이 '이상적인 사회적기업'의 조건을 의미함.

출처: Xiaomin Yu, "Social Enterprise in China: Driving Forces, Development Patterns and Legal Framework," *Social Enterprise Journal* 7-11 (2011), p.25.

  이상, 기존 연구의 다양한 개념 정의 방식이나 내용을 개관했을 때 역시 사회적경제 조직을 정확히 규정하는 것은 상당히 어렵다는 것을 알 수 있다. 특히 규범적 차원에서는 민주성, 사회성, 경제성 등을 강조하는 어느 정도 유사한 담론이나 이해 방식이 형성되고 있으나 이를 제도적 차원에 적용해 Mapping 방식으로 구체화할 경우, 상당히 다양한 기준이나 이해 방식이 등장한다. 조직 Map을 위한 기준 설정에 관해서 기존 연구에서 얻을 수 있는 교훈으로써 다음 점이 지적된다. 첫째, 다양한 규범적 특징을 모두 만족시킬 수 있는 구체적이며 획일적 기준을 도출하는 것은 어렵다. 조직 Map을 그리기 위해서는 복수의 기준을 사용한 복합적 이해 방식이 필요하다. 둘째,

이러한 맥락에서 기존의 Mapping 방식에서는 주로 두 종류의 기준이 복합적으로 사용되고 있다. 각종 조직의 기본적 성격을 분류하기 위한 '질적 분류 기준'과 각종 조직이 개별적으로 얼마나 사회적경제와 관련되는가에 관한 '양적 분류 기준'이다. 두 종류의 기준을 어떻게 구체화하여 결합시키는가에 따라 상당히 상이한 Map이 그려지게 되는 것으로 볼 수 있으며, 기존 연구에서는 질적 분류에 관해서는 어느 정도 구체적으로 논의되는 반면, 양적 분류는 추상적으로 처리되는 경향이 있다. 예를 들어 Ninacs의 연구에서 '확실한 사회적경제 조직'과 '불확실한 사회적경제 조직'의 차이,[37] Yu의 연구에서 '이상적 사회적경제 조직'과 그렇지 못한 조직을 구별하기 위한 점수 부여의 근거[38] 등에 대해서는 좀 더 엄밀한 기준이 필요해 보인다.

3. 사회적경제 조직 Map의 도출 방법

이와 같은 기존 연구의 교훈을 살려, 한중일 사회적경제 조직을 적절하게 이해하기 위해서 본 연구에서는 다음과 같은 분석적 개념을 설정하여 질적 및 양적 기준을 복합적으로 활용한 Mapping 방법을 시도한다.

---

37 Ninacs (2002), p.7.

38 Yu (2011), p.25.

> 사회적경제 조직이란 사회서비스 제공에 직·간접적으로 관여하는 사회조직 중 조직의 목적 내지 운영에 있어 민주성, 경제성, 사회성 요소가 모두 혹은 부분적으로 결합된 혼합조직을 의미한다. 혼합의 수준과 내용에 따라 해당 사회조직의 사회적경제 관련성은 달라진다.

이 분석적 정의가 가지는 중요한 연구 의도는 다음 두 가지이다. 첫째, 사회적경제 조직의 가장 기본적 속성으로 사회서비스와의 관련성에 주목하지만, 이를 포괄적으로 이해하는 점이다. 사회서비스와의 관련성은 기존 연구에서 사회적경제 조직의 가장 중요한 전제 조건으로 지적되고 있다.[39] 그러나 사회서비스의 구체적 내용에 대해서는 다양하게 이해할 수 있으며, 현실의 제도에서는 서비스의 직접적 제공 행위와 이에 대한 지원 행위는 밀접하게 관련되고 있다. 따라서 각국의 사회적경제 조직을 Mapping하여 의미 있게 논의하기 위해서는 우선적으로 넓은 관점에서 각국에서 사회서비스와 관련된 다양한 사회조직의 제도적 현황을 이해할 필요가 있다. 둘째, Mapping의 핵심적 논리로서 특정 사회조직이 사회적경제 조직에 해당되느냐 아니냐와 같은 획일적 분류가 아니라 해당 조직이 얼마나 사회적경제와 관련되는가라는 단계적 분류를 지향하는 점이다. 이 때 적용되는 기준이 민주성, 경제성, 사회성의 '혼합성'이다. 세 가지 요소는 기존 연구에서도 중요시된 것이며, 이를 체계적으로 정리함과 동시에 요소 간의 혼합성에 주목하는 점에서 본 연구는 기존 연구와의 차별성을

---

39 ILO (2011), p.5; EU (2012), pp.17-18.

도모한다. 위의 연구 의도를 다른 관점에서 정리하면, 우선 넓은 관점에서 '질적 분류 기준'을 설정하여 각국 사회조직의 전체적 Map을 그리며, 다음으로 엄밀한 관점에서 '양적 분류 기준'을 설정하여 각국에서 사회적경제와 관련성 높은 조직 유형들을 이 Map 위에서 도출하는 것이다. 이 2단계의 분석 방법을 좀 더 자세히 정리하면 다음과 같다.

● **1단계: 각국에서의 사회적경제 관련 개념 및 사회조직의 포괄적 정리**

사회적경제 조직이 사회서비스와 깊이 관련되고 있다면 사회서비스의 내용을 어떻게 이해하느냐 혹은 제도화나 실천이 어떤 분야로 발전하고 있는가에 따라 사회적경제 조직의 범위는 얼마든지 변화할 수 있다. 앞에서 언급한 사회적경제의 개념적 지평 확대도 이와 관련된다. 즉, 특정 조직에 의한 사회서비스의 제공 활동으로서 등장한 초기 사회적경제의 범위에 대해 기타 조직이 다양한 분야에서 서비스 활동을 시작하거나 다양한 서비스 제공 방법이나 지원 방법이 등장함으로써 사회적경제의 범위가 확장된 것이다. 환언하면, 사회적경제 현상이 다양한 사회조직으로 퍼져가고 있는 것이며, 각국에서 사회서비스와 깊이 관련된 기존 영역인 '시민사회', '비영리섹터', '제3섹터'가 내부적으로 변화하고 있는 것으로 해석된다. 그렇다면 각국에서 확대하고 있는 사회적경제의 제도적 현황이나 특징을 적절하게 이해하기 위해서는 우선 각국에서 사회서비스와 관련된 기존 영역을 도출하는 것이 유익하다.

이러한 예비적 작업이 필요한 또 다른 이유로서 한중일 사이에서의 개념 사용의 차이를 들 수 있다. 실제로 '사회적경제'가 중요한 담론으로서 자리 잡고 있는 것은 한국뿐이며 다음 국가별 챕터에서 자세히 지적하듯이 중국과 일본에서는 각각 '사회적기업'과 '소셜 비즈니스'가 중심적으로 논의되고 있다. 그러나 담론이나 제도를 거시적 관점에서 봤을 때, 3국 모두에서 혼합적 조직의 증가 현상이나 사회서비스 제공 방식의 개혁을 볼 수 있다. 즉, 한중일을 적절하게 비교하기 위해서는 '사회적경제'라는 표현에 얽매이지 않고, 관련된 현상을 포괄적으로 포섭할 필요가 있는 것이다.

구체적으로 본 연구에서는 예비적 고찰인 1단계 분석으로서 한중일 각국에서 시용되는 사회적경제 관련 개념을 정리하여 해당 개념과 관련된 모든 조직의 집합으로서 각국의 '사회조직'을 도출한다. 관련 개념에는 구체적으로 1) 사회서비스의 혼합적 제공방법을 제도화하거나 국제적으로 알려진 social economy 개념을 도입하는 과정에서 각국에서 등장한 독자적 개념 그리고 2) 각국에서 일반적으로 이해되는 시민사회, 비영리섹터, 제3섹터 개념을 포함한다.

도출된 각종 사회조직은 그 종류나 기능, 목적이 다양한 만큼 다음과 같은 비교적 단순한 질적 기준을 적용해 포괄적으로 분류한다. X축으로서 '조직 구성원리'^{인적 결합 지향-자본 결합 지향}를, Y축으로서 '사업의 기본적 방향'^{지역 공동체 지향-개별 분야의 서비스 제공 지향}을 설정한다^{그림 7 및 표 3}. 인적 및 자본 결합이라는 분류는 기존 Mapping 연구에서도 사용되며 조직 분류방법에 있어서 가장 기본적 기준이라고 할 수 있다.[40] 한편, 서비스 영역 지향과 지역 공동체 지향의 분류는 특히 최

----

40 서울사회적기업개발센터는 X축을 '주민공동출자/시민자본기반 - 창업자 의존/공공지원기반' Y축을 '전국 기반 - 마을기반'으로 분류했다. 서울사회적기업개발센터 (2013). 일본의

근의 사회적경제 개념의 동향에 있어 유익한 분류 기준이라고 할 수 있다. 사회적경제의 조직 유형은 갈수록 다양화되지만 원칙적으로 사회서비스 사업의 수행과 관련되기 때문에 서비스의 내용이나 성격을 기준으로 분류하는 것이 현실적이다. 나아가 최근의 세계적 동향이나 동아시아의 지역적 동향을 고려할 때 지역 공동체의 활성화 또는 지역사회의 활력이나 역량을 이용한 사회서비스의 개선이 주목을 받고 있다.[41] 따라서 본 연구에서도 '지역 공동체 중심의'territorial 서비스 제공 방식과 개별 분야에 제한하면서 특정 수혜자나 혹은 불특정 다수에 대한 '영역 중심의'sectoral 방식을 사회조직 분류에서 중요시한다.

'단체지도'를 그린 辻中豊 외는 X축을 '공익 추구 – 사익 추구' Y축을 '인적 결합 – 자본 결합'으로 분류했다. 이른바 사단, 재단의 분류나 기업법인의 분류에서도 볼 수 있듯이, '인적 결합 – 자본 결합'의 구분은 조직 분류의 가장 기본적 방법이라고 할 수 있다. 辻中豊·山本英弘·久保慶明, "日本における団体の形成と存在," 辻中豊·森裕城(編), 『現代社会集団の政治機能: 利益集団と市民社会』(東京: 木鐸社, 2013).

41 Defourny and Kim의 연구에서는 동아시아의 사회적기업으로서 다음 다섯 가지 모델을 제시하고 있다. 1) 사업형 NPO(Trading NPO), 2) WISE(사회통합형 사회적기업), 3) 비영리 지향의 조합(Non-profit Cooperative), 4) 비영리-영리 혼종조직(NPO-FPO Partnership), 5) 지역공동체 지향기업(Community Development Enterprise). Defourny and Kim (2011), pp.101-102.
본 연구의 접근 방법은 위 다섯 가지 모델을 중요시 하면서도 이를 체계적 및 경험적으로 검증하는 것이다. Map에 따라 잠정적으로 복합 영역, 전문 서비스 지향, 인적 결합 지향 등 복수의 영역을 설정하여, 경험적 제도분석을 통해 한중일 각국의 사회적경제 조직의 존재 영역에 관한 경향성을 도출하는 것이다. 이 결과에 대해서는 책의 결론을 참조.

▬▬ 그림 7. 조직 구성원리와 사업의 방향성에 따른 조직 분류 Map

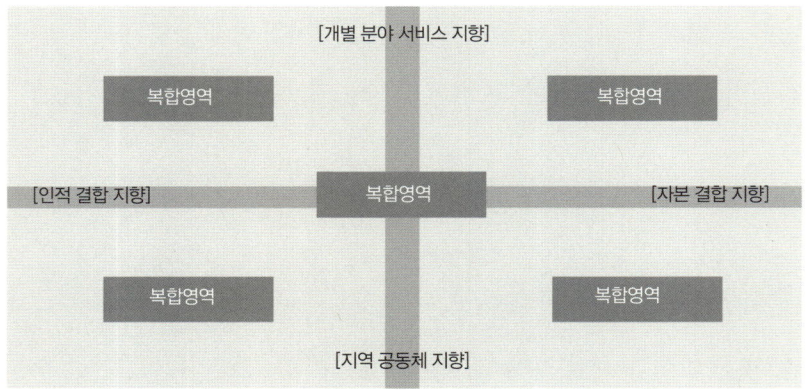

〈표 3〉 사회조직 분류를 위한 질적 기준

인적 결합 지향

◆ 1인 1표의 의사결정권을 가진 구성원의 평등성 원칙에 입각한 조직. 다양한 대상에게 대내외적 사회서비스 사업을 실시함.

자본 결합 지향

◆ 개인이나 정부, 기업의 출자에 의해 구성되는 조직. 다양한 대상에게 대내외적 사회서비스 사업을 실시하거나 중간지원사업을 실시함.

서비스 영역 지향

◆ 고령자, 장애인, 여성 등 특정 사회취약계층이나 소비자, 노동자 등 특정 집단 혹은 불특정다수를 대상으로 고용, 복지, 교육 등 특정 서비스의 제공을 주요 목적으로 하는 조직.

지역 공동체 지향

◆ 특정 지역 혹은 지역 공동체의 발전을 주요 목적으로 하는 조직. 주로 서비스 대상이나 활동 범위, 구성원 자격 등이 해당 지역에 제한됨.

이 Mapping 방법에서 유의해야 하는 것은 경우에 따라 각 요인이나 지향이 상호배타적이지 않다는 점이다. 즉, 조직의 구성원리나 서비스 대상에 관해서 복합적인 성격을 가진 제도나 조직이 존재하는 점이다. 이는 조직을 통제하는 '제도' 자체가 본래 복합적 성격을 가지고 있기 때문에 발생하는 문제이다. 한 제도 아래 복수의 조직 유형이 있을 수 있으며, 제도 차원에서 넓은 범위나 추상적 규정으로 조직을 설계하는 경우가 있다. 따라서 이 Mapping 방법에서 중요한 것은 각종 조직의 정확한 위치가 아니라 조직을 통제하는 각종 제도가 커버하는 '영역'이다. 예를 들어 한국의 사회적기업육성법^{제도}에서 관리되는 인증사회적기업^{조직}은 일자리제공형^{서비스 영역 지향}, 지역사회공헌형^{지역 공동체 지향}, 혼합형 등 세부 유형으로 분류되며 또한 인증을 받을 수 있는 대상이 일반 기업법인^{자본 결합}과 협동조합 법인^{인적 결합}, 민간비영리단체^{복합} 등 유연성 있게 규정되고 있다. 따라서 이 제도는 모든 요인을 포함한 Map의 중앙에 위치하게 된다. 현실적으로는 비영리조직, 주민자치조직, 기업법인, 공공기관 등 대부분의 사회조직은 제도적 규정을 보면 복합적 성격을 띠고 있는 것으로 생각된다.

● 2단계: 사회적경제 관련성 분석

위에서 도출된 각종 사회조직이 얼마나 사회적경제와 관련되는가를 분석함으로써 한중일 각국의 사회적경제의 제도적 특징을 규명한다. 이 단계에서는 기존 연구에서 미흡했던 '양적 분류 기준'을 체계적으로 정리 및 적용하여 사회조직 Map을 입체적으로 재구성한다. 구체적으로는 사회적경제 조직의 규범적 성격으로서 기존 연구에서 주로 논의된 조직 운영이나 사업 목적에 관한 민주성, 경제성, 사회성이라는 세 가지 요소의 혼합성을 기준으로 각종 사회조직을 재분류한다.

현실적인 제도 분석을 위해서는 세 가지 요소를 좀 더 명료화할 필요가 있을 것이다. 본 연구에서는 기존 연구를 참고로 사회적경제 조직과 깊이 관련된 제도적 성격으로서 세 가지 요소를 각각 두 개의 세부 요소로 분류, 총 6가지 세부 요소를 설정한다[표 4]. 또한 각 세부 요소의 구체적 규정 내용이나 성격에 관해서 사회적경제 조직으로서 이상적 형태[○로 평가]와 관련성 있는 형태[△로 평가] 그리고 사회적경제 조직으로 볼 수 없는 형태[−로 평가]로 단계별로 분류한다. 예를 들어 민주성 요소를 '민주적 소유·자율성'과 '결사의 자유·자발성'으로 분류하여, 전자에 관해서는 구성원에 대한 1인 1표의 의사결정권이 보장되는 경우를 ○로, 이러한 규정이 없으나 구성원 총회나 대의제 등 민주적 의사결정기구의 설치에 의해 공동 소유가 규정되는 경우 혹은 구성원에 대한 1인 1표의 의사결정권이 보장되지만 실질적 조직 경영에 대해서 중앙 혹은 상위 조직이나 정부의 통제를 받는 경우를 △로 평가한다. 기타의 경우 일부 예외를 제외하고 모두 −로 평가한다.

〈표 4〉 사회적경제 조직의 주요 요소와 이상적 조건

	민주성 (해당 조직은 민주적 정치질서의 형성에 기여하고 있는가?)	
	민주적 소유 · 자율성	결사의 자유 · 자발성
○	◆ 구성원에 대한 1인 1표의 의사결정권이 보장되며, 구성원 스스로가 주요 경영 주체가 된다.	◆ 자발적으로 설립되며 행정부처에 대한 신고나 등록, 인증 등 간단한 행정적 절차에 의해 법적 지위를 얻을 수 있다.

△	◆ 구성원에 대한 1인 1표의 의사결정권이 보장되지만 실질적 조직 경영에 있어서 중앙 혹은 상위 조직이나 정부 등 외부적 통제를 받는다. ◆ 구성원에 대한 1인 1표의 의사결정권이 보장되지 않지만 구성원 총회나 대의제 등 민주적 의사결정기구의 설치에 의해 공동 소유가 이루어진다.	◆ 자발적으로 설립되며 행정부의 인가나 허가 등 재량적 결정에 의해 법적 지위를 얻을 수 있다. ◆ 자발적으로 서립되며 간단한 행정적 절차에 의해 법적 지위를 얻을 수 있으나, 조직 구성을 위해서 고도의 기술적 혹은 구조적 조건이 요구된다.
-	◆ 투자자나 주주에 의해 소유되며 의사결정권은 투자금액이나 출자금액에 따라 배분된다. ◆ 국가 혹은 중앙정부·지자체에 의해 소유된다. ◆ 소유나 의사결정기구에 관한 규정이 미흡하다 등.	◆ 중앙정부나 지자체의 출자나 지원 혹은 정책 집행의 일환으로 조직이 설립된다. ◆ 강제 혹은 특별법의 제정에 의해 조직이 설립된다. ◆ 조직의 설립이나 등록에 대한 규정이 미흡하다 등.

경제성 (해당 조직은 대안적 경제질서 형성에 기여하고 있는가?)		
	사업성	분배 · 수익 제한
○	◆ 재화나 서비스를 생산·공급하는 경제활동을 주된 제도적 목적으로 한다.	◆ 잉여금에 대한 사회적 재투자가 구체적으로 명기되고 있다. ◆ 수입사업의 제한 혹은 사업비의 사회목적 사용에 관한 구체적 기준이나 방법이 명기되고 있다.
△	◆ 위의 사업을 촉진·지원하는 것이 주된 제도적 목적으로 한다. ◆ 정책 사업 혹은 법적으로 규정된 사업의 수행을 주된 목적으로 한다. ◆ 재화나 서비스를 생산·공급하는 경제활동을 포함해 자선 사업이나 지원 사업 등 사업 목적이 광범위하게 규정되고 있다.	◆ 잉여금의 분배가 부분적으로 제한된다. ◆ 수익사업에 수행에 대한 부분적 제한 혹은 사업비의 사회목적 사용에 관한 추상적 규정이 있다.

-	◆ 정치적 신념의 전파나 에드보커시, 사회운동, 종교 보급 등 비경제적 활동을 주된 목적으로 한다. ◆ 사업 목적이나 내용에 대한 규정이 미흡하다 등.	◆ 잉여금은 원칙적으로 투자 수준을 기준으로 투자자에게 분배된다. ◆ 잉여금은 모두 국가나 정부기관에 반납하게 된다. 사업 예산의 대부분이 정부에 의한 투자나 지원으로 구성된다. ◆ 잉여금의 분배나 수익사업의 제한에 관한 규정이 없거나 미흡하다 등.

사회성 (해당 조직은 사회적 가치의 창출 혹은 중요한 사회 문제의 해결에 기여하고 있는가?)		
	규범성	문제 해결 기능
○	◆ 공익이나 불특정 다수의 이익 등 사회 전체의 이익을 지향하는 규범적 목표가 규정되고 있다.	◆ 제도 도입을 통해 해결하고자 하는 특정 사회문제가 있으며, 해당 문제는 일반적으로 심각한 사회 문제로 인지되고 있다.
△	◆ 사업 운영의 비영리성이 명기되며 사업 범위가 특정 분야에 제한된다. ◆ 조직 구성원의 경제적 이익뿐만 아니라 사회적 수요나 이익 등 사회적 가치를 지향하는 규범적 목표가 규정되고 있다.	◆ 제도 도입을 통해 해결하고자 하는 특정 사회문제가 있으나, 해당 문제의 중요성은 특정 이해관계자나 산업 분야, 지역 등으로 제한된다. ◆ 다양한 사회문제의 해결을 도모해 종합적으로 제도가 도입되었으며, 개별 문제의 해결에 있어 일반적으로 중요한 기능을 수행하고 있다.
-	◆ 공익성이나 비영리성, 사회적 가치 등 사업의 사회적 성격을 통제하는 규범적 규정이 없다. ◆ 개별 조직의 이익 극대화를 주된 목표로 하고 있다 등.	◆ 사회문제 해결을 도모하여 제도가 도입되었으나 해당 문제의 심각성은 이미 현저히 저하되었거나 대체적 정책이 부분적으로 마련되고 있다. ◆ 제도 도입은 사회문제의 해결과 직접적인 관련성이 없다 등.

　　6가지 세부 요소에서 ○와 △의 인정 수준에 따라 조직의 혼합성 즉, 사회적경제 조직으로서의 관련성을 분석한다. 이에 대해서는 구

체적으로 다음 네 가지 수준으로 각종 사회조직을 분류하기로 한다 표 5. 첫째, 제도 분석 결과 주요 세 가지 요소 즉, 민주성, 경제성, 사회성 요소에 걸쳐 ○가 있는 경우, 이를 '주요 사회적경제 조직'으로 분류한다. 이 유형에 해당되는 조직은 혼합성의 수준이 가장 높기 때문에 수행하는 사업의 대부분이 사회적경제의 촉진과 관련되며, 각 국 사회적경제에서 중심적 역할을 하는 것으로 해석된다. 둘째, 두 가지 주요 요소에 걸쳐 ○가 있는 경우, 이를 '예비 사회적경제 조직'으로 분류한다. 이 유형에 해당되는 조직은 특정 측면에서 혼합성을 가지고 있기 때문에 사회적경제의 촉진에 어느 정도 기여하는 것으로 해석된다. 다만, 사회적경제 조직으로 필요한 특정 요소가 결여되고 있기 때문에 제도자체를 중요시할 수가 없으며, 현실적으로는 개별적 사업 사례 차원에서 사회적경제의 촉진에 기여하는 것으로 간주된다. 이 유형은 Ninacs의 연구가 규정한 '불확실한 사회적경제 조직'과 유사하다고 할 수 있다.[42] 셋째, 위의 조건에 해당되지 않지만 ○ 혹은 △의 합이 4개 이상인 경우, 이를 '기타 사회조직 I'로 분류한다. 이 유형에 해당되는 조직은 각 세부 요소의 내용적 측면에서 낮은 수준△까지 고려해야 혼합성을 인정할 수 있기 때문에 사회적경제에 대한 기여 또한 상당히 낮은 것으로 해석된다. 다만, 예비 조직과 마찬가지로 일부 사업 사례 차원에서 사회적경제의 촉진에 기여하는 것으로 간주된다. '4개 이상'이라는 기준은 6가지 세부 요소에서 긍정적 평가○ 또는 △가 부정적 평가⁻를 웃도는 최소한의 수준을 설정한 것이다. 넷째, 위의 모든 조건에 해당되지 않은 경우, 이를 '기

---

42 Ninacs (2002).

타 사회조직Ⅱ'로 분류한다. 이 유형에 해당되는 조직은 혼합성이 없거나 상당히 낮은 수준이며 사회적경제 조직으로 보기에는 긍정적 평가보다 부정적 평가가 확실히 많기 때문에 사회적경제에 대한 기여는 상당히 제한적이거나 부정적 영향을 내재한다고 해석된다.

〈표 5〉 사회적경제 관련성 분석에 따른 사회조직의 유형화

혼합성 수준	조직 유형	선별 기준 및 성격
높음 ↑	주요 사회적경제 조직	기준: 3가지 영역에 걸쳐 ○가 있다. 성격: 수행하는 사업의 대부분이 사회적경제 촉진과 관련되거나 그 자체를 의미한다. 각 국 사회적경제의 촉진에 있어 중심적 조직으로서의 역할을 한다.
	예비 사회적경제 조직	기준: 2가지 영역에 걸쳐 ○가 있다. 성격: 사회적경제 촉진에 있어 부분적이지만 중요한 기여를 한다. 특히 수행하는 개별적 사업차원에서 사회적경제의 촉진과 깊이 관련된다.
	기타 사회조직Ⅰ	기준: 위 조건에 해당되지 않으며 ○/△가 총 4개 이상 있다. 성격: 사회적경제 촉진에 대한 기여는 제한적이며 낮은 수준이다. 다만, 일부 개별적 사업이 사회적경제와의 깊이 관련될 수도 있다.
↓ 낮음	기타 사회조직Ⅱ	기준: 위 모든 조건에 해당되지 않는다. 성격: 사회적경제와 촉진에 대한 기여는 제한적이거나 부정적이다. 일부 개별적 사업이 사회적경제와 관련될 수는 있으나 부정적 요소를 내재하는 경우가 많다.

이상의 분석 절차에 따라 한중일 사회적경제 조직 Map을 그려 본다. 이 Mapping 방법을 통해 다음과 같은 다양한 쟁점에 관한 비교

분석이 가능해 지며, 앞에서 제기한 한중일 비교연구의 의의에 대한 시사점을 도출하게 된다. 1 한중일에서 주요 사회적경제 조직, 예비 사회적경제 조직, 기타 사회조직의 제도 디자인과 현황에 관해서 어떠한 이질성과 동질성이 있는가? 2 각국에서 혼합성의 구체적 형태에 관해서 어떠한 특징이나 차이가 있는가? 3 각국에서 주요 및 예비 사회적경제 조직은 인적 결합지향과 자본 결합 지향 그리고 지역공동체 지향과 특정 서비스 영역 지향 사이에서 어떠한 위치에 존재하는가? 본 연구는 이와 같은 다각적 관점에서 한중일 사회적경제의 제도적 측면을 비교하여 각국 및 지역적 특징을 논의한다.

● 보완적 논의1: 민관협동 사업으로 운영·유형화되는 각종 조직

위의 Mapping 방법으로서는 적절하게 분석하지 못하거나 중요함에도 불구하고 분석에서 제외되는 조직이 존재한다. 이 이유는 특히 위 분석 방법이 공식적 법제도에 의해 설립·운영되거나 사실상 제도화된 사회조직에 제한되며 이들에 대한 평가기준 또한 법적 내용을 중심으로 하기 때문이다. 이 경우에 특히 문제가 되는 조직으로서는 다양한 민관협동 방식에 의해 설립·운영되며 사회서비스의 제공에 있어 중요한 역할을 하지만, 사업 목적이나 구성원리, 운영방식 등에 관해서 평가를 하는 데 충분한 근거나 규정이 없는 조직을 들 수 있다. 예를 들며 한국의 사회서비스 바우처 사업이 대표적이다. 노인돌봄서비스, 장애인지원활동 등 정부나 시장을 통해 해결하지 못한 중요한 사회서비스 문제에 대해 민관협동 방식으로 사업을 추진하기 때문에 사회적경제와의 관련성은 분명히 존재한다. 또한 연간 약 70

만 명이 이용하는 만큼 사회적 영향도 크다.[43] 이 제도에서는 2014년 시점에서 약 6,000개의 민간기관이 '제공기관'으로서 등록 혹은 지정되고 있으나 등록하기 위한 법적 기준은 '시설·정비기준'과 '인력·자격기준'에 제한되며 등록 현황에 대해서도 개인사업체[50.3%], 그 외 회사이외법인[24.8%], 비법인[12.4%] 등으로 파악되고 있다.[44] 요컨대, 사회적경제와 분명히 관련성이 있고, 조직 규모도 큰 제도 유형임에도 불구하고, 조직운영이나 설립에 대한 법 규정에 초점을 맞추는 본 연구의 분석 방법에서는 이와 같은 조직 유형의 성격을 적절하게 평가할 수 없는 것이다. 따라서 한중일에서 최근 나타나고 있는 사회서비스 분야의 민관협동 사업에 관해서는 별도로 비교하여 위의 사회적경제 조직에 관한 기본 Map을 보완하는 것으로 한다.

● 보완적 논의2: 각국 사회적경제 발전 과정에 대한 맥락적 이해

제도를 중심으로 한 Mapping 분석의 또 다른 한계로서 다음과 같은 문제가 있다. 즉, 조직적 특징을 논의할 경우, 민주성, 경제성, 사회성에 대한 한중일 간의 의미나 중요성의 차이나 조직적 특징을 통제하는 거시적 요인인 정치체제나 사회문화적 차이를 고려는 것이 필수적이라는 문제이다. '선진국 간'이나 '민주주의 국가 간'이 아닌 한중일 간의 비교에서는 이와 같은 거시적 차원의 정치, 사회적 발전을 고려한 맥락적 이해가 특히 중요하다. 따라서 본 연구에서도 순수하게 현행 제도에 주목해 각국 사회적경제 조직의 특징을 도출함과 동

---

43 보건복지부 사회서비스 바우처사업, "주요 통계," http://www.mw.go.kr.

44 보건복지부, "2013 사회서비스 수요·공급 실태조사 결과 발표," http://www.mw.go.kr.

시에 이러한 조직이 발생하거나 성장해 온 배경적 맥락을 보완함으로써 이론적, 정책적, 실천적 함의를 신중히 이끈다.

이 보완적 논의는 특히 제2장에서 제4장까지의 각 국가별 분석에 반영되며, 제도에 대한 비교분석만큼 중요한 분량을 차지하게 된다. 연구 전체의 내용에 있어도 사회적경제의 '환경·거시적 측면'에 해당된다. 구체적으로는 앞에서 언급했듯이 각국의 사회적경제의 등장·확대 현상을 외부적 요인, 내부적 요인, 정책적 요인으로 나누어 역사적 관점에서 검토한다.

한국 사회적경제 조직 Map[1]

김의영 · 임기홍

I. 서론

1960~70년대에 이미 사회적경제가 자리를 잡았던 유럽[2]과 달리 한국에서는 2000년대 초반에 들어서야 사회적경제 조직의 활동 및 이와 관련된 이론적 논의가 활발해졌다. 사회적경제를 운영하는 데 필요한 각종 제도와 기관들은 그보다 더 늦은 2000년대 중반 이후 설립되었다. 그러나 〈사회적기업육성법〉과 〈협동조합기본법〉이 제정 및 시행된 이후 사회적기업과 협동조합이 각각 1,300개, 6,000개 이상

---

1 이 글은 『OUGHTPIA』 제30권 1호 (2015)에 발표된 김의영 · 임기홍의 논문 "한국 사회적경제 조직 지형도"를 수정 · 보완한 것이다.

2 맥머트리(McMurtry)에 따르면, 사회적경제는 역사적으로 확고히 자리를 잡고 있었으며 이전부터 시장경제에 대한 강력한 대안(powerful alternative)이었다. J.J. McMurtry, "Social economy as political practice," *International Journal of Social Economics* 31-9 (2004), pp.868–878.

등장하면서 한국에서도 사회적경제 붐이 일고 있으며, 최근에는 정치권을 중심으로 통합적 사회적경제지원법 제정 또한 추진하고 있다.

그러나 연구자들뿐 아니라 정부 부문의 법·제도·정책에 있어서도 과연 사회적경제가 무엇인가에 대한 명확한 합의가 있다고는 볼 수 없다. 대부분 사회적경제를 엄밀히 정의하기보다는 '사회성과 경제성의 동시 추구'라는 포괄적이고 개략적 차원의 논의에 그치고 있으며, 논의의 추상성을 보완하기 위해 사회적기업, 협동조합, 마을기업 등 대표적인 조직 유형 혹은 범주를 제시하는 방식을 택하는 경향을 보이고 있다.

이처럼 사회적경제의 개념과 조직 범주를 명시하기 힘든 이유는 새로운 환경에 조응하여 기존 사회적경제 관련 조직들이 변화하거나 새로운 조직 유형이 등장하면서 사회적경제의 생태계가 지속적으로 진화·확대해 나가기 때문이다.[3] 즉 외부적으로 다양하고 복잡한 새로운 사회경제적 문제들이 등장하고 이에 대응하기 위하여 정부의 새로운 사회적경제 관련 법·제도와 정책이 도입되기도 하고 또한 이에 조응하여 기존 관련 조직들의 형태와 활동 방식이 융합·진화하는 양상을 보이면서 사회적경제의 개념적 지평이 확대·재구성되는 것이다. 하나의 예로 국가와 시장 메커니즘으로 해결하기 힘든 복지 문제가 부상하고 정부가 이에 대처하기 위한 사회적경제 정책을 추진하면서 기존 시민사회 조직이 전통적인 옹호활동에서 민관협력을 통한

---

3 사회적경제는 본질적으로 "조직 및 운영 원리와 추구하는 가치의 다측면적이고 혼합적인 성격, 즉 혼종성(混種性·hybridity)"을 띠고 있다. 이러한 특성 역시 개념과 조직범주를 명시하기 힘든 요인으로 작용하고 있다. 최나래·김의영, "자본주의의 다양성과 사회적 기업: 영국과 스웨덴 비교연구," 『평화연구』 제22집 1호 (2014), p.313.

사회서비스 제공 활동으로 그 영역을 확장하게 되고 결과적으로 사회적경제에 대한 기존 인식 틀과 조직 범주를 다양화하고 확대해야 하는 상황에 처할 수 있다.[4]

따라서 '사회적경제 조직이냐 아니냐'식의 획일적인 개념화와 정태적인 유형화 방식으로는 진화하고 있는 사회적경제를 제대로 포착하기 어려우며, 본 장에서는 변화하고 있는 한국의 사회적경제를 파악하기 위한 방법으로 사회적경제 조직 지형도[Map]를 그려보고자 한다. 자세한 방법론은 후술하겠지만, 한마디로 사회적경제 조직 Mapping 작업을 통하여 한 사회의 조직들이 어느 정도 '사회적경제성'을 띠고 있는가를 분석하고자 하는 시도라 할 수 있다.

이 글의 구성은 다음과 같다. 2절에서는 우선 사회적경제와 관련 있는 개념들을 정리하고 각 섹터 별 조직현황을 파악한다. 3절에서는 이 책의 1장 "한중일 사회적경제 조직 Map: 연구 의의와 방법"에서 제시한 방법론을 활용하여 사회서비스를 제공하는 조직을 분류한 후, 한국의 사회조직들에 대한 실제 mapping을 시도하고 그 특성을 분석한다. 4절에서는 한국 사회적경제의 발전 과정을 구조적 요인, 내부적 요인, 정책적 요인으로 나누어 분석한다. 결론인 5절에서는 본 연구의 함의를 간략하게 제시하고 있다.

---

4 이러한 패러다임 전환('Paradigm Shift')의 경우, 이 책 1장의 각주 36번을 참고.

II. 사회적경제 관련 개념

1. 사회적경제

최근 한국에서 사회적경제의 개념 및 역할에 대한 논의는 여러 가지 측면에서 논의되고 있다. 이 글에서는 편의상 이론 영역과 정책 영역으로 구분했으며, 각 영역에서 강조하는 특징은 다음과 같은 차이를 보이고 있다. 먼저 이론적 영역에서는 사회적경제의 사회적 성격, 즉 신자유주의가 발생시킨 사회·경제적 폐해를 시정하고 사회적 가치 및 구성원 간 연대를 실현시켜 줄 해결책으로써 사회적경제를 사고하는 경향이 두드러진다.[5] 반면 정책적 영역에서는 사회적경제 조직이 일자리 창출과 사회서비스 제공, 지역 개발의 수단 혹은 하위 파트너로 간주되고 있다.

학계의 대표적 연구자들 장원봉, 노대명, 신명호, 김성기 등은 사회적경제의 '사회적'인 성격에 주목하여 사회적경제가 적극적인 역할을 할 수 있을 것으로 전망했다. 먼저 장원봉의 경우, 사회적경제를 "① 사회적 목적을 가지고, ② 사회적 소유를 실현하며, ③ 사회적 자본에 기초한 시민사회의 정치사회적 개입전략"으로 정의한다.[6] 노대명은 빈곤층의 확대, 소득불평등 및 고용불안정성 심화 등 최근 한국이 겪고 있는 '생활세계의 위기' 상황에서 사회적경제 실천을 통해 '나눔과 연

---

5 이론 영역 내에서도 시장실패와 국가실패의 문제점을 완화하기 위한 '보완재'로서 사회적 경제를 활용하고자 하는 입장이 공존하고 있다. Joana S. Marques, *Social and Solidarity Economy: Between Emancipation and Reproduction* (UNRISD, 2014), p.10.

6 장원봉, "사회적경제의 대안적 개념화," 『시민사회와 NGO』 제5권 2호 (2007), p.27.

대'라는 새로운 가치를 확산시킬 수 있을 것으로 주장한다.[7] 신명호는 "공동체 보편의 이익을 추구하는 명확한 사회적 목적을 가지고, 자본의 힘에 좌우되지 않으면서 구성원들이 민주적인 방식으로 의사결정을 하는 자율적인 경제조직들의 집합"으로 사회적경제 개념을 제시했다.[8] 마지막으로 김성기 역시 사회적경제의 '대안적' 성격을 강조하고 있다. 즉, 사회적경제가 "자본주의의 한계와 폐해를 보완 또는 대체하고 당면한 사회적 문제 등을 해결하기 위한 대안적 경제"라는 것이다.[9]

반면 정부는 학계와 달리 첫째, 사회적기업이든 마을기업이든 간에 "우선적으로 일자리 창출이라는 가시적 성과를 얻는 수단"으로써 사회적경제를 지원하고 여러 조직들을 육성하고 있다. 이 과정에 중앙 부처의 관할권 확대 노력이 결부되면서, 여러 사회적경제 조직들이 각 부처의 실적을 달성하기 위한 수단으로 여겨지는 경향이 강하다.[10] 둘째, 사회적경제조직 육성 및 지원의 목적이 일자리 창출과 실적확보에 있기 때문에 사회적가치의 실현에는 둔감한 경향이 존재한다. 가령, 주요 사회적경제조직인 사회적기업의 가치가 주로 경제적 관점에서만 매겨지고 있다. 이는 한국에서 사회적기업이 사회적 일자

---

7 노대명, "사회적경제를 강화해야 할 세 가지 이유‒ '생활세계의 위기'를 넘어,"『창작과비평』2009년 가을호(통권 145호) (2009), p.74.

8 신명호, "한국의 "사회적경제" 개념 정립을 위한 시론,"『동향과 전망』통권 75호 (2009), p.29.

9 김성기,『사회적기업의 이슈와 쟁점 : '여럿이 함께'의 동학』(홍천: 아르케, 2011).

10 사회적 기업은 고용노동부, 마을기업은 안전행정부, 농어촌공동체회사는 농림축산식품부, 협동조합은 기획재정부에서 관장하고 있고 각기 개별적으로 운영되는 듯한 혼란이 초래되고 있다. 김경희, "사회적경제를 통한 지역혁신의 가능성과 한계: 마을기업과 협동조합을 중심으로,"『공공사회연구』제3권 2호 (2011).

리 사업의 한 방식으로 등장했던 점에 기인하며, 이 때문에 사회적 기업이 여전히 국가와 시장의 보조자에 머무르고 있고, 연대와 혁신 등의 사회적 성격이 미약하다는 평가가 존재한다.[11] 마을기업의 경우 에도 정부는 사회적 가치와 경제적 가치의 실현을 그 목표로 내세우고 있다. 그러나 마을기업의 성과를 평가할 때는 경제적 성과, 즉 신 규고용창출이나 매출액을 강조하는 반면 민주적인 참여와 협력·연 대 등의 사회적 성과는 크게 주목하지 않는 한계가 존재한다.[12]

요컨대, 사회적경제 개념에 대한 명확한 합의가 존재하지 않고, 사 회적경제라고 부를 수 있는 활동영역이 확대되고 있는 상황이기 때 문에 대부분의 경우 사회적경제를 엄밀히 정의하기보다는 '사회성과 경제성의 동시 추구'라는 개략적 차원에서 개념 정의를 시도하고 있 고, 다양한 조직을 제시함으로써 추상성을 보완하려는 노력을 하고 있다.[13]

2. 시민사회

근대 민주주의 태동기에 발전된 시민사회는 국가로부터 구별되는

---

11 엄한진·박준식·안동규, "대안운동으로서의 사회적 경제: 프랑스 지역관리기업의 사례를 중심으로," 『사회와 이론』 제18호 (2011).

12 이와 관련하여 서울시정개발연구원은 주민들의 관계망, 사업의 주민 주도성과 자립성 등 사회적 측면의 목적달성에 기여하는 요소들도 적극 발굴하고 측정하여 그러한 혁신적인 사 회적 성과가 평가과정에서 고려되어야 한다고 지적했다. 서울시정개발연구원, 『서울형 마을 기업을 통한 지역공동체 활성화』 (서울: 서울시정개발연구원, 2012).

13 신명호 (2009); 노대명 (2009); 전국사회연대경제지방정부협의회 홈페이지 http://www. gsef2013.org; 서울특별시, 〈서울특별시사회적경제기본조례〉 (2014); 새누리당사회적경제특 별위원회, 『사회적경제기본법』제정을 위한 공청회 (2014).

독립적이고 자유로운 영역으로 간주되었다. 그러나 현대 시민사회는 직·간접적으로 권력관계에 영향력을 행사하려는 특징을 가지고 있다. 가령, 오커넬O'Connell은 "국가와 시장에 대응하는 시민과 시민사회의 자치권력empowerment, 시민의 권익옹호와 정책변화를 추진하는 주창활동advocacy, 그리고 시민을 직접적인 대상으로 하는 사회서비스 제공 기능"을 시민사회의 기능으로 제시하고 있다.[14]

한국 시민사회 역시 복잡한 사회문제에 대해 다음과 같이 지속적으로 대응해왔다. 민주주의의 발전, 복지서비스의 생산, 거버넌스의 실행, 사회자본social capital의 생성, 시민성의 확립, 지역사회의 개발, 공동체의 복원, 대안사회의 모색 등에서 중심적 행위자이자 철학적 토대로 자리매김하였다.[15] 또 시민사회는 '대의'를 실현하는 활동 외에도 지역생협, 주민모임, 종교공동체, 동문회 등 '작은 공동체들의 거대한 공동체'의 형식으로 활동하기도 했다.[16] 또한 2005년에 시민사회를 지원하기 위한 〈자원봉사활동기본법〉이 제정되었고, 시민사회의 물적 토대 구축에 중요한 〈기부금품의모집및사용에관한법률〉이 2006년에 규제를 완화하는 방향으로 대폭 개정되면서 시민사회의 영역과 역할이 확대될 수 있었다.[17]

아울러 한국 시민사회는 정부와의 협업을 부정하기보다는 적극 협력하려는 경향을 보여 왔다. 공공정책에 적극적으로 참여할 시 시민

---

14 주성수, "시민사회의 영향력에 관한 경험적 분석: 정부와 시민사회 관계를 중심으로," 『시민사회와 NGO』 제9권 1호 (2011), pp.6-7에서 재인용.

15 박상필, "1990년대 이후 한국 시민사회의 발전: 정부와 시민사회와의 관계를 중심으로," 『기억과 전망』 제27권 (2012), p.165.

16 신진욱, "진보의 혁신과 시민정치," 『시민과 세계』 하반기 16호 (2009), pp.78-80.

17 박상필 (2012), p.181.

의 이해를 증진시킬 개연성이 있기 때문이다. 실제 1990년대에 환경부와 여성부의 신설, 4대 사회보험의 도입뿐 아니라 식약청, 공정거래위원회 등의 신설로 규제정책이 확대되면서 NGO들이 활동할 수 있는 공간과 유리한 환경이 조성되었다.[18] 그밖에도 국가인권위원회, 반부패위원회, 지속가능개발위원회 등의 고위 정책결정층에 NGO 대표들이 다수의 자리를 맡기도 했다.[19] 특히, 2000년대 이후 한국 시민사회는 부와 재화의 분배문제나 사회복지 및 사회안전망 확보 등의 경제적인 이슈에 대해서도 관심과 활동영역을 넓히고 있고,[20] 사회적 경제 영역으로도 활동반경을 넓히고 있다.

3. 비영리섹터

존스 홉킨스 연구소의 정의에 따르면, 비영리섹터는 자발적^{voluntary}이고 공식적^{formal}이며 민간중심^{private}이고 자치$^{self-governing}$를 행하는 조직을 포괄한다. 이들 조직은 "시민의 자발적인 참여에 의하여 자치기구를 가지고 있는 조직으로서 공익과 비영리 목적을 위하여 공식적인 조직을 가지고 활동하는 비정부적 결사체"이며, 이윤 분배를 엄격히 제한하고 있다.[21]

---

18 주성수, 『NGO와 시민사회』 (서울: 한양대 출판부, 2005), p.165.

19 주성수 (2011), p.11.

20 조효제, "한국 시민운동의 발전과 도약," 『시민과세계』 제3호 (2003), pp.82-83.

21 M. Mendell et al., "Improving Social Inclusion at the Local Level Through the Social Economy: Report for Korea," *OECD Local Economic and Employment Development (LEED) Working Papers* (OECD Publishing, 2010), p.89.

한국NPO학회 역시 비영리조직을 "이윤추구를 목적으로 하지 않고 이윤이 발생해도 조직원들에게 분배하지 않으며 공공의 목적을 지니고 있는 자발적이고 자치적인 민간 조직"으로 정의하고 있다.[22] 비영리조직에 발생하는 수익은 기본 목적과 부합되는 분야에 대한 재투자만 가능하다.[23]

〈표 1〉 단체의 목적과 활동영역에 따른 한국 비영리 조직의 분류

목적	활동영역	주요단체
공익단체	의료보건단체	병원, 정신병원, 요양원
	교육연구단체	초등·중등·고등사립학교, 직업학교, 연구소
	복지서비스 단체	양로원, 탁아소, 고아원, 직업훈련소, 복지관, 모자보호소, 청소년 수련원
	예술문화단체	박물관, 미술관, 오케스트라, 레크리에이션단체
	시민단체	환경보호단체, 소비자단체, 권리보호단체, 여성권리옹호단체, 국제원조단체, 모금단체
종교단체	종교단체	불교·기독교·천주교 등 각종 종교단체
집단이익 추구단체	직능단체	상공회의소, 전경련, 변호사협회, 의사협회
	친목단체	컨트리클럽, 동창회, 향우회

출처: 유니세프한국위원회·한국NPO공동회의, 『2010년 정부의 비영리민간단체 지원 백서』 (서울: 한국NPO공동회의, 2011), p.62.

---

22 한국사회에서 비영리조직의 정의를 내리는 것이 쉽지 않다는 견해도 존재한다. 일부 연구자들은 비영리조직의 유형과 활동양상이 다양할 뿐만 아니라, 여전히 국가가 시민사회에 대해 우위를 점하고 있는 상황을 지적하며 비영리부문에 자율성이 있는지에 대해 회의적이다. 김석은·김유현, "경제사회적 환경이 비영리부문 성장에 미치는 영향의 시계열 회귀분석," 『한국행정학보』 제47권 4호 (2013), p.289.

23 유니세프한국위원회·한국NPO공동회의, 『2010년 정부의 비영리민간단체 지원 백서』 (서울: 한국NPO공동회의, 2011), p.43.

비영리 조직은 NGO^{Non-Government Organization}, 시민사회, 시민운동 단체, 민간단체, 공익집단 등의 다양한 용어와 혼용되기도 한다. 그러나 박상필에 따르면, 국가와 시장이 아닌 섹터를 시민사회로 이해하는 것과 비영리섹터로 이해하는 방식 간에는 다음과 같은 차이가 존재한다. 시민사회가 "국가권력의 견제, 공론장의 형성, 개인의 권리와 의무, 집단 간의 갈등, 공공업무에 대한 시민참여 등"이 강조되는 영역인 반면, 비영리섹터의 경우 "정부와의 관계 속에서 공공서비스를 생산하거나 자원활동을 통해 사회적 약자를 지원하는 정체성"이 두드러진다.[24] 그러나 눈여겨 볼 것은 명칭의 다양성에도 불구하고 비영리조직과 NGO, 시민사회단체 등이 공통적으로 공익을 추구하고 있다는 것이다. 실제 우리나라에서 비영리민간단체는 공익을 추구하는 집단으로 인식되는 경향이 강하며, 〈비영리민간단체지원법〉 역시 비영리민간단체를 "영리가 아닌 공익활동을 수행하는 것을 주된 목적으로 하는 민간단체"로 정의하고 있어 공익성을 강조하고 있다.

그런데 등록된 비영리민간단체만이 비영리 조직을 대표한다고는 볼 수는 없다. 단체로 등록이 되지는 않았지만, 비영리 조직의 특성을 갖추고 있는 비법인민간단체^{가령, 자원봉사공동체, 마을육아모임 등}가 다수 존재한다. 또한 전통적으로 민법에서 규정된 비영리법인의 활동 영역으로서 비영리섹터를 이해하는 경우도 있다. 이 경우, 재단, 사단, 사회복지법인, 학교법인, 의료법인이 비영리 섹터에 포함될 수 있으며, 이들 조직은 비영리법인 혹은 공익법인으로 분류된다.

한국 비영리조직의 경우, 민주화 초기단계에서 시민사회의 중추 역

---

24 박상필, 『NGO학 : 자율·참여·연대의 동학』 (홍천: 아르케, 2011), pp.92-93.

할 및 시민의 대변자적 역할을 주로 담당하였다. 그 후 〈비영리민간단체지원법〉이 제정되면서 시민단체 혹은 NGO가 비영리민간단체라는 제도화된 명칭을 갖게 되었고, 그 활동영역 또한 확장하게 되었다. 즉 기존의 정부감시 및 견제라는 역할을 뛰어넘어 정부와 협력적인 파트너십을 형성하면서 정부실패 및 시장실패를 보완하는 공공서비스 공급자 및 전달자의 역할까지 담당하게 된 것이다.[25] 또한 비영리 조직은 사회서비스 제공에 있어서도 중요한 역할을 수행해왔다. 사회복지서비스 부문에서 정부가 서비스를 직접 생산하고 전달하는 것이 아니라 비영리 조직에 대한 행정적 규제와 재정적 지원을 통해 서비스를 생산하고 전달하는 방식을 채택하였기 때문이다. 1980년 이후에는 비영리 조직에 대한 직접 지원 방식 대신 정부와의 위탁계약이나 보조금 지불 방식을 통해 비영리섹터를 서비스 공급 주체로 활용하기 시작했다.[26]

비영리섹터의 이러한 역할, 즉 사회적 가치 추구 및 사회서비스 제공 등의 역할은 사회적경제와 밀접한 연관성을 가진다. 실제 비영리섹터에서 출발한 단체가 사회적기업이나 협동조합으로 전환하는 경우가 발생하고 있다. 가령, 서울시에 등록된 비영리민간단체의 수는 2012년 9월 현재 총 1,349개인데, 이 중 사회적경제부문과 협력을 유지하고 있는 단체는 전체의 30.2%에 달한다.[27]

---

25 도묘연·이관률, "비영리 민간단체 활동의 협력특성에 관한 연구: 충남지역 비영리 민간단체를 사례로," 『한국행정논집』 제22권 3호 (2010), pp.822-824.

26 백종만, "비영리민간부문 활용의 근거: 사회복지서비스를 중심으로," 『사회복지정책』 제15권 (2002).

27 서울연구원, 『서울시 제3섹터 지원정책연구: 서울시비영리민간단체를 중심으로』 (서울: 서울연구원, 2012), p.84.

4. 제3섹터

일반적으로 제3섹터란 정부[제1섹터]나 시장[제2섹터]과 구분되는 대안적인 공동체 영역을 지칭하며, 비영리적 성격을 갖는 사회적 활동영역을 의미한다. 제3섹터 개념은 자발성, 자율성, 연대성을 기본이념으로 하고 있으며, 각국의 역사적 전통에 따라 비영리부문을 지칭하거나 사회적경제를 지칭하는 것으로 해석되기도 한다.[28] 가령, 미국에서 제3섹터는 "시장과 국가의 실패로 인해 독립적으로 존재하는 것으로 간주되고, 영리를 추구하는 시장과는 구별된다는 점에서 '비영리 부문'과 등치되는 개념"으로 이해된다. 반면 유럽에서는 시장과 국가의 관련성에 주목하여 "제3섹터의 중간적[intermediary]이고 다원적[pluralistic]인 특성"이 강조된다. 따라서 미국과 달리 "제3섹터 개념이 '복지혼합[welfare mix]'내지 '복지의 혼합경제[mixed economy of welfare]'의 일부분으로 이해되는 경향"이 강하다.[29]

현재 한국의 제3섹터는 법인형태별로 분류했을 때 다음의 조직들을 포괄하고 있다. 재단법인[전체의 17.2%를 차지], 사단법인[38.1%], 비법인등록민간단체[34.4%], 비법인미등록민간단체[3.3%], 사회복지법인[5.6%], 학교법인[0.2%], 비영리법인[0.4%], 기타[0.9%] 등이다.[30] 또한 사업분야별로 보면, 복지부문이 47.1%로 가장 큰 비중을 차지하고, 다음이 교육부문으

---

28 노대명 외, 『한국 제3섹터 육성방안에 대한 연구』 (서울: 한국보건사회연구원, 2011).

29 신명호 (2009), p.17.

30 지방공기업을 제3섹터에 포함시키는 입장도 존재한다. 원구환, "제3섹터 지방공기업의 출자지분 및 이사회구조 분석," 『한국정책과학학회보』 제10권 1호 (2006), p.222; 지방공기업형 제3섹터는 지방자치단체가 자본금의 50% 미만을 출자하고 민간부문이 그 이상을 출자한 공사혼합기업이다. 여영현·박정규, "제3섹터 운영효율화를 위한 제도적 연구," 『한국정책과학학회보』 제14권 1호 (2010), p.174.

로 10.7%를 차지하고 있다. 한국 제3섹터 조직들 상당수가 사회복지 분야에 종사하고 있음을 알 수 있다.[31]

〈표 2〉 한국의 제3섹터 조직유형

명칭	재단 법인	사단 법인	비법인등록 민간단체	비법인미등록 민간단체	사회복지 법인	학교 법인	비영리 법인	기타
비중	17.2%	38.1%	34.4%	3.3%	5.6%	0.2%	0.4%	0.9%

출처: 한국보건사회연구원, "한국 제3섹터의 현황과 과제," 『보건·복지 Issue&Focus』 제76 호 2011, p.4.

그러나 한국 제3섹터의 개념에 대한 실증적인 연구는 아직 초보적 인 단계이며, 합의도출이 필요한 상황이다. 가령, 의료법인이나 교육 법인 등을 제3섹터 조직으로 간주하는 경우, 제3섹터의 경제규모 및 취업자 규모 추정치에 적지 않은 차이가 발생하게 되는 것이다. 따라 서 우리사회에서도 제3섹터 개념은 변화된 현실에 맞게 보다 포괄적 으로 정의할 필요가 있다.[32]

실제로 복지정책과 다양한 사회적 정책을 모색하는 과정에서 사회 서비스의 확대, 사회적기업의 등장과 제도화, 마을기업 사업의 전개, '협동조합기본법'의 제정 등 일련의 과정에서 제3섹터의 외연이 넓어 지고 있는 것으로 보인다.[33] 또한 앞서 설명했듯이 시민단체들이 과거 주로 권리옹호^advocacy 기능에 천착해 왔다면, 지난 10년간은 각종 사 회서비스 제공과 일자리 창출에 적극적으로 참여하고 있다. 이러한

---

31 한국보건사회연구원, "한국 제3섹터의 현황과 과제," 『보건·복지 Issue&Focus』 제76호 (2011), pp.3-4.

32 한국보건사회연구원 (2011), pp.2-3.

33 서울연구원 (2012), p.4.

변화는 제3섹터의 지역사회 기반이 강화된다는 점에서 매우 중요한 의미를 갖고 있다. 그리고 정부차원에서 공공부문을 확대하기보다 제3섹터 조직을 활용한 일자리 창출과 서비스 공급을 촉진하는 정책을 추진하고 있는 것 역시 제3섹터의 활성화 및 사회적경제의 성장과 밀접한 연관성을 갖고 있다.[34]

5. 공공섹터

공공부문은 "중앙행정기관^{대통령 소속기관 및 국무총리 소속기관·보좌기관 포함}, 지방자치단체, 중앙행정기관 또는 지방자치단체의 소속기관 및 출연연구기관·연구회, 지방교육행정기관, 학교, 국립대병원 및 관계부처 협의회에서 정하는 기관·법인 또는 단체"를 말한다.[35] 공공부문은 사적부문의 기업과 같이 이윤극대화를 목적으로 재화와 서비스를 공급하는 것이 아니라 공공성을 보장하고 공익을 달성하는 것을 목적으로 하고 있다.[36] 그런데 단체나 기관의 정책 및 사업까지도 공공부문에 포괄될 수 있으며,[37] 공공부문 조직들이 법인의 형태를 띠고 있

---

34 노대명 외 (2011), pp.16-65.

35 (고용노동부) 인적자원개발 우수기관 인증제 운영규정, [고용노동부고시 제2012-114호, 2012.9.28, 일부개정] 제3조 (용어의 정의); 또한 정부가 소유하지 않더라도 그 운영을 강력하게 통제하는 대중교통, 보건의료(병원), 금융기관 등도 확대된 의미에서 공공부문으로 간주하는 입장도 존재한다. 박준형, "공공부문 산별노조의 단체교섭 구조 결정요인," 『노동연구』 제27권 (2014), p.188.

36 신광영, "한국 공공부문 임금 결정에 대한 연구," 『한국사회학』 제43권 5호 (2009), pp.63-64.

37 박홍엽, "공공부문의 갈등관리 제도화 모색," 『한국공공관리학보』 제25권 1호 (2011), p.109.

음으로 인해 비영리 조직과 유사한 특성을 보이고 있다.[38]

과거 공공부문과 민간부문을 나누는 일반적인 기준은 기관에 대한 정부소유 여부였지만, 최근 들어 직간접적인 정부소유의 여부만으로 공공부문을 규정하는 것이 어려워지고 있다. 공공부문과 민간부문 영역 간 상호침투가 활발해지고 있으며, 공적 영역이 확대되는 방향 하에 공공과 민간이 점점 혼합되는 경향을 보이고 있기 때문이다.[39] 실제, 2000년대 들어 사회복지서비스 제공에 있어 공공과 비영리섹터 간의 협력의 필요성이 제기되었고, 상호공조가 시도되었다.[40]

그런데 공공부문과 민간부문의 협업이 복지서비스분야에만 한정되는 것은 아니다. 정부와 시민섹터 행위자들의 협업과정에서 새로운 행위양식을 창출해낼 가능성이 존재한다. 가령, 사회적경제의 시행과정에서 정부가 민간자원을 활용하거나 시민섹터가 공적자원을 활용하는 경우가 있으며,[41] 이 과정에서 사회적경제의 내용이 풍부해지고 외연이 넓어질 수 있는 것이다. 또한 공공기관이 사회적기업의 물품을 구매하거나 창업을 지원하는 사례, 자활지원센터가 자활기업으로 전환하는 사례 등은 공공부문과 사회적경제 간의 연관성을 확인시켜준다.

---

38 김혜원, "제3섹터에서의 고용창출," 『월간노동리뷰』 2월호 (2009), p.7.

39 유병홍, "공공부문과 민간부문 단체협약에 관한 탐색적 비교연구: 형평성과 의견개진을 중심으로," 『노동연구』 제23집 (2012), p.87.

40 김영종, "한국 사회복지서비스의 공공과 민간 부문간 협력관계," 『한국사회복지행정학』 제6권 1호 (2004), p.6.

41 미우라 히로키·한주희, "한국 사회생태계에서 정부-기업-시민섹터 간 융합적 영역: 조직, 재정, 시민참여의 실태와 경향," 『한국정치연구』 제22권 3호 (2013).

6. 각 섹터 간 융합 및 사회적경제 조직의 연관성

최근 들어 섹터 간 융합 현상, 즉 '영리-비영리의 융합현상', '정부-비정부의 융합현상', '서비스-주창활동^{advocacy}의 융합현상'이 나타나면서 사회적경제 영역이 확대되고 있다. 영리-비영리의 융합현상의 경우, NGO 혹은 NPO 등 비영리 부문이 비즈니스 방식을 도입하거나 영리기업이 CSR을 강화하는 형태로 드러나고 있다. 정부-비정부 간 융합의 경우, 사회서비스 전달을 목적으로 하는 지역차원의 민간위탁, 민간지원 등 지자체와 시민섹터 간에 긴밀한 협업이 자주 발견된다. 서비스-주창활동의 융합에 있어서도 기존의 옹호활동 조직이 사회서비스 관련 활동으로 그 영역을 확장하면서 과거의 명확한 경계가 허물어지고 있다.[42] 이러한 섹터 간 융합 현상은 우선 아래 〈표 3〉과 같이 시민사회, 비영리섹터, 제3섹터, 공공부문에 뿌리를 둔 사회적경제 조직의 설립 경로에서 확인할 수 있다. 사회적경제 조직 설립에서부터 섹터 간 긴밀한 연관성이 배태되어 있는 것이다.

〈표 3〉 각 섹터와 사회적경제 조직과의 연관성

부문별	설립경로	기관명
시민사회 (NGOs)	광진구 공동육아 공동체 → 사회적협동조합	광진구 광진i누리愛사회적협동조합
	생태육아교육공동체 → 소비자생활협동조합 → 서울형사회적기업	수도권생태유아공동체
	미디어활동가들의 모임 → 사회적기업	경남 진주시민미디어센터
	다우리봉사회 → 행안부 마을기업	다우리 마을복지회

---

42 미우라 히로키·한주희 (2013), pp.125-127.

공공부문	주민자치위원회 → 친환경마을기업	엄마의뷰티공방주식회사
	평택지역자활센터 → 사회적기업	평택돌봄사회서비스센터(주)
	자활근로간병사업단 → 자활기업	(주)안산양지돌봄
	대구서구지역자활센터/도시락 공동체 → 사회적기업	대구 주식회사 서구웰푸드
비영리 섹터 (제3섹터)	종교법인(노암장로교회)에서 운영하는 비영리민간단체 산하기관 → 사회적기업	노암복지회 OK돌보미사업단
	학교법인(노들장애인야간학교) → 사회적기업	서울 노란들판 유한회사
	종교법인(천주교) → 사회적경제중간지원조직	카리타스사회적기업지원센터
	비영리공익법인 → 사회적기업	(재)아름다운가게
영리섹터 (기업)	합자회사이며 사회적기업	에스엠에코
	포스코가 설립한 사회적기업	(주)포스코휴먼스
	SK그룹의 소모성자재(MRO) 구매대행기업)	서울 행복나래주식회사
	(주)SK텔레콤의 지원	(유)행복나눔푸드
섹터융합	정부, 기업, 지자체, NGO와의 파트너십을 기반으로 설립된 급식센터	경기도 행복도시락 주식회사
	보건복지부, SK에너지, 열매나눔재단 3개 기관이 출자	(주)고마운손
	(사)화성시새마을회와 (주)현대자동차남양 연구소 사회공헌팀이 함께 설립	(주)에이치앤에스두리반
	SK사회공헌사업, NGO((사)실업극복인천본부), 지자체(아동급식비 지원, 인천남구청), 고용노동부가 협약을 맺음	(사)실업극복국민운동 인천본부급식센터
	구리YMCA와 지역자활센터가 지원	(주)맛들식품
	사회복지법인 한사랑, 재활용-녹색나눔가게를 준비하는 주민모임, (사)대구동구자원봉사센터, 주거권실현을 위한 대구연합, (사)자원봉사능력개발원이 컴소시업의 형태로 구성한 조직	대구 사회복지법인 한사랑 동구행복네트워크

출처: 한국사회적기업진흥원, 『사회적기업개요집 1094』 (성남: 한국사회적기업진흥원, 2014).

또한 〈표 4〉와 같이 섹터 간 협업을 통하여 사회적경제조직이 육성되고 있는 점도 눈여겨볼 필요가 있다. 시민사회, 비영리섹터, 공공부문, 제3섹터의 조직들이 모두 사회적경제 육성에 관여하고 있는 것이다.

〈표 4〉 2013년 사회적기업가 육성사업 위탁기관 현황

부문별	기관명	지역
시민사회(NGOs)	사회연대은행	서울
	사회적기업지원네트워크	서울
	씨즈	서울
	풀뿌리사람들	대전/충청
공공부문	상지대학교 산학협력단	강원
	인천정보산업진흥원	경기/인천
	전북경제통상진흥원	광주/전라/제주
	울산대학교 산학협력단	부산/울산/경남
비영리(제3섹터)	함께일하는재단	서울
	사회적기업희망재단	경기/인천
	(사)충남사회경제네트워크	대전/충청
	광주NGO시민재단	광주/전라/제주
	시간과공간연구소	대구/경북
	사회적기업연구원	부산/울산/경남

출처: 한국사회적기업진흥원, 『사회적기업가 육성사업 우수사례집』(성남: 한국사회적기업진흥원, 2013), p.9.

III. 한국 사회적경제 Mapping

1. 사회적경제 조직

　여기서는 주요 사회 조직들의 사회적경제와의 관련성을 검토하고, 조직 유형 별로 민주성, 경제성, 사회성을 각각 분석하여 이를 바탕으로 한국의 주요 사회적경제 조직과 예비 사회적경제 조직을 구분하고자 한다. 각 조직의 성격을 평가할 수 있는 근거로 설치법령의 관련조항 및 행정지침 등을 참조하였다.[43]

---

43 관련 설치법령 및 행정지침은 다음과 같다. 비영리법인(민법 32조, 민법 40조~96조); 공익법인(공익법인의 설립·운영에 관한 법률 제1조~제16조, 공익법인의 설립·운영에 관한 법률 시행령 제11조); 사회복지법인(사회복지사업법제16조~제36조, 사회복지사업법 시행규칙 제12조~제14조); 의료법인(의료법 제1조, 제48조~51조); 학교법인(사립학교법 제1조~제6조, 제10조, 제21조~제33조); 향교재단(향교재산법 제1조~제8조); 지역신용보증재단(지역신용보증재단법 제1조~제3조, 제7조~제15조, 제29조~제34조); 비영리민간단체(비영리민간단체지원법 제1조~제13조); 노동조합(노동조합 및 노동관계조정법 제1조, 제6조~제23조); 생활협동조합(소비자생활협동조합법 제1조~제10조, 제15조~제16조, 제21조~제32조, 제45조~제50조); 각종 협동조합(협동조합기본법 제1조~제8조, 제15조~제25조, 제28조~제36조, 제45조~제51조); (일반)협동조합(농업협동조합법, 신용협동조합법, 중소기업협동조합법, 수산업협동조합법, 생활협동조합법, 엽연초생산협동조합법, 축산업협동조합법); 사회적협동조합(협동조합기본법 제85조~제98조); 각종 공제회(과학기술인공제회법, 군인공제회법, 한국교직원공제회법, 대한소방공제회법, 한국지방재정공제회법 등); 농어촌공동체회사(농어업인삶의질향상및농어촌지역개발촉진에관한특별법 제1조~제2조, 제11조, 제19조의3, '12년 농어촌공동체회사실태조사분석결과); 자활기업(국민기초생활보장법 제1조, 제18조, 국민기초생활 보장법시행령 제26조~제26조의6); 마을기업(2015년 행정자치부마을기업육성사업시행지침); 인증사회적기업(사회적기업육성법 제1조~제14조); 예비사회적기업(서울특별시종로구사회적기업육성및지원조례 제1조~제16조, 서울특별시성북구사회적기업육성및지원에관한조례 제1조~제21조 등); 주민자치위원회(지방자치법 제8조, 지방자치법시행령 제8조 및 각 지자체 조례); 주민자치회(지방분권및지방행정체제개편에관한특별법 제29조 제4항); 공기업, 준정부기관, 기타공공기관(공공기관의운영에관한법률 제1조~제5조, 제16조~제43조); 지방공사, 공단(지방공기업법 제1조~제37조); 주식회사(상법 제288조~제313조, 제369조, 제382조, 제462조); 유한회사(상법 제543조~제580조); 합명회사(상법 제178조~제215조); 합자회사(상법 제268조~제287조); 유한책임회사(상법 제287조의2~22).

〈표 5〉 각 조직의 사회적경제 관련성 평가

	조직/제도 명		민주성		경제성		사회성		비고: 조직 분류
			민주적 소유·자율성	결사의 자유·자발성	사업성	분배·수익 제한	규범성	문제해결 기능	
1	비영리 법인	사단법인	○	△	△	△	△	△	기타 I
2		재단법인	○	△	△	△	△	△	기타 I
3	공익법인		△	△	△	△	○	-	기타 I
4	사회복지법인		△	△	○	△	△	○	예비조직
5	의료법인		△	△	○	△	△	-	기타 I
6	학교법인		△	△	○	△	△	△	기타 I
7	향교재단		△	-	△	△	-	△	기타 II
8	지역신용보증재단		△	△	△	○	○	○	예비조직
9	비영리민간단체		-	○	△	△	△	△	예비조직
10	노동조합		○	○	-	-	△	△	기타 I
11	협동 조합	생활협동조합	○	△	○	△	△	○	주요조직
12		각종 협동조합	△	△	○	-	△	○	예비조직
13		(일반)협동조합	△	△	○	△	△	○	주요조직
14		사회적협동조합	○	△	○	○	△	○	주요조직
15	각종 공제회		△	△	○	△	△	△	기타 I
16	농어촌공동체회사		-	-	○	-	○	○	예비조직
17	자활기업		-	△	○	△	△	○	주요조직
18	마을기업		△	○	○	△	△	○	주요조직
19	사회적 기업	인증사회적기업	-	○	○	○	△	○	주요조직
20		예비사회적기업	-	○	○	△	△	○	주요조직
21	주민 조직	주민자치위원회	△	-	△	-	△	△	기타 I
22		주민자치회	△	-	△	-	△	△	기타 I
23	공공 기관	공기업	-	-	△	-	○	△	기타 II
24		준정부기관	-	-	△	-	○	△	기타 II
25		기타 공공기관	-	-	△	-	○	△	기타 II
26		지방공사·공단	-	-	△	-	△	△	기타 II
27	기업	주식회사	-	○	○	-	-	-	예비조직
28		유한회사	-	○	○	-	-	-	예비조직
29		합명·합동회사	△	○	○	-	-	-	예비조직
30		유한책임회사	△	○	○	-	-	-	예비조직

한·중·일 사회적경제 Mapping

분석 결과, 인증사회적기업과 예비사회적기업, ^{일반}협동조합, 사회적협동조합, 생활협동조합, 자활기업, 마을기업 등이 주요 사회적경제 조직으로 분류되었다. 또한 비영리민간단체, 사회복지법인, 각종 협동조합, 주식회사, 유한회사, 유한책임회사, 합명·합동회사, 농어촌공동체회사, 지역신용보증재단 등이 예비 사회적경제 조직으로 분류되었다. 기타 사회조직 I에 속하는 의료법인과 학교법인, 각종 공제회, 노동조합과, 주민자치위원회의 경우 일부 요소에서 사회적경제와의 연관성을 보였지만, 사회적경제 촉진에 대한 기여가 제한적이었으며 범주 내의 일부 개별적 조직이 사회적경제와 깊이 연관되는 경우가 있었다. 마지막으로 향교재단과 공공기관은 그 정도가 미미하여 기타 사회조직 II로 분류하였다.

　먼저, 민주성의 기준에서 보면 첫째, 결사의 자유와 자발성이 폭넓게 보장되고 있다. 공공기관을 제외한 대부분의 조직이 자발적으로 설립되며 행정부의 재량적 결정에 의해 법적 지위를 얻고 있다. 결사의 자유와 자발성 항목에서 주요 조직은 'O' 판정을 받았고, 예비 조직은 주로 '△' 판정을 받았다. 기타 사회조직의 경우, 대부분이 '△' 판정을 받거나 '-' 판정을 받았다. 단 노동조합의 경우 유일하게 결사의 자유와 자발성이 보장되어 'O' 판정을 받았다. 둘째, 민주적 소유·자율성의 항목에 부합하는 조직의 수는 의외로 많지 않았다. 주요 조직을 제외하고는 대부분의 조직에서 '1인 1표'의 의사결정방식^{'O' 판정}이 명시되지 않았다. 즉, 구성원 스스로가 경영 주체가 되는 운영 방식이 보편화된 것은 아니라고 해석할 수 있다.

　경제성의 기준에서 보면 첫째, 전체의 약 2/3가 재화나 서비스를 생산·공급하는 경제활동을 주요 목적으로 삼고 있거나^{'O' 판정}, 혹은 최소한 그러한 사업을 촉진·지원하는 것을 목적으로 삼고 있다$^{\triangle'}$ 판정. 노동조합만이 주창활동을 주목적으로 하고 있어 '–'판정을 받았다. 둘째, 분배·수익 제한 규정의 경우, 이를 명시하지 않거나 규정하더라도 부분적으로 제한한 조직이 절반을 차지하고 있다. 잉여금에 대한 사회적 재투자를 명기한 것은 지역신용보증재단, 사회적협동조합, 인증사회적기업 등 세 곳이었다.

사회성은 다른 기준에 비해 상대적으로 중요한 기준으로 볼 수 있다. 한국에서 사회적경제의 범위가 확산된다고 볼 수 있는 이유가 바로 대부분의 조직이 공익추구를 배제하지 않고 있기 때문이다. 첫째, 규범성의 경우, 대부분의 조직이 공익이나 사회적 가치 추구를 규범적 목표로 규정하거나 최소한 사회적 가치를 지향하고 있다. 둘째, 문제해결기능 기준은 각 조직 혹은 제도가 특정한 사회문제 해결에 얼마나 관여하고 있는지를 묻고 있다. 기업과 일부 법인을 제외하면 역시 대부분의 조직이 특정 사회문제 혹은 일반적인 사회문제 해결을 위해 설립되었다. 이 기준 역시 '사회적 가치'를 추구하는 사회적경제와 긴밀한 연관성이 있다.[44]

---

44 그러나 제도적 특성에 근거한 Mapping 방법으로서는 적절하게 분석하지 못하거나, 그 중요성에도 불구하고 분석에서 제외되는 조직이 존재할 수 있다. 이 경우 특히 문제가 되는 조직으로서는 다양한 민관협동 방식에 의해 설립·운영되며 사회서비스의 제공에 있어 중요한 역할을 하지만, 사업 목적이나 구성원리, 운영방식 등에 관해서 평가를 하는데 충분한 근거나 규정이 없는 조직을 들 수 있다. 예를 들어 한국의 사회서비스 바우처 사업이 대표적이다.

2. 한국 사회적경제 조직 Map의 특성

〈그림 1〉은 이 책의 1장에서 설정한 기준^{인적결합-자본결합 축, 지역사회-서}
^{비스 축}에 따라 배치한 한국 사회적경제 조직의 지도이다.

━━ 그림 1. 한국 사회적경제 mapping

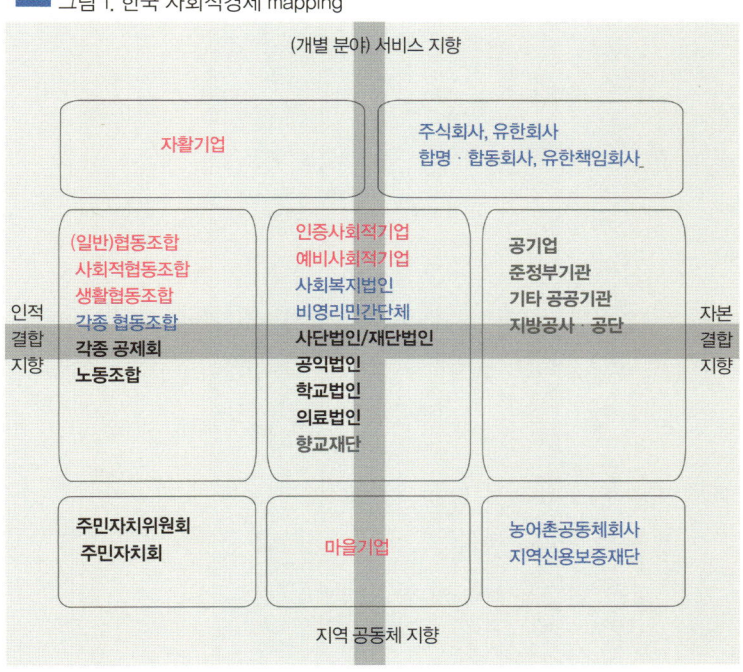

*사회적경제 관련성
주요 사회적경제 조직   예비 사회적경제 조직   **기타 사회조직 I**   **기타 사회조직 II**

먼저 주요 조직의 경우 첫째, 상대적으로 자본결합지향보다는 인
적결합지향에 더 가까운 편향성을 보여주고 있다. 이는 사회적기업
과 자활기업, 협동조합, 마을기업 등 주요 사회적경제 조직이 영리를
추구하면서도 '1인 1표의 의사결정권을 가진 구성원의 평등성 원칙
에 입각한 조직'을 지향하고 있기 때문이다. 둘째, 지역공동체 지향과

서비스 지향 축^{Y축}상의 위치에서 주요 조직은 다소 내부적으로 차이를 보인다. 사회적기업의 경우 지역공동체 지향에 비해 서비스제공에 주력한다고 볼 수 있고, 자활기업 역시 장애인재활 및 기술교육 등의 특정 서비스를 주요 사업으로 수행하고 있다. 반면, 사회적협동조합과 마을기업, 생활협동조합은 지역사회에 기여하는 것이 설립목적에 명시되어 있고 특히 마을기업은 지역의 자원을 활용하여 자생력을 확보하고자 한다는 점에서 지역공동체 지향을 보이고 있다.

다음으로 예비조직의 경우 첫째, 가로축에서는 상대적으로 자본결합지향에 가까운 조직의 유형이 많은 것으로 나타났다. 사회복지법인과 비영리민간단체, 각종협동조합의 경우 인적결합지향성이 더 강한 편이지만 주식회사, 유한회사, 합명·합동회사, 유한책임회사, 농어촌공동체회사, 지역신용보증재단의 경우 전자에 비해 자본결합지향이 강할 뿐 아니라 조직과 구성원의 수, 그리고 매출액이 크게 앞서고 있다. 둘째, 세로축에서는 상대적으로 서비스지향성이 분명하다고 볼 수 있다. 기업 등의 조직은 기본적으로 지역사회 공헌보다는 특정 분야의 사업을 통해 기금을 마련하거나 이윤을 얻는 것이 중요하기 때문이다. 기업 외에 사회복지법인과 비영리민간단체의 경우에도, 설립 당시 특정한 사회문제를 해결하기 위해 조직이 형성되는 경우가 많다는 점이 감안되었다. 반면, 농어촌공동체회사와 지역신용보증재단은 지역지향성이 강하지만 다른 조직에 비해 그 수와 규모에 있어 영세하기 때문에 세로축에서 전반적으로 서비스지향성이 강하다고 판단해도 무리가 없을 것이다.

기타 사회조직 I로 분류된 각종 공제회, 노동조합, 주민조직, 사단법인, 재단법인, 공익법인, 학교법인, 의료법인 등은 가로축에서는 인적결합지향성을 띠고 있고, 세로축에서는 지역공동체지향성을 보이고 있다. 기타 사회조직 II로 분류된 공공기관이 경우 자본결합지향성이 강하게 나타나고 있다.

　종합적으로 한국 사회적경제 조직 지도에서는 다음과 같은 특징을 발견할 수 있다. 첫째, 유럽에서 협동조합·공제회·재단·결사체 등이 주요 조직으로 간주되는 것과 달리 한국에서는 협동조합만이 주요 조직에 속하며 재단, 결사체, 그리고 공제회는 예비조직이나 기타 사회조직에 포함된다. 이는 산업화 시기동안 한국정부가 이들 조직을 직접적으로 통제함으로 인해 민주적 운영원리를 실행하거나 사회적 가치를 추구하기 어려웠기 때문으로 보인다. 둘째, 주요조직의 경우 가로축에서 인적결합지향성을 보이고 있는 반면, 예비조직은 자본결합지향성을 보이고 있다. 즉, 예비조직 전반에 '1인 1표'의 운영원리가 확산된다면 주요조직으로 분류할 수 있는 조직의 수가 증가할 것으로 예상할 수 있다. 셋째, 공공기관을 제외한 대부분의 조직이 예비조직이나 사회적경제와 일부 연관성을 맺고 있는 기타 사회조직 I에 속하고 있다. 이러한 결과는 주요조직과 기타 조직을 가르는 기준이 엄밀하지 못해 발생한 현상일 수도 있지만, 동시에 한국의 사회조직들이 공공성 혹은 사회적가치를 중시하고 있다는 반증일 수 있다. 특히, 기업섹터에서 사회적 책임을 중요시하는 주식회사나 합자회사가 증가하고 있다는 점을 감안한다면 사회적경제가 지금보다 더 널리 확산되고 질적·양적으로 발전할 개연성이 높은 것으로 전망할 수 있다.

3. 주요 사회적경제 조직 특성

(1) 사회적기업

사회적기업은 사회문제 해결과 공동체의 집합적 이익창출을 기업가적인 전략을 통해 실현하는 기업으로서, 일반기업이 투자자의 이윤창출에 목적을 둔다는 점과 비교해볼 때 그 사명이 본질적으로 다르다. 사회적기업의 경제활동은 사회적 목적을 지속가능하게 하는 데 필요한 경제활동을 의미하며, 가격^{화폐}을 통한 거래라는 협소한 의미의 상업활동을 넘어서 인간 상호 간의 호혜적 관계에 의해 교환되는 유무형의 경제활동도 포함한다.[45] 〈사회적기업육성법〉에서도 "사회적기업"은 취약계층에게 사회서비스 또는 일자리를 제공하거나 지역사회에 공헌함으로써 지역주민의 삶의 질을 높이는 등의 사회적 목적을 추구하면서 재화 및 서비스의 생산·판매 등 영업활동을 하는 기업으로 정의되고 있다.

사회적 기업은 총관부처에 따라 인증사회적기업, 부처형 예비 사회적기업, 지역형 예비 사회적기업 등으로 구분된다. 인증사회적기업은 노동부 장관의 인증을 받아야 하고, 부처형 예비사회적 기업은 "사회적기업 인증을 위한 최소한의 요건을 갖추고 있는 기관으로서, 중앙부처장이 지정하여 장차 요건을 보완하는 등 사회적기업 인증을 목적으로 하는 기관"이다. 지역형 예비사회적기업은 "사회적기업 인증을 위한 최소한의 법적 요건을 갖추고 있으나 수익구조 등 일부 요건을 충족하지 못하고 있는 기관을 지방자치단체장이 지정하여 장차 요건

---

45 김성기, 『사회적기업의 이슈와 쟁점: '여럿이 함께'의 동학』 (홍천: 아르케, 2011).

을 보완하는 등 향후 사회적기업 인증이 가능한 기관"이다.[46] '부처형 예비사회적기업'은 '지역형 예비사회적기업'으로 중복하여 지정될 수 있다. 그런데 예비사회적기업의 경우 각 자치단체의 조례규칙이나 운영지침에 의거하여 운영되기 때문에 기관운영에 필요한 시설비, 보험료, 전문인력채용 등에 대한 지원이 법률로 보장되어 있지는 않다.[47] 2015년 1월 현재, 1,251개의 사회적기업이 정부의 인증을 받았다.[48]

(2) 전통적 협동조합과 구별되는 협동조합

협동조합은 사회적 배제와 빈곤을 방지하기 위해 새로운 모델을 구축하는데 있어 핵심적 조직형태로 인정받아 왔고, 지속가능한 발전모델로서 간주되고 있다.[49] 국제협동조합연맹[ICA] 역시 협동조합이 "탐욕[greeds]이 아닌 인간의 필요[needs]에 봉사한다"고 규정하고 있다. 다시 말해, 협동조합은 함께 소유하고 민주적으로 통제하는 사업체를 통해 공통의 경제적, 사회적, 문화적 욕구와 염원을 충족하고자 자발적으로 단결한 사람들의 자율적인 결사체[50]이며, 동시에 사업체[enterprise]라는 이중성을 지닌다. 또한 협동조합은 빈곤층의 권리와 생계를 보호하는 데 중요한 역할을 하며 빈곤층이 다시 빈곤해지는 것

---

46 고용노동부, "2011년도 사회적기업육성을 위한 (예비)사회적기업 일자리 창출사업 시행지침," (2010), p.2.

47 이도희, "사회적기업 관련 제도 고찰,"『경영경제연구』제35권 1호 (2012), pp.118-119.

48 한국사회적기업진흥원 홈페이지, http://www.socialenterprise.or.kr/.

49 ILO, "Decent work and the informal economy, Report VI," International Labour Conference 91th Session (2002).

50 ICA(International Co-operative Alliance), "ICA Statement on the Co-operative Identity" (1995).

을 방지할 수 있을 뿐 아니라 안전한 일자리 유지에도 큰 기여를 하고 있다.[51]

〈협동조합기본법〉에 따른 협동조합[법인]이란 "재화 또는 용역의 구매·생산·판매·제공 등을 협동으로 영위함으로써 조합원의 권익을 향상하고 지역 사회에 공헌하고자 하는 사업조직[협동조합기본법 제2조의1]"을 뜻한다. 또한 협동조합의 목적은 경제적인 것뿐만 아니라 조합원 공통의 사회적이고 문화적인 필요를 충족시켜 나가는 것이며, 나아가 조합원 모두의 희망을 실현해 나가는 것이다. 〈협동조합기본법〉이 제정되면서 5인 이상이 모이면 업종 분야에 관계없이 협동조합을 만들 수 있게 되었다. 이러한 협동조합은 소유구조 측면에서 보면 사업자가 아닌 이용자 소유 기업으로서 단기이익보다는 장기이익을 추구하며, 위험을 회피하는 운영을 하게 되므로 안정적인 경영이 가능하다. 둘째, 자본투자보다는 인적결합을 중심으로 운영되므로 일자리 확충과 고용안정도 기할 수 있다는 점이 특징이다. 따라서 기존 기업과는 차별화된 운영으로 인해 협동조합은 사회 양극화와 빈부격차 등 사회갈등 요인을 치유하며 공생·발전할 수 있는 새로운 대안모델로 인식되고 있다.[52] 2015년 1월 현재, 전체 6,422개의 협동조합이 정부의 인증을 받았으며, 사회적협동조합은 296개로 파악되었다.[53]

---

51 한국노총중앙연구원, 『노동조합과 사회적경제의 활성화: 협동조합을 중심으로』(서울: 한국노총중앙연구원, 2013), pp.39-40.

52 사회적경제센터 홈페이지, http://blog.makehope.org/.

53 협동조합 홈페이지, http://www.coop.go.kr/.

(3) 사회적협동조합

사회적협동조합은 〈협동조합기본법〉에서 정의하고 있듯이 "협동조합 중 지역주민들의 권익·복리 증진과 관련된 사업을 수행하거나 취약계층에게 사회서비스 또는 일자리를 제공하는 등 영리를 목적으로 하지 않음"을 명시하여 공익적 성격이 더 강조^{공익적 사업을 40%이상 운영}되었다. 협동조합은 신고를 통해 설립되지만, 사회적 협동조합은 기획재정부의 인가를 받아야 한다. 또한 사회적협동조합은 비영리법인 성격을 가지고 있어 국세, 지방세, 부과금 상에서 기존 비영리법인의 혜택을 누릴 수 있다.

사회적협동조합은 구체적으로 취약계층에 대한 사회서비스 제공이나 노동통합을 목적으로 하는 협동조합을 운영하는 경우, 지역재생 및 대안에너지 개발, 환경·문화·예술 등을 위한 사업을 수행하는 경우, 그리고 이러한 사회적협동조합에 자본을 제공하는 협동조합금융기관 등을 포괄한다. 의료생활협동조합 역시 전형적인 사회적협동조합으로 간주되고 있다. 구체적인 사업분야에서 알 수 있듯이 사회적협동조합은 일반협동조합에 비해 조금 더 이타성을 띤다고 할 수 있으며, 공공재 생산에 보다 유리하다고 볼 수 있다.[54]

(4) 생활협동조합

협동조합 사업에는 소비자, 생산자, 근로자 등 세 유형의 주요 이해관계자가 존재한다. 일반적으로 이들 이해관계자 중 누가 사업의 중

---

54 장종익, "협동조합과 사회적경제," 『사회적경제의 이해와 전망』 (홍천: 아르케, 2014), pp.256-257.

심이 되느냐에 따라 소비자협동조합, 생산자협동조합, 노동자협동조합으로 구분된다. 이중 소비자협동조합은 높은 품질을 유지하면서도 제품을 저렴한 가격으로 제공할 수 있고, 이를 통해 소비자들의 경제적 부담을 경감시켜주는 것을 목적으로 하고 있다.[55] 생협은 소비자협동조합의 일종이지만, 그 활동 영역이 소비에만 국한된 것이 아니라 생활 전반에서의 협동을 추구하고 있기 때문에 소비조합 대신 생협이라는 명칭을 사용하고 있다.[56]

한국의 소비자협동조합운동은 1980년대 중반부터 본격화되었으며 1985년의 안양의 바른생협과 1986년의 한살림에서부터 오늘날의 생협이 형성되었다고 할 수 있다.[57] 생협은 1990년대 들어 전국적으로 조직화기 시작되었고, 이 시기에 한살림, 두레생협, 여성민우회생협, iCOOP생협 등의 전국적 조직망을 갖춘 연합회들이 등장했다.[58] 1999년에는 〈소비자생활협동조합법〉이 제정 및 시행되면서 "조합원의 소비생활 향상과 국민의 복지 및 생활문화 향상에 이바지함"이 목적으로 명기되었고[동법1조], "지역사회의 지속가능한 발전과 환경·자연생태의 보전을 위하여 노력"하는 것이 의무로 규정되었다[8조]. 실제, 주요 생협조직들은 먹거리 문제와 친환경적인 생활 문화 확산에 관

---

55 한국노총중앙연구원 (2013), p.33.

56 권오범, "한국생협운동과 공동체운동의 평가와 전망,"『진보평론』제55호 (2013년 봄), pp.53-54.

57 1980~90년대에 활발하게 조직된 지역단위 생협들은 사회적 의식은 높았으나 이윤을 내야 한다는 경영 마인드와 실천경험이 부족했다. 당시 많은 지역에서 생협들은 경영난에 허덕였고, 1997년 외환위기를 전후로 하여 전체 2/3(66.7%)가 넘는 생협들이 폐업했다. 생협전국연합회,『생협전국연합회 20년의 기록』(20주년 기념 자료집) (2003).

58 김정원, "한국의 사회적경제 현황 및 전망,"『사회적경제의 이해와 전망』(홍천: 아르케, 2014), pp.104-105.

여하고 있을 뿐 아니라, 농촌문제와 유통구조의 개선, 그리고 여성문제, 교육문제, 환경문제, 지역문제, 소비문제 등 생활영역 전반에 걸쳐 활동을 전개하고 있다.[59]

〈표 6〉 생협 현황

구분	2012년 11월 현재	조합원수			공급액(원)		
		2010	2011	증가율	2010	2011	증가율
한살림연합	20	247,072	293,442	118.8%	186,686	222,581	119.2%
아이쿱생협 사업연합회	73	118,824	155,705	131.0%	219,674	290,132	132.1%
두레생협연합회	27	85,022	103,874	122.2%	66,674	75,072	112.6%
여성민우회 생협연합회	6	22,972	26,736	116.4%	16,962	17,015	100.3%
독자물류생협	11	49,620	57,063	115.0%	33,548	39,687	118.3%
한국대학 생협연합회	26		105,052			158,500	
한국의료 생협연합회	16						
합계	179	523,510	741,872	141.7%	523,544	802,987	153.4%

출처: 생협전국협의회 내부자료, "지역별/연합회별 생협 숫자."

(5) 마을기업

안전행정부에 따르면, 마을기업은 "마을 주민이 주도적으로 지역의 각종 자원을 활용한 수익 사업을 통해 지역공동체를 활성화하고 지

---

59 한살림 홈페이지, www.hansalim.or.kr; 두레생협연합 홈페이지, www.dure-coop.or.kr; 아이쿱생협사업연합회 홈페이지, www.icoop.or.kr; 여성민우회생협 홈페이지, www.happycoop.or.kr을 참조하였음.

역 주민에게 소득 및 일자리를 제공하여 지역 발전에 기여하는 마을단위의 기업"이다.[60] 여기서 "마을"이란 지리적으로 타 지역과 구분되는 경계를 가지면서 지역 내부에 상호 이해관계나 정서적 공감대가 형성된 곳이고, "마을 주민 주도적"이란 마을 주민 출자가 총 사업비의 10%이상이며, 출자한 주민이 참여하는 의사 결정 구조를 말한다. '지역 각종 자원'이란 지역의 특성화된 자연 자원, 인적 자원, 가공 제품, 축제 등 유·무형의 자원을 뜻한다. 이는 마을기업을 육성하는 목적이 일자리 제공에 있기 때문이다.[61] 이에 비해 서울시는 마을기업이 가지는 공동체성에 주목하고 있으며 다음과 같이 마을기업을 정의하고 있다.[62] 마을기업은 "마을공동체에 기반을 둔 기업활동으로 주민의 자발적인 참여와 협동적 관계망에 기초해 주민의 욕구와 지역 문제를 해결하며 마을공동체의 가치와 철학을 실현하는 마을 단위의 기업"이다.[63]

---

60 안전행정부는 커뮤니티비즈니스(community model)모델을 도입하여 마을기업 사업을 추진했다. 1984년 영국에서 시작된 커뮤니티비즈니스 모델은 일자리 창출과 실업문제 해결에 중점을 둔 지역개발 정책으로서 공공기관의 적극적인 지원을 받았다. 일본에서는 거품경제 붕괴 후 구도심을 중심으로 지역경제가 침체하자, 지역활성화 방안으로 도입되었고, 1998년 비영리활동촉진법(NPO법)의 제정 및 시행을 계기로 널리 확산되었다. 김기태 외, 『협동조합 키워드 작은 사전』(서울: 알마, 2014), pp.79-81.
또한 지식경제부는 커뮤니티비즈니스를 "지역이 직면한 문제를 주민이 주체가 되어 지역 잠재 자원의 활용을 통해 비즈니스 형태로 해결하는 것"이라고 정의하고 있다. 서울시마을기업사업단, 『서울시 마을기업 백서: 다른 경제, 새로운 희망 서울시 마을기업』(서울: 솔텍, 2014), p.16.

61 안전행정부 홈페이지(http://www.mospa.go.kr)에 명시된 마을기업육성 목적은 "'지역경제 활성화'의 일환으로 마을기업을 육성해 취약계층에 일자리 제공"이다.

62 서울시 사회적경제 홈페이지, http://sehub.net/.

63 마을기업에 대한 시각의 차이로 인해 안전행정부와 서울시가 마을기업을 선정하는 기준에도 차이가 발생했다. 안전행정부가 재정건전성 및 지속가능성을 강조했다면 서울시는 마을공동체성과 공공성을 강조한 것이다. 실제 안전행정부가 첫째, 공동체 구성 및 사업계획의

마을기업은 지역이 겪고 있는 여러 가지 문제점을 지역 차원에서 해결하고자 하는 기회를 제공해주며, 해결과정에서 지역의 유대감과 자긍심이 높아질 것으로 기대된다. 또한 예산 절감뿐 아니라 지역 내 새로운 경제순환체계를 만들고, 지역고용촉진으로 경제활성화를 이루어 낼 수 있다.[64] 현재 안전행정부에서 제시하고 있는 마을기업의 개념과 사업 범주는 아래와 같다.

〈표 7〉 마을기업 사업의 개념

사업 목표	마을단위의 안정적 일자리 창출, 지역공동체 활성화 및 지역발전
사업 주체	지역주민, 마을회, NPO 등 지역단위 소규모 공동체 읍,면,동 주민센터, 농업기술센터가 관여하는 지역거버넌스 형태의 단체
지원 내용	시설비,경영컨설팅 등 사업비 2년 간 최대 8천만 원 지원 (2년차 지원을 받기 위해서 법인형태로 전환 필수)
요건	법인심사기준: 공동체구성, 지속적 수익창출 가능성, 재정건전성, 안정적 일자리창출가능성

출처: 안전행정부, 『마을기업 육성사업 시행지침』 (2012).

(6) 자활기업

보건복지부에 따르면, 자활기업^{자활공동체}은 "2인 이상의 수급자 또는 저소득층이 상호협력하여, 조합 또는 공동사업자의 형태로 탈빈

적절성(30점), 둘째, 재정의 건전성 및 자부담(20점), 셋째, 자립 경영 및 지속적인 수익 창출 가능성(30점), 넷째, 안정적인 일자리 창출(20점) 등을 기준으로 제시한 반면, 서울시는 첫째, 마을 필연성(30점), 둘째, 자립 가능성(30점), 공공성(40점) 등을 기준으로 제시했다. 서울시 마을기업사업단 (2014), pp.58-59.

64 임경수·하태영, "지속가능한 마을기업의 발전방안에 관한 연구," 『사회적기업연구(Social Enterprise Studies)』 제6권 1호 (2013), p.85.

곤을 위한 자활사업을 운영하는 업체"를 뜻한다. 〈국민기초생활보장법〉 개정에 따라 2012년 8월 2일부터 '자활공동체'를 '자활기업'으로 명칭을 변경하고, 설립 요건을 2인 이상의 사업자에서 1인 이상의 사업자로 완화했다.[65] 또한 자활기업은 보건복지부의 자활사업과 민간의 생산공동체 운동이 결합하여 제도화된 것이며, 정부에서는 자활사업의 목표를 "우리사회 근로빈곤층의 일을 통한 자립·자활 실현"으로 설정했다.[66]

자활사업은 다음과 같은 점에서 사회적경제와 그 목적을 공유하고 있다. 1) 조직적 측면에서 자활기업^{자활공동체}은 사회적기업이나 마을기업, 사회적협동조합과 상당히 유사하고, 2) 자활사업은 지역기반형 일자리 사업인데, 미취업빈곤층에게 일자리를 제공하고 지역사회 취약계층에게 다양한 사회서비스를 공급하는 오늘날 사회적경제 조직이 수행하는 방식과 같은 사업방식을 취하고 있었으며, 3) 자활기업은 초기부터 마이크로크레디트 혹은 신용협동조합의 설립을 고려하고 있었다.[67]

〈표 8〉 자활기업 추이 (2012.12 기준)

년도	2004	2005	2006	2007	2008	2009	2010	2011	2012
개수	323	439	597	841	1,046	1,164	1,243	1,370	1,340

출처: 중앙자활센터 홈페이지, http://www.cssf.or.kr/.

---

65 서울시 사회적경제 홈페이지, http://sehub.net/.

66 이러한 개념은 김대중 정부의 '생산적 복지'에 근거하고 있다. 김대중 대통령은 생산적 복지를 다음과 같이 설명했다. "생산적 복지에는 중요한 철학이 들어 있다. 곧 복지는 자선이 아니라 인권이라는 것이다… 생산적 복지는 시장경제의 부작용, 폐해를 시정하고 보완하는 내용이라고 할 수 있다." 김대중, 『김대중 자서전 2』 (서울: 삼인, 2010), p.341.

67 이문국·변재관, "자활사업과 사회적경제," 『사회적경제의 이해와 전망』 (홍천: 아르케, 2014), pp.226~227.

4. 예비 사회적경제 조직 특성

(1) 비영리민간단체

〈비영리민간단체지원법〉에 의한 비영리민간단체는 "영리가 아닌 공익활동을 수행하는 것을 주된 목적으로 하는 민간단체"로서 영리 아닌 사업을 목적으로 설립되고 그 목적 범위 내에서만 존재한다. 그러나 '취약계층에게 사회서비스 또는 일자리를 제공하여 지역주민의 삶의 질을 높이는 사회적 목적'을 수행하고 출자금 이외에 순수한 '영업활동을 통한 수익'이 노무비의 30% 이상이 되는 경우 사회적기업이 될 수 있다. 비영리민간단체가 사회적기업으로 인증 받을 시 경영지원, 시설비 등의 지원, 공공기관 우선구매, 법인세·소득세 감면 외에 직접적으로 인건비, 운영경비 등의 재정지원을 받을 수 있다. 현재까지 사회적기업으로 인증된 비영리민간단체는 29개이며 보건의료, 환경, 보육, 간병가사지원 급식, 기타 분야에 폭넓게 분포하고 있다.[68]

〈표 9〉 비영리민간단체 등록 현황(2014.09.30.)

계	중앙행정기관	시·도
12,060	1,463	10,597
증 132 (2014. 6. 30. 대비)	증 9 (2014. 6. 30. 대비)	증 123 (2014. 6. 30. 대비)

출처: 행정자치부 홈페이지, http://www.mogaha.go.kr/.

---

68 광주NGO시민재단 홈페이지, http://www.socialcenter.kr/.

(2) 사회복지법인

사회복지법인은 〈사회복지사업법 제2조〉에서 정한 "사회복지사업을 행할 목적으로 동법 제16조에 의거 설립된 법인"을 말한다. 사회복지법인은 비영리 공익법인이며, 재단법인의 성격을 동시에 지니고 있다. 설립절차는 허가주의를 따라서 복지부장관이 시도지사에 허가권을 위임하여 시도지사가 지정할 수 있다. 사회복지시설의 경우, 국가·지자체, 사회복지법인 또는 비영리법인, 개인 등 결격사유가 없는 누구나 설치할 수 있으며, 허가가 아닌 신고에 의해 설립이 가능하다. 2013년 9월 현재, 전국에는 1,744개의 사회복지법인이 존재한다.[69]

최근에는 사회서비스 전달에 참여해왔던 경험을 바탕으로 하여 사회적경제조직과 긴밀히 협업하거나 사회적기업으로 전환하는 사회복지법인들이 등장하고 있다. 가령, 사회복지법인 홍애원 장애인보호작업시설 직업재활서비스, 인쇄물 제작·생산, 사회복지법인 자선단 관악시니어클럽 두부사업단 '콩깍지' 등을 들 수 있다.

(3) 각종 법정 협동조합

기존의 8개 법정 협동조합 농협, 수협, 신협, 중기협, 생협, 새마을, 엽연초, 산림조합들은 민간의 필요에 의해 자발적으로 생겨난 상향식 조직이기보다 농어민 보호, 중소기업 육성 등과 같은 국가의 필요에 의해 만들어진 조직이었다. 주요한 조직을 살펴보면 우선, 농협의 경우 1957년에 〈농업협동조합법〉이 제정되면서 제도적 근거가 마련되었고, 군사정권

---

69 보건복지부, 『사회복지법인 관리안내』 (2013) p.6.

시기 중앙회장을 대통령이 임명하고, 시군조합장을 중앙회장이 임명하는 시스템이었다. 2010년 현재 조합원의 숫자는 2,093천명, 출자금 총액은 57,423억 원에 이른다. 또한 수협의 경우, 1962년 〈수산업협동조합법〉이 제정되었고, 현재 159천명의 조합원에 2,992억 원의 출자금을 보유하고 있다. 수협 역시 농협과 같은 인사결정체계로 인해 자율성이 취약했다고 평가된다.[70] 즉 기존의 협동조합은 국가의 정책수단 또는 정책수행의 보완적인 조직이나 기능으로 인식되어 활용되어온 측면이 컸다.

그러나 최근 들어 기존의 협동조합 중 농협, 수협, 축협, 산림조합 등에서 '동시선거'를 도입함으로써 민주성을 강화하려는 노력을 보이고 있으며,[71] 사회적경제 조직과의 거래를 통해 상호작용을 하는 경우가 발생하고 있다. 가령, 신협의 경우 경제적자립운동을 기반으로 하여 발전했는데, 오늘날에도 원주의 밝음신협, 홍성의 풀무신협, 성남주민신협 등이 맥을 잇고 있다. 이들 신협들은 지역 내 사회적경제 활성화에 중심적인 역할을 하고 있다.[72] 또한 지자체와 농협, 사회적기업, 마을기업이 '일자리 창출' 협약을 맺고, 농협이 사회적경제 조직의 제품과 서비스를 구매하는 방식으로 지원을 하는 사례가 확산되고 있다.[73]

---

70 김정원 (2014), pp.101-102.

71 "한국 직선제 동시선거 '세계 유일'," www.seoul.co.kr/news/.

72 김정원 (2014), p.103.

73 "수원 농협하나로클럽, 사회적기업 등 생산품 판다," http://www.hani.co.kr/arti/economy; "경남도-농협-사회적기업 '일자리 창출' 협약," http://www.yonhapnews.co.kr/economy/.

(4) 기업

① 사회공헌활동

기업은 영리를 얻기 위해 재화와 용역을 생산하고 판매하는 조직체이며, 따라서 이윤을 추구하는 것이 제일의 목적이다. 그런데 한국에서는 1990년대 말부터 기업의 사회공헌활동 CSR: Corporate Social Responsibility[74] 활동이 강조되기 시작했다. 이 시기부터 다수의 기업들이 사회공헌 전담팀을 기업 내에 설립하기 시작했고, 동시에 물적 기부는 물론 임직원의 자원봉사를 체계적으로 운영하고 관리하기 시작했다.[75]

〈표 10〉 2012–2013 사회공헌 지출규모 추이

	2012년	2013년
사회공헌 지출비용	3조 2,534억 7,827만 원	2조 8,114억 8,830만 원
세전이익 대비 비율	3.37%	3.76%

출처: 전국경제인연합회, "2014년 주요 기업·기업재단 사회공헌백서," http://csr.fki.or.kr/.

전경련이 2009년 매출액 상위 200대 기업을 대상으로 조사한 결과에 따르면, 우리나라 기업의 86%가 SCR활동을 추진하고 있으며, 97%가 CSR활동의 필요성을 인식하고 있다.[76]

---

74 사회공헌활동이란 '기업이 사회에 갖는 책임활동의 한 형태로서 재정적 지원(현금기부)과 비재정적 기부(현물기부, 자원봉사활동, 시설지원 등) 등 다양한 기업 자산과 핵심역량을 사회에 투자하여 사회적 가치를 창출하고 지역사회의 역량을 강화하는 동시에 지속가능한 발전을 도모하는 사회참여 및 투자활동'이다. 사회공헌정보시스템 홈페이지, http://www.crckorea.kr/.

75 사득환, "한국 기업의 CSR활동 평가,"『한국행정과 정책연구』제9권 1호 (2011), p.7.

76 사득환 (2011), pp.1-2.

최근 기업의 사회공헌활동은 사회적경제 영역으로도 확대되고 있다. 가령, SK는 2006년부터 전국에 사회적기업 '행복도시락센터'를 설립하고 결식이웃에 양질의 급식을 제공하며 취약계층의 일자리를 창출했다. 롯데홈쇼핑의 경우 사회적기업의 상품을 판매하고 사회적기업 홍보영상을 방송하는 방식으로 판로확대에 기여하고 있다.[77] 교보생명보험, SK브로드밴드, SK C&C 등은 각각 교보다솜이간병봉사단, 행복한녹색재생, 행복한웹앤미디어 등의 사회적기업을 설립하여 직접 사회적경제조직을 운영하고 있다. 기업들은 정부, 지자체, 사회복지재단, NPO등과 연계하여 사회적경제 조직이 성장할 수 있는 기반 조성 사업에도 참여하고 있다.[78]

② 법적·제도적 특성(주식회사, 유한회사, 합명·합자회사, 유한책임회사)

전체 회사의 약 95% 정도가 주식회사이기 때문에 보통 법인기업이라고 하면 일반적으로 주식회사를 의미한다. 그런데 주식회사 이외에 유한회사, 합자회사, 유한책임회사 등 새로운 형태의 조직이 존재하고 있다. 이러한 조직의 경우, 주식회사에 비해 소규모인 사례가 많고 구성원의 책임이 강조되고 있어 사회적경제와의 연관성이 높다. 가령, 유한회사 '나눔있는집'과 합자회사 형태의 사회적기업인 '(합)에스엠에코'를 사례로 들 수 있다.[79]

유한회사는 "50명 이하의 유한책임사원으로 구성되는 회사"로서

---

77 전국경제인연합회, "2014년 주요 기업·기업재단 사회공헌백서," http://csr.fki.or.kr/.
78 전국경제인연합회, "2014 기업 및 기업재단 대표 사회공헌프로그램 사례집," http://csr.fki.or.kr/.
79 강원도사회적경제지원센터 홈페이지, http://www.gwcs.or.kr/.

"전 사원이 자본에 대한 출자 의무를 가지며, 자본총액은 1천만원 이상으로 하여야 하고 출자 1좌의 금액은 균일"해야 한다. "물적회사와 인적회사의 요소를 가미한 중간 형태의 회사로서 주식회사와 유사하나 그 복잡엄격한 규정이 완화되고 지분의 양도가 자유롭지 못한 점"에서는 주식회사와 다르다.[80]

합명회사와 합자회사는 개인적 신뢰를 기초로 하는 조합적인 공동기업의 형태의 조직이다. 우선, 합명회사는 무한책임사원만으로 구성되는데 각 사원이 회사에 대하여 출자 책임이 있을 뿐 아니라, 회사의 재산으로 회사채무를 갚지 못할 시에는 사원이 연대하여 무한의 책임을 진다^{상법 212조}. 합명회사에서는 사원의 인적 신용이 중시되므로 회사 재산은 비교적 중시되지 않으며 설립단계에서 출자를 이향할 필요가 없고^{동법 178조-180조}, 실질적으로는 조합적^{組合的}인 성격이 강하다^{동법 195조}. 둘째, 합자회사는 무한책임사원과 유한책임사원으로 구성되는 복합적 조직의 회사^{상법 268조}이다. 사업의 경영은 무한책임사원이 하고, 유한책임사원은 자본을 제공하여 사업에서 생기는 이익의 분배에 참여한다.

유한책임회사는 2012년 개정된 상법^{상법 제287조의5}에 근거해 성립되었다. 주식회사보다 탄력적인 지배구조를 가지고서, 출자자가 직접 경영에 참여할 수 있고, 각 사원이 출자금액만을 한도로 책임을 지게 하는 것을 목표로 하고 있다. 특이한 것은 설립에 필요한 최소 사원 수에 대한 제한이 없으므로 1인 설립이 가능하다는 점이다. 또한 애초에 고도의 기술을 보유하고 있으나 초기 회사설립과 기술 상용화

---

80 서울특별시 홈페이지, http://economy.seoul.go.kr/.

에 어려움을 겪는 청년 벤처 창업에 적합한 기업유형으로 설명되어 진다.[81] 동업자 혹은 창업자 모두가 회사 경영에 참여할 수 있고, 수익분배와 지분양도의 문제를 자율적으로 결정할 수 있다는 점에서 사회적경제조직과 연관성이 높은 것으로 보인다.

(5) 농어촌공동체회사

농촌공동체회사는 '지역주민이 자발적으로 참여해 농어촌 공동체 유지, 수익성과 공익성을 목적으로 농어촌지역 활성화에 기여하는 조직 또는 단체'로서 지역성과 공익성을 추구하며 사회서비스 공급 및 일자리 창출 등을 통해 지역사회 활성화를 목적으로 한다.[82] 근거법령은 〈농어업인삶의질향상및농어촌지역개발촉진에관한특별법제19조의3 농어업인등의일자리창출기여등단체에대한지원〉이며, 앞서 서술한 목적을 달성하기 위해 농림축산식품부장관 또는 해양수산부장관은 민법상 법인, 조합, 상법상 회사, 농어업법인, 비영리단체에 재정 지원 등 필요한 지원을 할 수 있다. 농림축수산식품부에 따르면 2013년 12월 현재 전국의 농어촌공동체회사는 총 867개소로 전년 대비 19.6%[142개소]가 증가했다.[83]

81 법무부 블로그, http://blog.daum.net/mojjustice/.

82 농림수산식품부, 『농어촌공동체회사 활성화를 위한 인재육성 프로그램 개발 연구』(최종보고서) (2011), p.13.

83 농림축산식품부, 『'14년 농촌공동체회사 실태조사결과』(보도자료) (2014).

	200년	2010년	2011년	2012년	2013년
개소수	219	443	650	725	867

출처: 농림축산식품부, 『'14년 농촌공동체회사 실태조사결과』(보도자료) (2014), p.2.

(6) 지역신용보증재단

지역신용보증재단은 〈지역신용보증재단법〉에 의해 중소기업청장의 인가를 받아 설립되고 "담보력撐保力이 부족한 지역 내 소기업·소상공인 등과 개인의 채무를 보증하게 함으로써 자금 융통을 원활하게 하고 아울러 지역경제 활성화와 서민의 복리 증진에 이바지함을 목적"으로 한다. 지역신용보증재단의 재원은 지방자치단체와 금융회사, 기업의 출연금으로 조성되며, 정부가 보조할 수도 있다동법7조. 애초에 공적자금이 투입됨으로 해서 분명한 사회성을 띠고 있는 것이다. 경제성에 있어서도 "재단의 기본재산은 업무의 운영에 필요한 지출에 충당"해야 하고, 여유금은 금융회사등에 예치하거나 국채, 지방채 및 정부 또는 지방자치단체가 지급을 보증한 채권의 매입 혹은 금융회사등이 발행하거나 지급을 보증하는 채권의 매입에 쓰여야 함으로 해서 분배와 수익사업의 수행이 부분적으로 제한되고 있다동법 31조.

5. '기타 사회조직 I'과 사회적경제 관련성

(1) 비영리법인(사단법인, 재단법인)

비영리법인은 학술·종교·자선·기예·사교 기타 영리 아닌 사업, 즉 경제적 이익을 도모하는 것이 아닌 사업을 목적으로 하는 사단법인 또는 재단법인을 말한다^{민법제32조}. 사립학교, 대학교, 대규모 병원, 각종 문화 및 여가 조직, 연구소, 종교단체, 전문직업인 및 학술단체, 재단이나 협회로서 설립된 사회복지서비스 제공조직 등이 이 범주에 속하지만, 미등록 비영리단체라 하더라도 일정한 요건을 갖춘 사단, 재단, 그 밖의 단체의 경우에도 비영리법인으로 인정받아 조세적용의 혜택을 받을 수 있다. 즉, 〈비영리민간단체지원법〉의 규정보다 더 많은 대상을 포괄하고 있다.

비영리법인에 속하는 재단법인 중, 1990년대 후반부터 등장하기 시작한 새로운 유형의 재단^{foundations}들은 사회적가치 확산에 기여하는 것을 공식목표 중 하나로 명시하고 있다. 함께일하는재단, 아름다운재단, 여성재단, 사회투자재단, 다솜이재단^{국내 사회적기업 1호: 간병, 교육 및 지원 서비스} 등이 대표적 사례이다. 가령, 사회투자재단의 경우 "사회적금융을 통해 우리사회의 포용적이고 지속가능한 발전에 기여"하는 것을 주목적으로 하고 있다.[84] 사단법인의 경우도 ^사대한노인회 안산시 상록구지회 실버사업단^{경로당 가사서비스 제공 사회적기업}, ^사수원여성노동자회부설전국가정관리사협회수원지부^{가사관리, 산모,신생아,영유아 등의 돌봄서비스 사회적기업} 등 사회적경제조직으로 전환하는 경우가 증가하고 있다.

(2) 공익법인, 의료법인, 학교법인

공익법인은 재단법인이나 사단법인으로 사회 일반의 이익에 이바지하기 위하여 학자금, 장학금 또는 연구비의 보조나 지급, 학술, 자선

---

84 사회투자재단 홈페이지, https://www.social-investment.kr/.

에 관한 사업을 목적으로 하는 법인을 말한다^{공익법인의 설립운영에관한법률}
^{2조}. 따라서 공익법인은 비영리법인의 하위범주로 해석할 수 있다. 종
교단체나 사립학교, 사회복지서비스 조직, 병원, '공익법인의 설립운영
에관한법률'에 의한 단체, 문화예술조직, 공중보건 및 환경보호에 현
저히 기여하는 조직, 공원 기타 공중이 무료로 이용하는 시설운영단
체, 기타 공익법인으로 지정된 단체 등이 이에 속한다.[85]

의료법인은 "의료업을 목적으로 설립된 법인"^{의료법제33조2항의3} 으로서,
시도지사의 허가를 받아 설립되며, 재산을 처분하거나 정관을 변경
할 시에도 시도지사의 허가를 받아야 한다^{동법48조}. 최근에는 사회적
협동조합 형태를 택해 의료생협 활동을 전개하는 의료법인이 등장하
고 있다. 원주의료소비자생활협동조합, 안산의료소비자생활협동조합
등이 대표적 사례이다.[86]

학교법인은 〈사립학교법제2조〉에 의해 "사립학교만을 설치·경영함
을 목적"으로 교육부 장관의 허가에 의해 설립된 법인을 말한다. 학
교법인은 그 설치와 운영에 필요한 재산을 갖추어야 하며^{동법5조}, 분
배와 수익 면에서 일정한 제한이 있다. 최근 학교법인 중 일부가 주
로 장애우를 대상으로 하는 특수학교를 중심으로 사회적경제활동을
전개하고 있다. 노란들판 유한회사^{노들장애인야간학교}, 맑은손 지압힐링센
터^{서울맹학교 시각장애인들의 협동조합}의 경우 학교법인이 사회적경제조직을
설립했다.[87]

---

85 유니세프한국위원회·한국NPO공동회의 (2011), pp.44-49.

86 한국사회적기업진흥원 (2014).

87 노란들판 유한회사 홈페이지, http://www.norandp.co.kr; 맑은손지압힐링센터 홈페이
지, www.malgunson.com/.

(3) 각종 법정 공제회

공제회는 가입 회원들을 대상으로 공제사업을 할 수 있는 조직으로, 상호부조, 복지서비스를 기본으로 하고 있다. 교원공제회, 대한지방행정공제회, 군인공제회, 대한소방공제회, 경찰공제회, 과학기술인공제회 등 각 공제회는 개별 특별법 및 민법에 근거하여 설립되었으며 조직마다 주관 부처가 상이하다. 공제회에 대한 조사는 2002년 총리실이 주관하여 종합적으로 조사한 자료 이후에 공식적으로 이루어진 조사가 없지만, 보험연구원^{KIRI} 조사 결과 약 60개의 공제회가 존재하는 것으로 보인다.

일반 공제회 전체를 사회적경제조직으로 분류하는 것은 어렵다. '자조^{self-help}조직'인 것은 분명하지만, 사회적 가치를 추구하는 경우가 드물기 때문이다. 대신 2000년대 후반들어 사회적가치 실현을 목적으로 하는 공제회가 설립되기 시작했다. 이 조직은 사회적경제 조직과 직간접적으로 연관되어 있는 경우가 많다. 가령, 함께일하는재단에서 추진하는 '사회적기업연대공제기금'은 ^{예비}사회적기업 및 종사자 간 상호부조정신을 고양시키고 경영 및 생활 안정을 도모하여, 궁극적으로 ^{예비}사회적기업의 지속가능성을 향상시키고 자립가능한 기반구축을 지원하는 것을 목표로 조성되었다.[88] 이 외에도 지역자활센터 상조회에 기반 한 지역 공제회^{안산여성노동자회}가 설립되는 경우도 있다.

---

[88] 함께일하는재단 홈페이지, http://hamkke.org/.

(4) 노동조합

노동조합은 "근로자가 주체가 되어 자주적으로 단결하여 근로조건의 유지·개선 기타 근로자의 경제적·사회적 지위의 향상을 도모함을 목적으로 조직하는 단체 또는 그 연합단체"를 말한다^{노동조합및노동관계조정법제2조의4}. 한국에서는 민주노총과 한국노총이 대표적인 조직이며, 기존의 노동조합은 주창활동에 주력해왔기 때문에 사회서비스 제공에는 기여하지 못했고, 사회적경제에 대한 관심도도 매우 낮았었다.[89]

그러나 노동조합은 사회적경제 주요 조직인 협동조합과 설립배경, 목표, 운영방식 등에서 공통점을 가지고 있다. 협동조합운동의 시작이었던 '로치데일선구자조합'의 경우, 영국의 해고 노동자들이 만든 것이었고, 조선의 최초 노동단체 역시 협동조합이었던 '조선노동공제회'였다.[90] 1960~1980년대에는 노조의 주도로 소비자협동조합, 신용협동조합운동이 전개되었고, 1990년대에는 의류생산자협동조합, 건축협동조합이 설립되었으며, 2009년에는 노동자생활협동조합이 설립되기도 했다.[91] 이러한 맥락에서 최근에는 협동조합운동이 노동조합운동을 강화하는 데 기여할 수 있을 것으로 보는 시각이 등장했다. 첫째, 협동조합은 생활과 소비 영역에서 조합원의 요구를 해결해 줄수 있고, 둘째, 협동조합을 통해 지역과의 연계를 강화하여 사업장의 경계를 넘어선 지역 연대를 시도해 볼 수 있으며, 셋째, 노동조합

---

89 "노동자 생활세계의 탈환운동, 협동조합운동," http://www.pressian.com/.

90 한국노총중앙연구원 (2013), pp.29-30.

91 부산노동자생활협동조합 홈페이지, http://www.workcoop.org/.

이 협동조합을 통해 비정규직, 영세자영업자 등 취약계층과의 연대를 구축할 수 있다는 것이다.[92] 이러한 시각이 확산될수록 향후 노동조합과 사회적경제와의 연관성은 높아질 것이다.

(5) 주민자치위원회, 주민자치회

주민자치는 "주민이 직접 지역의 문제를 찾아내고[의제설정], 주민들의 힘을 모아서 스스로 문제의 해결방안을 모색"하는 활동을 의미하며,[93] 이를 보장하기 위한 것이 주민자치위원회이다. 그러나 위원회에 참여하는 자치위원들이 실제로는 지역 유지 중심으로 구성되고 대부분의 활동을 읍·면·동 담당 공무원이 주도하고 있다는 점이 지적되기도 했다.[94] 또한 주민자치센터가 자치기능을 강화하기 보다는 문화, 여가 및 교육 프로그램 중심으로 운영되면서 풀뿌리 민주주의를 활성화하기에는 한계가 있었다.

따라서 정부는 새로운 형식의 주민자치회를 통하여 주민들이 지역공동체 문제를 논의하고 스스로 해결하게끔 하고자 시도했다.[95] 〈지방분권및지방행정체제개편에관한특별법[제29조제4항]〉에 따라 시행된 주민자치회는 "풀뿌리자치의 활성화와 민주적 참여의식 고양 목적 달성을 위해 동에 설치되고 주민의 대표로 구성되어 주민자치센터를 운영하는 등 주민의 자치활동 강화에 관한 사항을 수행하는 조직"을

---

92 한국노총중앙연구원 (2013), pp.41-43.

93 한국지방자치학회, 『읍·면·동 주민자치회 모델개발 연구』(최종보고서) (2011), p.145.

94 한국지방자치학회 (2011), p.147.

95 지역발전위원회 홈페이지, http://www.region.go.kr/.

말한다. 행정사무 기능의 일부 혹은 전부를 이양 받은 주민자치회는 주민자치특성화사업을 공모하거나 장학회 혹은 하절기 방역단을 운영하고 동네 독거노인의 생존여부를 확인한다. 또한 서울 성동구 마장동 주민자치회의 사례와 같이 '마을기업^{마주보고}'을 등록하고 수입지출 및 결산을 감독하는 등 사회적경제조직을 운영하기도 한다.[96]

6. '기타 사회조직 II'와 사회적경제 관련성

이 범주에 속하는 조직은 사회적경제 조직에 포괄하기 어려우며, 사회적경제에 대한 기여가 상당히 제한적이다. 그러나 법적·제도적 특성이 아닌 동태적 측면에 주목하면, 공공섹터에 속한 조직이라 하더라도 사회적경제와의 연관성을 높여가고 있다고 볼 수 있다.

우선, 정부는 행정지침을 통해 사회적기업의 제품을 우선 구매하도록 하고 있다.[97] 정부 지침에 따르면, "공공기관의 장은 물품 또는 용역 구매 시 사회적기업 제품^{재화 및 서비스} 우선구매를 촉진"해야 할 의무^{〈사회적기업육성법제12조및시행령제12조의2〉}가 있고, 아래의 표와 같이 우선구매의 규모는 해마다 증가하고 있으며 매해 20~30%씩 증가 추세에 있다.

---

96 행정자치부,『주민자치회 시범실시 추진현황(6월말 기준/서울, 부산, 대구): 서울 성동구 마장동』(지침) (2014) pp.1-8.

97 고용노동부,『사회적기업 제품 우선구매 지침』(2012), pp.1-2.

<표 12> 공공기관의 사회적기업제품 우선구매 실적

	2012년	2013년	2014년
구매액	1,916억 원	2,632억 원	3,179억 원(예상)
구매 대상 공공기관	495개	751개	

출처: 고용노동부, 『2013년 사회적기업제품 우선구매 실적 및 계획 공고』(보도자료) (2014).

우선구매의 규모 증가 원인은 물론 정부의 방침에 의한 것이기는 하지만 공공기관으로서도 사회적기업에 대한 지원 유인[incentive]이 있다. 사회적기업이 취약계층에 대한 일자리를 제공할 뿐 아니라, 정부 재정지출의 효율성을 증대시키고 경제성장 및 세수확대에 기여할 수 있으며, 정부가 접근하기 어려운 계층에 대해서도 사회서비스를 제공할 수 있기 때문이다.[98]

<표 13> 공공기관의 사회적기업 지원 사례

기관명	사업방식	내역
(주) 하이원	재활용폐기물 위탁	2008년부터 사회적기업 (재)정선재활용센타 지원
한국철도공사	물품구매	2009년부터 14개 사회적기업을 지원
공무원연금관리공단	물품구매	4개의 사회적기업을 지원
한국석유공사, 한국도로공사	물품구매	'늘푸른 직업재활원' 외 3개 사회적기업 지원
한국예탁결제원	물품구매	사회복지법인 위캔, (사)늘푸름직업재활원, 가나안복지재단 가나안근로복지관 지원
한국자산관리공사, 한국수자원공사	물품구매	(재)아름다운 가게 지원

---

98 김지숙, "공공기관의 사회적기업 지원을 통한 사회적 책임 제고방안,"『보건복지포럼』통권 171호 (2011), p. 94.

| | 물품구매 | (사)장애우권익문제연구소 |
| 한국수력원자력 | 운영자금 제공, 경영컨설팅 | 사회적기업 청림 |

출처: 김지숙, "공공기관의 사회적기업 지원을 통한 사회적 책임 제고방안," 『보건복지포럼』 통권 171호 (2011), pp.92-93의 내용을 재구성.

　최근에는 물품구매 지원 수준을 넘어서 직접 사회적기업을 설립하는 공공기관이 등장했다. 한국토지주택공사[LH]의 경우, 주거복지재단 및 함께일하는재단과 함께 2010년부터 'LH 마을형 사회적기업'을 설립해왔으며, 현재 '대구 동구행복네트워크', '원주 꿈터', '파주 신나는 마을공동체' 등 전국에 12곳이 사회적기업으로 등록되어 있다.[99] 마을형 사회적기업은 임대단지에 거주하는 주민들이 스스로 삶의 터전을 창조하고, 사회적 목적을 추구하면서 다양한 형태의 일자리를 창출하는 것을 그 목적으로 삼고 있다.[100]

　이처럼 공공기관이 사회적기업을 직접 설립했다는 것은 첫째, 섹터 간 융합현상을 확인할 수 있다는 점에서 주목할 만하다. 둘째, 공공기관에 기반 한 사회적경제조직이 새로운 사회적경제 조직의 설립에 긍정적인 영향을 미치고, 지역 내 활성화된 사회적경제가 다시 공공기관의 지원 및 투자를 촉진한다는 점에서 섹터 간 '선순환의 가능성'을 찾아볼 수 있다. 가령, 대구 지역에 설립된 마을형 사회적기업의 경우, 기업이 자리한 임대단지의 주민들이 '생협'을 만들기도 하고, 임대단지에 '사회복지법인[한사랑]'이 자리를 잡기도 했다. 또한 전에 없

---

99 함께일하는재단·한겨레경제연구소, 『협업과 상생의 거버넌스 혁신: LH 마을형 사회적기업 사례집』 (서울: 신우문화인쇄, 2013). p.4.
100 LH 마을형사회적기업단 홈페이지, http://www.happymaeul.org/.

던 '주택협동조합'이 성립되었고, '돌봄협동조합'마저 연이어 성립되는 등 연쇄적인 파급효과를 산출해냈다. 동시에 이렇게 활성화된 공동체는 마을형 사회적기업의 확산, 발전에 긍정적인 영향을 미치고 있다. 협동조합 형태가 아닌 '교육문화공동체 운동'이 마을형 사회적기업의 설립에 결정적인 영향을 미치기도 했다.[101]

요컨대, 공공기관 주도로 설립된 사회적경제 조직이라 하더라도 단순히 일자리 창출에 주력하는 것이 아니라 지역사회 활성화에 기여할 수 있다는 점에서 공공기관과 사회적경제와의 연관성이 없거나 매우 낮다고 예단할 필요는 없을 것이다.

7. 기타: 민관협력기관 및 제도

정부는 다음과 같이 민간 영역과 협력하여 기관을 설립·운영하거나 민관협력제도 등을 활용하여 사회적경제를 적극 지원하고 있다.

① 자활센터: 〈국민기초생활보장법제15조의2〉를 근거로 설립된 중앙자활센터 ^{재단법인}는 "저소득 취약계층의 자활을 촉진하고 빈곤 없는 건강한 사회"를 만드는 것을 목적으로 하여 취업·창업·유통·자산형성 등을 지원하고 있다. 센터가 주관하는 자활근로사업은 ^유빛드림 ^{자활근로사업 청소사업단}, 평택돌봄사회서비스센터 ^{주평택지역자활센터가 설립한 기관, 경기도 예비 사회적기업}, ^주안산양지돌봄 ^{자활근로 간병 사업단을 시작으로 한 자활공동}

---

101 함께일하는재단·한겨레경제연구소 (2013), pp.24-36.

제2장 한국 사회적경제 조직 Map

체, 사회복지법인 성요셉복지재단 성요셉직업재활센터 ^{장애인재활작업장102} 등의 사회적기업이 발생할 수 있는 물리적 기반을 제공하고 있다.

② 사회적기업 중간지원조직: 중간지원조직은 사회적기업에 대한 "인사·노무·회계·세무·법무 분야 등에 대한 컨설팅 제공, 인적·물적 자원연계 등 사회적기업이 필요로 하는 사항들을 지원하는 조직"을 의미한다. 고용노동부는 매해 권역별로 통합지원기관을 선정하고, 이 기관을 통해 지역별 사업모델 발굴 및 사회적기업 인증컨설팅 등의 지원활동을 수행하고 있다.[103] 대표 사례로 서울시사회적경제지원센터를 들 수 있다.

③ 사회서비스 바우처: 교육, 보건, 복지, 문화 등 일상생활에서 필요로 하는 사회서비스를 편리하게 이용할 수 있도록 현금카드 형태로 지급되는 것을 뜻한다. 노인, 장애인, 산모, 아동 등의 서비스 이용자는 현금이 아닌 이용권을 발급받아 서비스를 선택할 수 있다. 바우처 금액의 일부는 정부가 지원한다.[104] 바우처 사업의 도입으로 기존의 비영리조직/공공기관 외에 영리 조직에서도 사회서비스를 제공하기 시작하였다.

④ 고령자인재은행: 지방고용노동관서의 장은 무료직업소개사업을 하는 비영리법인이나 공익단체 또는 직업능력개발훈련을 위탁받을 수 있는 대상이 되는 기관 중 고령자의 직업지도와 취업알선 등에 필요한 전문 인력과 시설을 갖춘 단체를 고령자인재은행으로 지정한다.

---

102 직업재활센터는 보건복지부가 시범사업으로 추진하고 있는 중증장애인 고용사업장을 뜻한다.

103 한국노동연구원, 『2012 사회적기업 성과 분석』(한국사회적기업진흥원 위탁과제) (2013).

104 보건복지부 사회서비스전자바우처홈페이지, http://www.socialservice.or.kr/.

고령자인재은행에서는 고령자에 대한 구인·구직 등록, 직업지도 및 취업알선, 고령자의 직업능력개발훈련, 취업희망 고령자에 대한 직업 상담 및 정년퇴직자의 재취업 상담 등의 사업을 한다^{고용노동부 2009}. 최근 고령자인재은행에서 '시니어 사회적경제 창업학교 교육과정'을 개설하는 사례가 존재한다.[105]

⑤ 시니어클럽: 시니어클럽은 〈노인복지법 23조^{노인사회참여지원}〉, 〈23조의2^{노인일자리전담기관의 설치.운영 등}〉, 〈노인복지법시행령 제17조의3및제17조의4^{노인일자리전담기관 운영위탁 등}〉를 근거로 하여 "고령화 시대를 대비하고, 노인들의 경제활동 및 사회참여 활동을 통하여 일하는 노인들의 밝고 건강한 노후를 정착"시키고자 보건복지부장관의 지정에 의해 설립된다. 현재 전국에 114개 시니어클럽이 지정되어 있으며,[106] 경북 안동시니어클럽 '행복한수라상'처럼 사회적기업으로 등록되는 경우가 늘어나고 있다.

⑥ 장애인 생산품 생산·판매 시설: 장애인 직업재활시설과 장애인 복지단체 등에서 장애인을 고용하여 제품을 생산하는 시설을 의미한다. 장애인 생산품판매시설에서는 장애인 생산품의 판매활동과 유통을 대행하고 판로개척 및 홍보 등의 활동을 통하여 장애인의 직업재활을 지원한다. 또한 국가기관과 지방자치단체, 공공단체 및 소비자에게 생산품을 배송하는 업무를 담당하고 있다.[107] 각 시설에서는 중증장애인 생산품뿐 아니라 사회적기업 생산품을 같이 판매하고

---

105 (사)가경복지센터 홈페이지, http://www.kkwc.or.kr/.

106 (사)시니어클럽 홈페이지, http://www.silverpower.or.kr/.

107 서울특별시립 장애인생산품판매시설 홈페이지, http://www.행복플러스가게.com/.

있으며,[108] 판매시설 지정과 동시에 사회적기업으로 인증받는 경우가 존재한다.[109]

⑦ 노인 일자리 사업기관: 노인에게 소득창출 및 사회참여의 기회를 제공하고자 지역사회 등에서 적합한 업종에 노인을 고용하여 재화를 생산·판매하는 기관이다. 노인일자리사업으로 출발하여 예비사회적기업으로 전환한 기관은 26개소로 확인되었고, 전체 1,219개 기관 중 21.1%가 장래에 사회적기업이나 협동조합 등으로의 전환을 희망하는 것으로 나타났다.[110]

⑧ 마이크로그레딧[MC]: 한국의 마이크로 크레딧 사업은 2000년에 '신나는조합'이 방글라데시의 그라민 은행으로부터 지원 받은 5만 달러를 기금으로 하여 저소득층에게 소액 창업자금을 대출했던 것에서 시작되었다. 이후 '사회연대은행', '아름다운재단' 등 민간 비영리 단체를 중심으로 마이크로크레딧 사업이 점차 확대되었으며, 정부는 2005년부터 보건복지부, 여성가족, 노동부 등 중앙부처 및 지자체 등의 예산을 재원으로 제공하면서 사업에 참여해왔다. 따라서 최근의 마이크로크레딧 사업은 민관이 혼재되어 있다.[111]

⑨ 사회적기업 육성사업: 사회적경제지원조직과 지방정부, 학교법인, 기업재단등은 섹터 간 구분 없이 다양한 방식으로 사회적경제조직의 설립 및 육성을 지원하고 있다.

---

108 강원도장애인생산품판매시설 홈페이지, http://www.gomgw.or.kr/.
109 용인시사회적경제지원센터 홈페이지, http://www.yonginse.or.kr/.
110 한국노인인력개발원, 『2013년 노인일자리사업실태조사』 (서울: 리드릭, 2013), p.xix.
111 김규한, "한국 마이크로크레딧의 현황과 과제," 『질서경제저널』 제15권 2호 (2012), pp.2-3.

〈표 14〉 사회적기업육성사업 사례(한국사회적기업진흥원 2013)

주관단체	사업명
한국사회적기업진흥원	청년등 사회적기업가 육성사업, 1사 1사회적기업 캠페인
SK행복나눔재단	Social Entrepreneurship Award
KDB 대우증권	청년사회적기업 Jump up 프로젝트 선정
함께일하는재단	청소년 자립지원 운영기관 선정
서울특별시	서울시 청년 정책 제안
KAIST, SK	사회적기업가 센터 입주기업 선정
한화	친환경 사회적기업 지원사업 선정
신나는조합	'사회적기업 우수 비즈니스모델' 선정
열매나눔재단	사회적기업가 육성사업
아름다운가게	'뷰티풀펠로우'

출처: 한국사회적기업진흥원 (2013).

IV. 사회적 경제의 발전 과정

한국 사회적경제는 정부가 주도하고 있다는 평가를 받고 있다. 그러나 정부가 많은 역할을 담당하고 있다 하더라도, 사회적경제가 성장할 수 있는 기반이 없었다면 오늘날과 같이 사회적경제가 대안으로 평가받기는 힘들었을 것이다. 사회적경제라는 용어를 사용하지는 않았지만 이미 시민사회에서는 1990년대부터 사회적경제와 유사한 개념 및 조직을 준비했었고, 정부가 추진했던 사회적일자리사업도 시민사회의 협력이 있었기에 성과를 낼 수 있었다. 또 최근에는 기존의 정부순응적인 조직과 차별화되는 자활공동체, 자활공제회, 사회적일자리사업기관, 커뮤니티비즈니스 조직 등의 새로운 조직들이 등장하면서 국가가 아닌 민간영역에서 사회적경제의 주체가 형성되기 시작했다. 이들 조직은 성숙된 시민사회 역량을 바탕으로 하여 사회문제 해결의 파트너이자 혁신자로 등장하고 있다.[112] 여당과 야당이 각각 〈사회적경제기본법〉 발의를 준비하고 있는 것 역시 시민사회의 요구에 부응하기 위한 측면이 크다. 아래에서는 한국 사회적경제의 등장 및 확대배경을 크게 구조적 요인, 내부적 요인, 정책적 요인 등의 세 가지 요인으로 나누어 살펴보고자 한다.

1. 구조적 요인

한국에서 사회적경제가 등장하게 된 구조적 요인은 크게 세 가지로 나눌 수 있다. 첫째, 1997년의 외환위기와 이에 대한 신자유주의적 처방이 실패하면서 사회서비스 및 복지에 대한 수요가 크게 증가했다. 둘째, 2000년대 이후 비정규직이 빠른 속도로 증가하여 소득 및 경제양극화가 심화되었고, 급속한 고령화로 복지의 사각지대가 확대되었다. 이런 상황을 배경으로 "시장부문과 공공부문 사이에서 양자를 통해 만족되지 못한 필요를 해결"[113]하기 위해서 사회적경제가 등장했다고 볼 수 있다. 셋째, 사회적경제를 통해 시장경제의 폐해를 극복하려는 노력이 세계 각지에서 전개되었고, 이런 노력이 한국 사회적경제 활성화에 큰 영향을 미쳤다고 볼 수 있다.

먼저 1997년 외환위기 이후 실업과 빈곤문제, 고용과 복지, 지역개

---

112 김혜원, "사회적 경제 기본법의 의의와 필요성," 사회적경제기본법 공청회 발제문 (2014).
113 김혜원(2014).

발의 다양한 문제를 동시에 해결할 수 있는 수단으로 사회적경제가 사고되었다.[114] IMF는 한국경제를 정상화시킨다는 명목으로 산업전반에 걸쳐 신자유주의적 프로그램을 받아들일 것을 요구했고, 그 결과 산업구조가 재편되었을 뿐 아니라 노동에 대한 인식과 취약계층의 상황이 크게 악화되었다. 다시 말해, 실업과 빈곤문제가 심각해지면서 복지수요가 가파르게 증가하는 양상이 나타나게 되었던 것이다. 이런 문제들에 대처하기 위해 사회보장제도를 보강할 필요가 있었지만, 사회지출을 대폭 늘리기에는 정부와 가계 모두 지출부담이 크다는 문제에 직면하게 되었다. 정부로서는 조세기반확충 혹은 사회보험료 인상 등을 대안으로 사고할 수 있지만, 두 방안 모두 사회적 저항을 극복하고 실행하기에는 어려웠다. 따라서 정부는 자원을 효율적으로 사용할 수 있는 방안을 고려했고, 민간영역의 활용을 통해 사회서비스 공급을 확대하는 쪽으로 가닥을 잡았다. 사회서비스가 저소득층의 지출을 절감시키는 효과 외에도 실직빈곤층, 특히 빈곤층 여성을 위한 일자리를 창출하는 효과를 가질 수 있다는 장점을 가졌기 때문이었다.[115]

둘째, 비정규직 증가와 고령화, 그리고 심화되는 경제적 양극화 등이 일자리와 사회서비스에 대한 수요를 크게 증가시켰다. 외환위기 이후 정부는 '일자리가 곧 복지'라는 개념을 앞세워 일자리창출을 가장 중요한 빈곤 감소 대책으로 생각해 왔다. 그러나 한국에서 '일하는 빈곤층working poor'이 급격하게 증가하고 있다는 사실은 일자리

---

114 김경희 (2013), p.132.

115 노대명 (2009), p.84.

창출이 결코 빈곤 감소에 크게 기여할 수 없음을 의미한다. 한국 노동시장에서 비정규직이 차지하는 비율은 갈수록 증대되고 있으며, 2010년 통계청 발표에 따르면 전체 노동자의 절반 이상$^{50.4\%}$이 비정규직으로 나타났다. 또한 비정규직의 임금총액은 정규직 대비 46.9%로 절반에도 미치지 못하고 있으며 그 격차가 계속 벌어지고 있다.[116] 또 하나의 큰 문제점은 급속한 고령화이다. 고령인구의 증가는 연금과 의료보험 등 사회보험 지출액을 증가시키고, 가계의 노인부양 부담을 증가시키는 요인이다. 한국의 인구는 2018년을 정점으로 계속 감소할 것으로 전망되며, 0세~14세 유소년 인구의 비중 역시 1980년 34% 이후 2050년에는 8.9% 수준으로 낮아질 것으로 추정된다. 반면 65세 이상의 고령인구는 매우 빠른 속도로 증가할 것으로 예측되며, OECD에 따르면 한국의 65세 이상 고령인구의 소득빈곤율은 45.1%로 가장 높았다$^{OECD\ 평균치\ 13.3\%}$. 출산율 및 생산가능인구의 감소와 동시에 진행되는 '가난한 노인'의 증가는 사회서비스에 대한 수요를 급속히 증대시키고 있다.[117] 2008년 글로벌 금융위기와 더불어 정부의 '부자감세', 대규모 토목사업, 취약계층 복지혜택의 축소로 인해 확대된 경제적 양극화 역시 사회적 약자들의 생존을 위협하고 있다. OECD국가의 사회복지부문 평균 지출규모가 GDP대비 19.8%인 반면 한국은 8.1%에 불과하다는 점에서,[118] 사회서비스 확충이 시급

---

116 김순영, "이명박 정부의 사회복지정책: 사회복지정책의 후퇴?,"『현대정치연구』제40집 1호 (2011), pp.143-144.

117 김경우·곽효문, "국민의 정부와 참여정부의 사회복지정책에 관한 변천과 성과연구,"『한국행정사학지』제29권 (2011), p.6.

118 김성현, "한국시민사회의 환경: 정치적 환경과 경제·사회적 환경을 중심으로,"『시민사회와 NGO』제9권 1호 (2011), pp.31-60.

한 과제로 부상했다.

셋째, 1990년대 이후 경제위기와 시장의 폐해를 극복하고자 하는 세계적인 노력 역시 한국 사회적경제 활성화에 긍정적인 영향을 끼쳤다. 사회적기업, 협동조합 등의 사회적경제 조직은 사회약자를 위한 고용창출과 사회서비스의 공급, 낙후된 지역사회의 재생 등에 상당한 잠재력을 보여주었는데 스페인의 몬드라곤, 이탈리아의 에밀리아 로마냐, 캐나다의 퀘벡 등에서의 성공사례가 다른 지역에서의 사회적경제 활성화를 촉진했다.[119] 이문국과 변재관에 따르면, 한국에서도 1992년 번역된 몬드라곤 복합체의 사례가 빈민운동 진영에 대단히 고무적인 사실로 받아들여졌다. 빈민운동의 지도자들은 이를 적극적으로 수용할 것을 내부적으로 결의했고, 이러한 결의를 토대로 도시재개발 지역사회에서 생산공동체 운동을 전개하였다. 이러한 정신과 철학이 전제된 상태에서 민간운동단체가 정부와 결합하여 시작된 것이 90년대 중반 이후의 시범자활사업이었으며, 이는 새로운 민관협력모델로 평가할 수 있을 것이다.[120] 특히 2009년 UN이 2012년을 '협동조합의 해'로 지정하여 협동조합을 사회적, 경제적 위기를 극복하는 수단으로 활용할 것을 적극적으로 권장했던 것 역시 사회적경제에 대한 관심을 환기시켰다.[121]

---

[119] 김성기, "사회적경제의 제도화와 사회적기업 육성정책의 이슈," 한국직업능력개발원 연구보고서 (2014), p.177.

[120] 이문국·변재관 (2014), p.217.

[121] UN은 사회 발전 목표를 달성하기 위한 협동조합의 가능성과 공헌(특히 빈곤 퇴치, 완전하며 생산적인 고용창출, 사회통합 증진)을 충분히 활용하고 확대할 것을 촉구했다. UN, "Cooperatives in social development," *Report of the Secretary-General* (2009).

2. 내부적 요인

1997년 발생한 외환위기는 대량 실업사태를 야기했으며 국가의 사회안전망이 극히 취약하다는 것이 확인되었다. 그런데 외환위기같은 외부적 요인으로 인해 사회·경제적으로 여러 문제가 발생하더라도 그것이 필연적으로 행위자들의 행동을 끌어내는 것은 아니다. 여러 나라가 비슷한 양상의 금융위기와 소득양극화를 겪었지만 특히 한국에서 사회적경제가 주목받고 활성화 된 것은 시민사회가 위기를 심각하게 인식하고 그 대안으로 사회적경제를 삼고자 했기 때문이다.

민주화 이후 한국 시민사회는 엄청난 양적 성장을 이룩했고, 동시에 결사체적 자율성이 증대하면서 질적으로도 발전했다. 또한 시민사회는 공공영역에서 시민들의 공적 이익public interests을 국가에 중재, 매개하려는 시도를 하고 있다.[122] 실제, 외환위기 이후 민간 영역에서는 저소득 실업자 문제를 해결하기 위해 긴급구호사업, 상담 및 복지서비스 제공 활동, 일자리 창출 사업 등 다양한 실천 활동을 전개했고, 이 과정에서 사회운동단체의 참여가 확대되었으며 자활운동, 실업운동 단체 등 많은 지역에서 새로운 운동단체가 탄생했다.[123]

이러한 움직임은 최근의 현상이 아니며 이미 1970~80년대 오늘날 사회적경제의 원형적 규범이라고 할 만한 활동들이 조직되기 시작했다.[124] 1966년 원주에서 설립된 원주신협과 1969년 홍성에서 설립된

---

122 임혁백, "민주화 이후 한국 시민사회의 부활과 지속적 발전: 동원적 시민사회에서 제도적 시민사회로의 전환과 신유목적 시민사회의 출현," 『OUGHTOPIA』 제24집 1호 (2009), pp.143-144.

123 김성기 (2011).

124 사회복지협의회를 비롯해 다양한 사회복지법인, 비영리법인, 의료법인 등의 제3섹터 조

풀무신협은 일종의 시발점이라 할 수 있고, 1970년대 이후 빈민운동의 흐름 속에서 자조적인 경제공동체를 조직하려는 시도들이 등장했으며, 개별노조에서 진행된 소비조합과 신협의 운영 등 노동운동에서도 협동조합 조직화 시도가 있었다. 그리고 1980년대 중반 이후 바른생협과 한살림의 등장은 한국 사회적경제 조직화가 시민운동과 결합하는 계기가 되었고, 1990년대부터 생협이 본격적으로 조직화되기 시작했다. 그런가 하면 의료문제에 대한 대안적 접근으로 의료생협이 등장했고, 공동육아에 대한 관심을 기반으로 공동육아협동조합이 등장했으며, 빈민밀집지역에서 노동자협동조합을 조직하려는 시도가 확산되었다. 이 시도에 주목한 김영삼 정부가 자활지원센터 시범사업을 시작했던 것이다.[125] 이처럼 시민단체들은 사회적경제의 개념이 도입되기 전부터 오랜 동안 사회적경제의 가치와 조직을 지향해 왔으며 사회적기업, 협동조합, 마을기업, 자활기업 등의 토대를 구축하는데 기여해왔다.

첫째, 사회적기업의 등장과 제도화에 배경이 되었던 공공근로사업의 경우 지역 내 빈민운동단체가 오랫동안 빈곤과 실업의 문제를 이슈화시키는데 노력해온 결과물로 볼 수 있다. 또 공공근로사업이 안정적인 일자리 창출로 연계되지 못하자 당시 시민사회단체들은 안정

직들은 1970, 80년대부터 지속적으로 사회서비스 활동을 해왔고, 공제회, 농협 등도 오랜 역사를 가지고 있다. 그런데 이러한 조직들이 최근에 와서야 주목을 받게 된 것은 그동안 한국 시민사회 담론이 '서비스제공'보다는 '주창활동(advocacy)'에 집중되었기 때문으로도 해석할 수 있을 것이다. 즉, '주창활동' 중심의 시민사회 사고방식이 사회적경제 활성화에는 의도치 않은 장애가 되었을 수도 있다.

125 김정원, "한국의 사회적경제 현황 및 전망," 『사회적경제의 이해와 전망』 (홍천: 아르케, 2014), pp.114-116.

적인 일자리의 필요성을 강조하고 나섰고, 또 유럽에서 활성화된 사
회적경제 및 사회적기업 논의에 주목하기 시작했다.[126] 〈사회적기업육
성법〉 제정 과정에서도 시민사회단체의 목소리가 투영되었다. 2005
년 12월 한나라당이 '사회적기업의 설립 및 육성에 관한 법률안'을
제출했고, 2006년 3월 열린우리당에서 〈사회적기업 지원법안〉을 국
회에 공식 제출했는데, 여야가 거의 비슷한 취지의 법안을 제출한 것
은 사회적기업 육성에 대한 공감대가 형성되어 있음을 보여주는 것
이었다. 국회 뿐 아니라 시민단체 역시 '사회적기업 발전을 위한 시민
사회단체 연대회의'를 결성하여 〈시민사회 사회적기업 육성 및 지원
법안〉을 발표하는 등 사회적 논의가 활성화되었다. 이러한 상황을 배
경으로 하여 2006년 12월 8일 〈사회적기업육성법〉이 국회 본회의를
통과할 수 있었다.[127]

둘째, 협동조합의 경우 한국에서는 이미 1990년대 이후 시민사회
영역에서 육아협동조합, 의료협동조합, 대안기업, 자활공동체, 각종
돌봄서비스 사업단 등 협동조합 방식의 새 비즈니스 모델이 증가해
왔다.[128] 이러한 민간의 움직임이 있었기 때문에 〈협동조합기본법〉 제
정이 가능해진 측면이 있고, 실제 한국협동조합연구소가 2010년 10
월 '협동조합기본법 제정에 관한 연구'를 국회사무처에 제출한 이후

---

126 황덕순, "한국의 사회적일자리 창출 정책의 전개과정과 향후 발전방향," 사람입국·일자
리정책 심포지움 자료집 (2005).

127 김혜원, "한국 사회적기업 정책의 형성과 전망,"『동향과 전망』통권 75호 (2009), pp.81-
88.

128 장종익, "협동조합기본법 제정이후 한국협동조합의 발전방향과 과제,"『동향과전망』통
권 86호 (2012).

기본법 제정 움직임이 본격화되었다.[129]

셋째, 마을기업은 지역의 산업공동화와 고용악화에 대한 지역시민사회의 대응과 밀접한 연관이 있다. 또한 지방분권으로 인한 지방자치단체의 재정 악화. 인구 고령화, 실업 증가로 인해 재정수요는 늘어나는데 세수확보에 어려움을 겪게 된 지방정부에게 사회서비스를 제공하는 것은 어려운 일이 되었다.[130] 이에 지역주민은 중앙정부와 지방정부의 지원으로 문제를 해결하는 방식보다 스스로 지역의 문제를 해결할 필요성에 대해 자각하게 되었다. 가령, 자녀들의 체험교육을 위해 모였던 엄마들이 점차 마을의 문제에 대해 고민하게 되었고, '교육환경이 나쁜 동네'로 여기고 방관했던 삶의 터전을 직접 바꾸는 과정에서 마을기업을 창업하는 경우가 전국적으로 나타나기 시작했다.[131]

넷째, 탈빈곤정책으로서 자활사업 역시 민간지역운동과 빈곤운동에 뿌리를 두고 있다. 자활사업은 1970년대 후반 이후 지역 빈민운동을 중심으로 자조적 생산공동체, 협동조합의 시도가 출발점이라고 할 수 있으며, 1990년대 초에 시작된 '생산공동체 운동'이 직접적인 출발점이 되었다. 이들 생산공동체들은 탈자본주의적이거나 공동체적인 대안 경제를 지향했고, 1990년대 후반 사회적경제 논의와 당시 시작된 자활사업이 접점을 찾으면서 제3섹터 개념과 함께 대안적

---

129 이주호, "협동조합기본법 제정과 사회적 기업 환경변화 분석," 『사회적기업과 정책연구』 제3권 1호 (2014), p.84.

130 임경수·하태영, "지속가능한 마을기업의 발전방안에 관한 연구," 『사회적기업연구(Social Enterprise Studies)』 제6권 1호 (2013), p.85.

131 서울시마을기업사업단 (2014), pp.80-89.

경제에 대한 논의가 활성화되었다.[132]

　마지막으로 '시민 없는 시민운동', '정부 의존적 시민운동'이라는 비판을 받은 한국 시민운동은 새로운 돌파구를 찾을 필요성이 있었고 그 대안으로 사회적경제에 주목하게 된 측면도 있다. 참여연대 출신의 박원순 현 서울특별시장이 2005년 희망제작소를 설립해 마을기업, 자활기업 활성화에 주목해 사업을 벌인 것이 대표적 사례다.[133] 시민사회는 실업뿐 아니라 노인과 아동돌봄 서비스에도 주의를 기울이게 되었으며, 환경문제 뿐 아니라 지역문제에도 천착하게 되면서 새로운 활력을 얻었고, 사회적경제에 대한 법적·제도적 지원을 등에 업고 사회적경제 운영과 확산의 주체로 자리매김할 수 있었다. 이러한 흐름은 2005년 이후 서비스생산단체가 주창활동^{advocacy}단체를 초과하면서 사회적 약자나 소수자를 위한 NGO의 수가 증가했고, 생협, 지역화폐, 공정무역, 자원봉사 등을 통해 대안사회를 추구하는 NGO도 많이 등장한 것[134]과 흐름을 같이 한다고 볼 수 있다.

3. 정책적 요인

　한국 사회적경제의 급속한 성장은 정부의 적극적인 의지와 지원이 있었기 때문에 가능할 수 있었다. 그 시작은 사회적기업에 대한 정책이라고 볼 수 있으며, 정부는 '일자리 창출'이라는 목표를 달성하

132　백학영·조성은 (2009).

133　희망제작소 홈페이지, http://www.makehope.org/.

134　박상필 (2012), p.180.

는 과정에서 아래로부터의 요구를 수용하여 협동조합, 마을기업, 자활기업 등에 대해서도 적극적으로 지원하고 있다. 정부의 이러한 행태는 민간 부문의 역량을 활용하려는 의도가 분명한 것으로 평가할 수 있다.[135]

첫째, 사회적기업은 IMF 구제금융 시기에 공공부조 등 기존 사회복지 체제가 대폭 수정되면서 근로빈곤층과 실업, 일자리 문제 등과 관련된 정책들이 쏟아질 때 '자활'과 '노동자협동조합'의 형태에서 비롯되었다. 과거와 달리 성장과 고용이 동반상승할 수 없는 경제구조 속에서 취약계층과 잠재적 빈곤층이 늘어가는 것을 막기 위해 새로운 일자리가 요구되었고, 또한 정책과 제도로부터 소외되는 사각지대 계층이 증가하면서 이들의 인간다운 생활을 위한 사회서비스 수요가 증대됨에 따라 이와 같은 문제에 대응하기 위해 사회적기업이 주목받게 된 것이다.[136] 지방정부 역시 전 세계적인 경제위기와 재정위기, 그리고 이어진 실업과 빈곤문제의 해결을 위한 대안경제로서 사회적경제 및 사회적기업에 대해 관심을 보였고, 시장실패와 정부실패를 시정하기 위해 사회적기업을 적극 지원하게 되었다. 많은 지자체가 조례에 사회적기업 지원을 명시적으로 규정하고 있을 뿐 아니라, 종합적인 지원대책을 수립 및 추진하고 있다.[137] 이렇듯 사회적기업의 필요성과 기능에 대한 요구가 높아짐에 따라 정부는 사회적기업에게

135 임업 외, 『사회적 기업과 지속가능한 지역발전』(서울: 집문당, 2013).

136 박태정, "사회적기업육성법의 주요 쟁점과 개선방향에 관한 연구," 『인문사회과학연구』 제12권 2호 (2011).

137 최조순, "사회적기업의 지속가능성과 지방정부의 역할," 『시민사회와 NGO』 제10권 2호 (2012).

제도적이고 안정적인 지위를 제공하기 위해 2007년 〈사회적기업육성법〉제정을 주도했다.

둘째, 협동조합의 지속적인 활동을 위한 법적 기반을 요구하는 목소리가 높았다. 기존에 존재했던 8개 개별 〈협동조합법〉이 여러 가지 면에서 사회적경제를 지원하기에는 한계가 있었기 때문이었다. 또한 협동조합기본법 이전에 이미 다양한 영역과 분야에서 '협동조합'을 지향하고 구성원의 동등한 출자, 1인1표에 의한 사업운영, 구성원 간 균등한 분배 등 협동조합 원리에 입각한 사업을 운영해왔거나, 사업을 시작하려고 하는 조직들이 다수 존재해왔다. 이들의 경우 법인격이 없어 애로를 겪는 경우가 다수 발생하게 되었고, 법적근거, 실태 파악, 정책적인 지원 부재 등으로 체계적인 관리와 육성이 어려운 상황이었다. 따라서 이러한 상황을 해결해야 한다는 공감대가 형성되기 시작했다. 뿐만 아니라 정부정책 수요에 따라 개별법을 제정함에 따라 협동조합 전체를 관장하는 주무부처가 부재하여 통일적인 정책 수립이 어려운 상황이 지속되었고 협동조합의 법적성격, 운영원칙, 주관부처 등을 규율하는 일반법 제정이 시급한 과제로 인식되게 되었다.[138]

셋째, 정부는 외환위기 이후 계속된 고용 없는 성장의 구조화 및 재정건전화 기조 속에서 새로운 대안이 필요해졌고, 지역개발에 눈을 돌리게 되었다. 그런데 2000년대 들어 시행된 마을만들기 사업 등이 관(官)주도 지원방식으로 추진되어 불요불급한 사업이 실행되었을 뿐 아니라 서비스가 과잉공급 되는 문제가 발생했다. 따라서 행정

---

138 사회적경제센터 홈페이지, http://blog.makehope.org/.

한·중·일 사회적경제 Mapping

영역에서는 간접적으로만 지원하고 주민주도의 내실 있는 경영을 통해 지역문제와 과제 해결을 유도하기 위해 마을기업을 그 대안으로 육성하게 되었다. 규범적으로도 "지역실정을 제일 잘 아는 자치단체 중심으로 지역거버넌스를 통해 지역특성에 맞는 사업을 육성"할 수 있도록 사업 패러다임을 전환할 필요성이 있었다.[139]

넷째, 1990년대 중반에 들어서는 정부 차원에서도 자활사업에 관심을 보이기 시작했다. 빈민지역 생산공동체 운동은 정부 정책으로 수용되었고, 1996년 정부가 자활지원센터 5군데를 지정하고 시범사업에 착수했다. 그러나 시범사업에 착수한지 얼마 되지 않아 IMF 외환위기를 맞았고, 특별취로사업, 공공근로사업 등 사회적 근로가 확대되는 한편 사회적기업이나 마이크로 크레딧 등의 사업들이 검토되기 시작했으며, 자활지원센터도 단계적으로 늘어났다. 이후 2000년에 기초생활보장제도가 도입되면서부터는 자활지원사업의 성격이 근본적으로 변했다. 종전까지 자활지원사업이 기존 공공부조제도[생활보호제도]에 대한 보완적 성격으로 참여자들의 자발성에 기초하고 있었다면, 기초생활보장제도에 포함된 자활지원 사업은 기본적으로 "근로능력이 있으나 충분한 근로활동에 참여하고 있지 않은 경우"에 대한 조건이행의 방법으로 성격이 변하게 된 것이다.[140]

---

139 행정안전부, "2011년「마을기업」육성 시행지침" (2011), p.1.

140 자활근로사업 중 시장에서의 독립 가능성 있는 영역을 사업단의 형태로 운영하고 일정 기간이 지나면 사업단을 자활공동체라는 독립적인 경제조직으로 만들어 이를 통해 취약계층이 일할 수 있는 일자리를 만드는 것, 즉 '자활근로사업단-자활공동체'의 경로는 탈수급을 위한 가장 일반적인 경로로 받아들여지고 있고, 자활공동체 창업은 자활지원센터의 주요 핵심 업무가 되었다. 이러한 정부정책의 방향에 따라 취약계층이 공동창업을 통해 시장에 진입하도록 유도하여 자활근로사업단이 자활공동체로 전화해 나가도록 추진되었고, 자활공동체는 빠른 속도로 성장해왔다. 백학영·조성은, "자활공동체의 사회적기업 전환가능성에 대

요컨대, 자활사업을 통해 근로능력 있는 사람들이 스스로 자활할 수 있는 능력을 높일 수 있도록 기능습득을 지원하고, 근로기회 등을 제공하는 것이 정부의 업무이다. 즉, 근로능력이 있는 취약계층에 대한 지원체계인 자활지원사업은 소득보장정책으로서의 의미뿐 아니라 장기적으로 탈빈곤·탈수급을 정책적 목표로 삼고 있기 때문에 자활사업은 단순히 한시적 일자리를 제공하는 것이 아니라 저소득층의 자활촉진을 위한 공동체 창업 등을 위한 기초능력 배양에 초점을 두고 있다.[141]

정부의 최근 관심사는 사회적경제조직의 지속 여부이다. 가령, 사회적경제의 대표적 조직이라고 할 수 있는 사회적기업의 경우 2014년 들어 1,000개가 넘는 기업들이 인증을 받았고, 사회적기업 근로자 수도 20,000명을 넘었다. 정부는 2017년까지 3,000개의 사회적기업을 육성하고 고용노동자의 수를 100,000명까지 확대할 계획을 수립하고 있다. 그러나 정부도 인정하듯이 사회적기업만 하더라도 미흡한 점이 많다. 먼저, 사회적기업의 다양성이 부족하다. 일자리·사회서비스 제공 이외에 인증요건 협소 등으로 양극화·고령화 등 다양한 사회문제 해결을 위한 사회적기업 설립 제한되어 있기 때문이다. 둘째, 시민사회와의 다양한 자원 연계 및 활용이 부족하다. 2012년의 네트워킹 만족도 실태조사 결과는 생각보다 높지 않았던 것으로 해석되고 있다 만족도 실태조사: 보통 63.4%, 불만족 12.8% 셋째, 사회적기업과 유사사업간 지원체계가 개별적으로 도입 및 시행되어 효율성이 저하되

한 연구," 『사회복지정책』 제36권 3호 (2009).

141 백학영·조성은 (2009), p. 269.

는 것으로 나타났다. 협동조합^{기재부}, 마을기업^{안행부}, 농촌공동체회사^{농식품부}, 자활기업^{복지부} 등의 조직은 담당부처를 달리하고 있다. 따라서 사회적기업가, 지원기관, 중앙정부, 자치단체, 기업, 자원봉사자 등 지역공동체가 협력하는 거버넌스가 조성되어야 사회적기업이 발전한다는 목소리가 힘을 얻고 있다.[142]

이러한 문제점들을 개선하고 사회적경제의 안정적인 성장 및 확산을 보장하기 위해 최근 여당과 야당이 각각 〈사회적경제기본법〉발의를 위한 준비를 마쳤다. 주요 정치세력이 경제 민주화를 위해 자본 중심의 시장경제와 사람 중심의 사회적경제가 공존해야 한다는 시대 변화의 요구를 수용한 것으로 볼 수 있다.[143] 여당과 야당의 기본법의 주요 내용은 아래 표와 같다.

〈표 15〉 여당과 야당의 사회적경제기본법(가칭) 비교

	여당(새누리당)	야당(새정치연합)
법의 목적	1) 통합적 생태계 및 정책추진체계 구축, 2) 사회적경제조직 지원 및 일자리 창출 도모, 3) 양극화 해소, 건강한 공동체의 조성, 국민경제의 균형 발전	1) 공통의 법적 토대 마련, 사회적경제조직 간 연대 촉진, 지원정책 및 생태계 조성, 민관협치 정책추진체계 구축 2) 일자리 창출, 사회서비스 제공, 지역공동체 개발, 삶의 질 개선 등에 기여하는 사회적경제조직 육성 3) 국민경제 균형발전과 경제민주화

---

142 고용노동부, 『사회적기업 육성 기본계획(2013-2017)』 (2012).

143 김성기, "사회적경제의 제도화와 사회적기업 육성정책의 이슈," 『한국직업능력개발원 이슈분석』 제74호 (2014).

사회적 경제 정의	협력과 연대, 자기혁신과 자발적 참여에 기초한 사회서비스 확충, 복지증진, 일자리 창출, 지역공동체 발전 등 공익에 기여하는 사회적 가치 창출을 위한 모든 경제 활동	호혜협력, 사회연대적 관계에 기초한 공동체의 이익과 사회적 가치를 추구하는 민간의 모든 사회경제적 활동
사회적 경제 조직의 범주	사회적기업, 협동조합, 협동조합연합회, 자활기업, 중앙·광역·지역자활센터, 마을기업, 농어업법인 등, 장애인표준사업장, 장애인직업재활시설, 사회복지법인, 사회적경제 실현 및 지원조직	협동조합, 협동조합연합회, 사회적기업, 사회적기업협회, 농어업법인 등, 중간지원조직, 사회적경제활동을 지속적으로 영위하는 것으로 인정되는 기업, 사회적경제기업지원조직

　주목할 만한 부분은 보수적 색채가 강한 집권여당이 사회적경제기본법안을 통해 사회적 가치 창출을 주목적으로 하는 기업을 지원 및 육성하겠다는 의지를 밝힌 것이다. 향후에도 집권세력의 정치적 지향과 관계없이 정부가 법과 제도적 수단을 통해 지속적으로 사회적경제를 지원한다면, 한국 사회적경제가 안정적으로 성장하고 지속할 가능성이 높아질 것이다.

V. 결론

　본 연구에서는 한국 사회적경제의 현황을 파악하기 위해 30개의 사회조직을 민주성, 사회성, 경제성 등의 기준을 적용하여 분석했다. 그 결과, 몇 가지의 유의미한 결과를 얻을 수 있었다. 첫째, 한국 사회적경제는 유럽에 비해 그 기반이 협소한 것으로 여겨져 왔다. 그러나 사회적경제와 직간접적으로 연관된 조직은 사회적기업, 협동조합, 자활기업, 마을기업, 생활협동조합, 비영리민간단체, 사회복지법인 등 광범위하게 존재하고 있다. 협동조합·공제회·결사체·재단을 주요 조직으로 정의하는 유럽식의 분류를 기계적으로 적용한 것이 아니라, 각 사회조직의 목적과 속성을 기준으로 하여 분석했을 때, 한국 사회적경제의 저변이 예상과 달리 협소하지 않다는 것을 알 수 있었다. 둘째, 사회적경제 조직은 시민사회에서 출발하는 경우가 일반적이다. 그러나 각 조직의 설립배경이 되는 섹터가 시민사회에만 한정되지 않고 있다. 시민사회뿐 아니라 제3섹터, 비영리섹터 및 공공섹터에 기반 한 조직들이 다수 존재하고, 영리 추구를 제일의 목표로 하는 기업섹터에 기반 한 조직들도 등장하고 있다. 셋째, 이 같은 결과는 섹터 간 융합현상이 활발히 전개되고 있음을 확인시켜 주며, 융합현상은 사회적경제 활성화에 긍정적인 영향을 미칠 수 있다. 비영리섹터 조직이 시민사회 공동체와 결합하거나 공공섹터 조직이 결사체와 재단법인 등과 결합하여 조직을 만드는 사례가 증가하고 있는 것이다. 또한 과거 하향식$^{\text{top-down}}$이 아닌 상향식$^{\text{bottom-up}}$으로 결사체가 지방 정부나 중앙정부를 견인하여 지역 사회적경제 생태계를 조성하는 사례도 나타난다. 아직 사회적경제가 확립되었다고 평가할 수는 없겠지만, 섹터 간 경계가 허물어지면서 시너지 효과가 창출되고 있고, 민주적 거버넌스가 구축되고 있다고 볼 수 있는 것이다.

그러나 한국 사회적경제의 미래가 밝은 것만은 아니다. 우선 최근 10여 년 동안 수많은 조직이 설립되었으나 절반 이상이 활동을 중단했고, 살아남은 조직들 역시 사업을 지속하기 위해 분투하고 있다. 둘째, 비시장적 원리에 기초한 사회적경제 조직이 시장적 원리에 충실한 기존의 영리 사업자들과의 경쟁을 수행하는 것은 여전히 어려운 문제이다. 셋째, 사회적경제 시장의 형성, 판로개척, 공공조달의 확대, 사회적금융시스템 확보 등의 조치가 수요를 충족시킬 만큼 시행되지 못하고 있다. 넷째, 일선관료를 포함한 중간급 관료들의 소극적 태도로 신규 사업체의 설립과 인가가 지연되거나 '전례가 없다'는 이유로 법령과 행정지침에 명기된 지원을 미루는 경우가 발생하고 있다.[144] 따라서 사회적경제 활성화를 위해서는 아래로부터의 자발적 움직임 못지않게 정부의 전폭적인 지원이 필요하다.

---

144 서울특별시 협동조합 상담지원센터,『협동조합 제도개선 119 제2차 토론회』(자료집) (2014), pp.7-10.

한·중·일 사회적경제 Mapping

제3장

중국 사회적경제 조직 Map[1]

이경수 · 윤태희

Ⅰ. 서론

사회적경제 조직은 일반적으로 경제적 가치와 사회적 가치를 동시에 추구하는 조직으로 이해할 수 있으며, 본 연구에서 이를 분석적으로 조직운영이나 사업 목적에 관해서 민주성, 경제성, 사회성 요소를 혼합적으로 가진 조직으로 이해한다. 중국에서는 서구적 맥락의 social economy를 의미하는 사회적경제 혹은 사회경제(社会经济) 개념을 사용한 제도나 정책, 담론은 드물며 관련 논의는 사회적기업(社会企业)에 집중되어 있다.[2] 특히 중국의 사회적기업은 한국에서와 같은 특

---

1 이 장의 Ⅳ. 사회적경제 등장과 발전과정 부분은 윤태희 · 이경수, "중국의 사회적기업 현황과 등장 원인," 『한국협동조합연구』 제32집 제3호 (2014)에 실린 논문을 수정, 보충한 것임을 밝힌다.

2 예외적으로 사회경제 개념을 사용하기도 하나 신문기사나 민간조직에서 사회경제 개념을

정 유형의 '조직'을 뜻하는 것이 아니라 하나의 '영역'이다. 한국, 일본 등에서 사회적경제 조직으로 칭하는 조직, 가령 협동조합^{중국어 표기는} 합작사, 合作社도 사회적기업의 한 유형으로 개념화한다.

사회적기업 개념은 2000년대 들어 논의되기 시작한 최근 현상이며, 비영리 부문 내 조직이나 시민사회 조직 등을 논하면서 이 개념을 구체화하려는 흐름이 잇따르고 있다. 학계에서의 논의와 함께 개념의 외연과 내포, 발전 현황을 파악하려는 관심이 높아지고 있는 한편 경제적, 사회적 가치 모두를 추구하는 활동 역시 주목받고 있다. 예컨대 노인 및 취약계층 일자리 제공, 의료서비스 제공, 농촌 빈곤퇴치, 주민자치 활동 등에 대한 관심이 높아진 것이다. 이는 급속한 경제성장을 배경으로 한 실업, 도시와 농촌의 양극화, 노인과 장애인, 어린이 등 취약계층 증가 등 다양한 사회적 문제의 등장을 배경으로 한다. 1990년대부터 시작되어 이러한 문제에 대응하기 위한 여러 가지 정책이 시행되었고, 과거와 다른 새로운 조직이 등장하고 법제화되기도 한다. 예컨대 정부나 당 주도가 아닌 농민의 자발성을 강조한 협동조합인 농민전업합작사도 새로이 만들어진다.

이 연구의 일차적인 질문은 이러한 활동을 범주화해 사회적경제로 파악할 수 있을 것인가? 이다. 특히 조직적 측면에서 중국에서 사회적경제가 존재하는지 살펴봄으로써 비록 그러한 명칭이나 개념은 사용되고 있지 않으나 각 조직의 성격을 포괄적으로 분석해 사회적경

사용하는 것은 최근의 일이라고 할 수 있다. 张曙光 等, "社会经济在中国(上)," 『开放时代』 2012年 第1期 (2012); 潘毅 等主编, 『社会经济在中国: 超越资本主义的理论与实践』 (北京: 社会科学文献出版社, 2013). 张曙光 等(2002)에 의하면 중국적 맥락에서 사회경제란 집체경제, 합작경제, 사회적기업 그리고 지역 및 전국적으로 산재하는 각종 비공식적 경제활동을 포함한다.

제 개념에 부합하는 조직이 있는지 검토한다. 나아가 이러한 사회적
경제 관련 조직의 성격을 밝히는 작업을 통해 중국의 사회적경제 특
성을 도출하고자 한다. 다른 한편으로, 사회적경제가 중국 내에 등장
하고 발전하게 된 배경을 살핌으로써 중국 사회적경제에 대한 보다
폭넓은 이해를 도모하고자 한다.

이와 관련해서 본문에서는 먼저 사회적경제와 관련된 개념들을 고
찰할 것이다. 사회적경제와 관련지어서 중국의 사회적기업이라는 개
념은 어떻게 정의되며 이해되는가를 살펴보고, 사회적경제와 연결될
수 있는 합작경제, 집체경제, 공민사회·시민사회와 민간조직, 사구 등
다양한 개념들을 간략히 살펴볼 것이다. 두 번째로 이러한 개념의 제
도적 형태로서 사회서비스 제공과 깊이 관련된 각종 조직들의 특성
과 유형을 분석한다. 세부적으로 중국의 다양한 조직들은 사회적경
제와 어떻게 연관성이 있는가, 주요 사회적경제 조직은 무엇이며 그
특징이 무엇인가, 그리고 예비 사회적경제 조직은 무엇이며 그 특징
이 무엇인지 분석할 것이다. 마지막으로 이처럼 중국에서 사회적경제
가 등장하고 발전하게 된 배경과 발전과정을 외부적 요인, 정책적 요
인, 내부적 요인으로 나누어 고찰할 예정이다.

Ⅱ. 사회적경제와 관련 개념

1. 사회적기업

　중국 사회적기업의 정의와 범위에 대해서는 공통된 입장이 존재하지 않는다. 레베카 리^{Rebecca Lee}는 사회적기업을 "주주나 소유주의 수익 극대화 필요에 추동되는 대신 기본적으로 잉여를 목적이나 커뮤니티에 재투자하는 기본적 사회적 목적을 지닌 사업체"로 규정하며, 현 중국 체제 내에서는 법제 내에서 ①비정부, 비영리조직, ②사회복리기업^{社会福利企业}, ③합작사, ④사구복무기구^{社区服务机构, 사구서비스기구} 범주에 사회적기업이 퍼져 있다고 보고 있다.[3] 위시아오민^{Xiaomin Yu}의 경우 사회적기업을 "순수한 영리기업보다 보다 나은 세금지위를 향유하며, 커뮤니티-이익을 지향해 수익 배분이 제한되는 사회적/다중-이해관계자 소유구조를 갖춘 자율적인 비영리 조직"으로 정의한다. 위에 따르면, 중국의 사회적기업은 취약계층 일자리 제공, 사회서비스 제공, 의료서비스 제공, 빈곤완화, 교육 서비스 제공 등의 기능을 수행하고 있고, 법제도적으로 분류하면 주로 ①일반 기업, ②사회복리기업, ③민영비기업단위^{民办非企业单位}, ④농민전업합작사, ⑤민영교육기관의 형태로 사회적기업이 존재하는 것으로 지적한다.[4] 자오멍^{Meng Zhao}은 사회적기업은 "조합원이나 커뮤니티에 상품, 서비스를 제공하

---

3 Rebecca Lee, "The Emergence of Social Enterprises in China: The Quest for Space and Legitimacy," *Tshinghua China Law Review* 2-79 (2012), pp.79-99.

4 Xioamin Yu, "Social Enterprise in China: Driving Forces, Development Patterns and Legal Framework," *Social Enterprise Journal* 7-11 (2011), pp.9-32.

는 비영리 조직"으로 정의하며, "국가 소유나 자본 소유와 다른 특정한 제도적 체계에 속한다."고 설명하며 이러한 사례로는 ①사회복리기업 ②민영비기업단위 ③사회단체 ④기금회基金会, 재단 등을 들었다.[5] 그러나 자오는 중국의 사회적기업이 제3섹터, NPO와 다르다는 점을 강조하는데, 서구와 달리 경영 자율성, 민주적 의사결정이 결여되어 있기 때문에 위의 범주는 조합원, 커뮤니티에 상품, 서비스를 제공하는 역할에 초점을 맞춘 것이라고 설명한다. 이외에도 중국을 넘어 동아시아의 사회적기업을 검토한 드푸르니와 김Defourny and Kim의 연구에 따르면 중국의 ①비용 요구 민영비기업단위 ②사회복리기업, 커뮤니티 기반 고용기구 ③농민전업합작사 ④사회적 벤처 ⑤농민전업합작사가 사회적기업에 해당된다.[6]

중국 학계의 사회적기업 관련 연구는 개념을 소개 및 범주화하고, 이를 중국 내에 적용하려 시도하는 경향이 주를 이룬다. 왕밍王名에 따르면, 중국 내 일부 학자들은 민간조직 중 합작사, 사회복리기업, 사구복무중심 등을 거론하는 한편, 일부 학자들은 민영비기업단위도 사회적기업 형식에 포함시키고 있다.[7] 왕밍은 사회적기업이 "[일반]기업도 비영리조직도 아니며" 둘 다를 초월한 것으로 영리 추구와 공

5 Meng Zhao, "The Social Enterprise Emerges in China," *Stanford Social Innovation Review* Spring (2012), pp.30-35.

6 Defourny, Jarque and Kim Sinyang, "Emerging Models of Social Enterprise in East Asia: a Cross-country Analysis," *Social Enterprise in Eastern Asia, Social Enterprise Journal* 7-1 (2011), pp.86-111.

7 왕밍은 민영비기업단위의 포함 여부에 대해서 토론이 활발하다고 지적하는 한편, 사회복리기업과는 그 성격이 다르다고 밝힌다. 王名, "社会企业伦纲," 『社会组织论纲』 (北京: 社会科学文献出版社, 2013), p.254.

익 증진을 함께 추구하는 것으로 결론내린다.[8] 이를 중국에 적용할 경우 시장실천형, 공익혁신創新형, 정책기대형, 이념가치형으로 나눌 수 있으며, 대표적인 조직 형식으로 ①사회복리기업, ②민영비기업단위 사례를 소개한다[표 1].

〈표 1〉 중국 사회적기업의 제도적 유형에 관한 분류

Lee (2012)	Yu (2011)	Zhao (2012)	王名 (2013)	
• 비정부·비영리조직 • 사회복리기업 • 합작사 • 사구복무기구	• 일반 기업 • 사회복리기업 • 민영비기업단위 • 농민전업합작사 • 민영교육기관	• 사회복리기업 • 민영비기업단위 • 사회단체 • 기금회	제도	• 사회복리기업 • 민영비기업단위
			유형	• 시장실천형 • 공익혁신형 • 정책기대형 • 이념가치형

위의 각 정의에서 공통점을 추출해 보면 다음과 같다. 첫째, 중국의 경우, 사회적기업이 개혁개방 이후의 비영리섹터 증가 흐름과 맞닿아 있다고 하더라도, 반드시 그렇지는 않다. 대표적으로는 많은 학자들이 사회적기업의 하나로 꼽는 사회복리기업과 각종 합작사를 들수 있다. 사회복리기업의 경우 오히려 마오쩌둥 시기의 사회주의 체제와 밀접히 연관되어 있다. 사회복리기업은 국가가 공민을 책임져야한다는 사회주의 이념에 기반해 수익과 무관하게 장애인 고용을 촉진하고자 한 것이며, 각종 합작사는 1950년대 사회주의 제도 완성 이전, 즉 완전한 국가 소유를 달성하기 이전에 공동 소유 단계에서 그 설립이 독려되었던 조직 형태다. 둘째, 합작사, 사구복무기구는 민간 조직의 형식을 띠고 있으나 수공업합작사처럼 국가의 지도를 받거

---

8 王名 (2013), pp.242-243.

나 사구복무기구 등처럼 국가의 재정지원을 받는 등 국가와의 친화
성 역시 높다는 특징을 가지고 있다. 이 점에서, 국가-사회 관계에서
국가의 사회 침투가 두드러지는 중국적 특색을 감지할 수 있다.

이러한 맥락에서 중국의 사회적기업은 사회조직들이 국가의 강력
한 통제 하에 있으면서 국가와의 관계를 통해 이익을 추구하며, 국가
의 허용범위 안에서 활동한다는 점에서 중국의 국가-사회관계가 협
력적이라고 분석하는 관점의 기존 연구들과 궤를 같이한다.[9] 중국의
국가-사회관계에 대한 기존 연구에 따르면 사회는 국가의 강력한 통
제 하에서 더 많은 자율성을 얻기 위해 노력하거나, 국가와의 협력
을 통한 공생관계를 추구하고자 한다. 일부에서는 이를 들어 국가로
부터 자율성을 추구하고 국가권력을 제한하는 장으로서의 시민사회
가 부상할 것이라고 주장한다. 예를 들어, 오브라이언 등은 농민의
부당한 세금부과, 지방간부의 횡포, 부정부패에 대한 저항을 분석하
여 중앙의 권위에 도전하지 않으면서도 자신들의 이해와 목적을 달
성하는 농민들의 저항운동에 주목한다.[10] 또한 2010년 난하이 혼다
의 파업사태를 분석한 연구자들은 기업의 초월한 노동자 연대가 나
타나고 있으며, 정부는 중립적인 입장을 취하고 있음을 지적하고, 향
후 노동운동이 국가-사회관계에 유의미한 변화를 가져 올 수 있다

---

9 Gallagher, Mary E., "China: The Limits of Civil Society in a Late Leninist State," in
Muthiah Alagappa (ed.), *Civil Society and Political Change in Asia: Expanding and
Contracting Democratic Space* (Stanford: Stanford University Press, 2004), pp.419-
452; Tony Saich, "Negotiating the State: The Development of Social Organizations in
China," *China Quarterly* 161 (2000), pp.124-141.

10 Lianjiang Li and Kevin J. O'Brien, "Protest Leadership in Rural China," *China
Quarterly* 193 (2006) pp.1-23; Kevin J. O'Brein, "Rightful Resistance," *World Politics*
49-1 (1996), pp.31-55.

고 설명한다.[11] 한편, 이러한 상황에서 사회가 국가와 협력을 추구한 다는 것을 보여주는 연구들도 상당수 존재한다. 위와 저우[Yu and Zhou]는 정부의 지지를 바탕으로 산업 거버넌스에 적극 참여하는 원저우기업가협회를 사례로 국가와 기업가협회 간의 공생관계를 설명한다. 거버넌스 참여를 통해 원저우기업가협회는 성장과 발전을 할 수 있으며, 이를 보건대 중국 시민사회의 발전이 정부의 확장 속에서 이루어 질 수 있다고 주장한다.[12] 풀다, 리 그리고 송[Fulda, Li and Song]의 연구는 베이징의 시민사회 조직의 사례를 조망한다. 이들에 따르면, 중국의 시민사회 단체가 지방정부와 호혜성, 연대성을 기반으로 협력하며, 이를 통해 정부의 통제는 대중적 관리로, 더 나아가 거버넌스로 변화할 수 있다고 주장한다.[13] 상술한 선행 연구들이 분석한 사회적 기업의 정의와 유형을 살펴보면, 역시 국가-사회 관계에 관한 기존연구들과 마찬가지로 국가와 사회적기업 간의 관계가 갈등적이지 않으며, 중앙정부의 권위에 도전하는 성격을 가지고 있지 않음을 내포하고 있다.

앞의 〈표1〉에서 확인되는 것처럼 각 연구자들이 꼽는 사회적기업의 유형에는 어느 정도 견해 차이가 존재한다. 이들은 크게 ①민영

---

11 장영석, "난하이 혼다의 파업과 중국 노동운동에 대한 함의," 『중소연구』 제35권 3호 (2011), pp.173-200; 장윤미, "중국과 아시아; 중국의 사회불평등과 노동운동의 전환," 『아시아 저널』 제2권 (2010), pp.65-85.

12 Jianxing Yu and Jun Zhou, "Local Governance and Business Associations in Wenzhou: a model for the road to civil society in China?" *Journal of Contemporary China* 22-81 (2013), pp.394-408.

13 Andreas Fulda, Yanyan Li and Qinghua Song, "New Strategies of Civil Society in China: a Case Study of the Network Governance Approach," *Journal of Contemporary China* 21-76 (2012), pp.675-693.

비기업단위 ②사회복리기업을 공통적인 중국 내 사회적기업 조직으로 꼽는 반면, 각각의 기준에 따라 기금회, 사구복무기구, 합작사 등을 추가하기도 한다. 또한 각 조직이 시장 친화적이냐, 비시장 친화적, 즉 비영리냐는 기능과 역할 측면에서도, 정책 주도냐 민간 주도냐의 등장 배경 측면에서도 견해의 차이를 보인다.

2. 합작경제

중국의 합작 개념은 20세기 초로 거슬러 올라간다. 이 개념이 중국으로 유입되면서 학술잡지에서 영어 cooperative의 일본 번역을 협작으로 '協同組合', '協社', '協作社' 로 번역한 것으로 고증되었다. 그후 1919년 쉐시엔저우薛仙舟가 영어의 cooperative를 '합작사'로 번역하면서 합작사가 표준이 되었다.[14] 당시 국민당 진영에서는 신용과 소비협동조합운동에 가졌으나 점차 힘을 잃어갔고, 공산당 진영에서는 협동조합 운동과 맑스-레닌의 계급투쟁이론 및 합작이론을 접목해 새로운 형태의 농촌합작운동을 전개한다. 공산당은 개별 농가의 적극성을 저해하지 않는다는 전제 하에서 합작경제를 추진하고자 했으며, 농촌의 합작경제체계는 사회주의 실현을 위한 과도기의 활동으로 개념화되었다.[15]

---

14 박경철, "중국 농촌합작체계의 형성과 전개(1919-1958): 서구 공상적 사회주의와 협동조합사상의 영향을 중심으로," 『농촌지도와 개발』 제18권 4호 (2011), p.1018.

15 1948년 9월 중공중앙정치국 회의에서 류샤오치(刘少奇)는 〈신민주주의경제건설문제〉 보고 참고. 박경철 (2011), p.1018.

합작사의 기본적 특징은 사원의 자발적 결합에 기초한 기업으로 1인1표의 평등한 표결권과 사원 상호간 이익 증진이며 개별 개인뿐 아니라 법인도 사원이 될 수 있다.[16] 대표적 합작경제 사례는 중국의 농업생산합작사다. 이 과정에서는 합작체계를 적극적으로 추진하고 자한 급진파와 농가 자본축적이 필요하므로 과도한 합작화를 경계한 류샤오치刘少奇 등 반급진파 간 논쟁이 벌어졌으나 1953년 마오쩌둥毛泽东이 급진파의 손을 들어줌으로써 논쟁이 종결되기도 했다.[17] 중국에서는 1952년부터 농업생산합작사의 기초단계로 농업노동을 공유하는 호조조互助組가 설립, 운영되었고 토지 출자와 통일적 경영을 목적으로 하는 초급농업생산합작사를 거쳐 1956년 생산수단의 공유를 목적으로 하는 고급농업생산합작사 설립이 기본적으로 완료되었다. 이후 1958년 이후 '대약진운동' 과정에서 고급농업생산합작사는 인민공사로 이행되었다. 농업생산합작사 외에도 농촌공소합작사, 농촌신용합작사가 '합작화의 세 가지 형식'으로 제시되었는데, 공소·신용합작사는 운영 자금을 국가에 의존하고, 국가의 업무대행이 주 업무를 이루었다. 그러나 이들 합작사는 손익을 스스로 책임지며 출자금을 배당한다는 점에서 국영부문과 구별되며, 기층 합작사들이 '연합'해 연합회를 이루는 구조도 국영부문과 대조된다.[18] 이러한 합작사는 인민공사화와 더불어 국가에 흡수되었다가 개혁개방 이후 다시 활동이 활발해졌다.

---

16 양순찬, 『중국식 사회주의의 이론과 실제』 (서울: 무한, 1999), pp.340-341.

17 박경철 (2011), pp.1032-1035.

18 윤들, 『중국의 사회주의 이행기 농촌시장 재편과 국가-농민관계 변화』 (연세대 사학과 석사학위논문, 2008), pp.33-35.

대표적으로는 공소합작사供銷合作社와 수공업합작사를 들 수 있다. 가장 큰 비중을 점하고 있는 공소합작사는 농산물 판매, 마케팅 서비스를 하는 조직으로 50년대 초 농업집단화 과정에서 농민이 자발적으로 자금을 모아 발전시킨 조직이지만, 1958년 농업집단화 완료 이후 공소합작사와 상업 부문이 합쳐지고 출자금 분배가 정지되어 사실상 그 기능이 정지되었다. 이후 개혁·개방과 함께 원래의 성격을 회복해 스스로 이윤과 손해를 책임지는 독립채산제를 채택하고, 자주경영을 도입했다.[19] 1990년대 중반 이후 정부와 무관한 조직으로 공소합작사 재편을 시도하기도 했다. 수공업합작사 역시 농촌을 기반으로 적어도 일부 조합원을 농민으로 하는 합작사다. 사회주의 개조 이전인 50년대 활발하다가, 개혁개방 이후 다시 주목받기 시작했다. 두 합작사의 연합조직은 각각 ICA, CICOPA 등 협동조합 운동을 대표하는 국제조직에 가입한 상태기도 하다.

중국 헌법에서는 제8조에 "…농촌 중의 생산, 공급과 판매, 신용, 소비 등의 각종 형식의 합작경제는 사회주의 노동군중집체 소유제 경제다. … 도시와 읍 중의 수공업, 공원, 건축업, 운수업, 상업, 서비스업 등의 산업의 각종 형식의 합작경제는 모두 사회주의 노동 군중 집체 소유제 경제다."라고 '합작'이라는 용어를 사용하고 있다. 여기에서의 합작은 국유제와 대비되는 집체소유제 또는 집단소유제 경제를 지칭하며, 사회주의가 발전하면서 국유경제로 발전하는 이행 과정에서 등장한 것으로 뜻한다. 반면 50-60년대 인민공사가 만들어지기 이전 합작사가 존재했던 까닭에 "[최근 시도되는] 합작사를 계획경제

---

19 서경택, "중국 농촌 경제체제 개혁 개황," 『비교문화연구』 제1권 (1993.11), pp.185-198.

체제 하의 합작사로 오해하는 경우가 많"아 농민전업합작사에 대한 인식 제고에 장애물이 되기도 한다.[20] 또한 합작사 일반에 대한 일반 법규는 존재하지 않아 각종 합작사에 대해서는 모두 신용합작사 규정을 준용하며, 최근 법제화된 농민전업합작사만 예외적이다.

3. 집체경제

집체경제는 사회주의에서 자본주의로의 이행 과정으로 인해 다양한 소유 형식이 존재하는 현대 중국의 특성을 반영한다. 현재 중국경제의 소유제의 성격에 따라 ①국유경제全民所有制 ②집체경제劳动群众集体所有制 ③민영경제 ④공동경영체경제 ⑤주식제경제 ⑥마카오/대만경제로 구분되며 구조에 따라 ①공유제경제와 ②비공유제경제로 나뉜다.[21] 민법통칙이 "농촌집체소유의 토지를 포함한 집체소유의 재산은 법률의 보호를 받는다."고 규정하는 등 집체경제는 공유제경제의 주요 구성부분으로 법적으로 확실히 보장된다.[22] 현재 경제개혁이 진행되면서 국유소유제를 대체해 집체소유제와 개체소유제는 증가하는 추세다. 농촌의 경우 전통적 국유제와 집체소유제는 공유제경제에 속한다.

헌법 제8조를 살펴보면 계획경제 시기의 합작경제는 소유제 측면

---

20 쓰펑진(石風今), 『중국 동북3성지역 신농촌건설에서 농민합작사의 역할에 관한 연구』(경북대학교 농업경제학과 석사학위논문, 2011), p.69.

21 KIEP 북경사무소, "중국 지역발전의 최근 변화와 전략," 『중국경제 현안 브리핑』 2010년 1월 14일 제10-1호 (서울: 대외경제정책연구소, 2010), p.3.

22 강평, 『중국민법』 (서울: 삼성경제연구소, 1997), p.658.

한·중·일 사회적경제 Mapping

에서 보자면 집체소유제다. 집체경제集体经济는 "생산자료生产资料의 일부분을 노동자 공동소유로 하는 공유제경제의 일종"이다. 이를 "노동연합과 자본의 연합인 합작경제"로 볼 수도 있으나 노동자 개인의 재산권을 부인하지 않는다는 점에서 합작경제와는 차이가 있다. 다른 한편으로는 합작 형태에서 정치, 행정적 성격이 강한 경우 '집체'라는 말을 사용한다는 해석도 있다.[23]

대표적인 집체기업은 초기 향진기업乡镇企业을 들 수 있다. 원래 향진기업은 1959-71년 사판공업社办工业, 72년부터 사대기업社队企业, 84년부터 향진기업으로 불린다. 초창기 중국의 향진기업은 사社나 대队, 마을이 차린 기업으로 공유적 성격을 지닌 소위 집체기업이었다. 개혁개방 이후 농촌의 향진기업은 중국 경제성장을 선도해 왔으나 1990년대 후반 이후 국내외 경제적, 사회적 변화로 침체된 상태다. 그런데 집체기업은 법제상 지역주민 전체 소유이나 실제 소유주는 지방정부라는 지적도 적지 않다.[24]

다만 1980년대 초중반을 지나며 주식합작제 형태로 자금, 노동, 기술 등을 주식화한 기업이 생겨났으며[25] 중국 정부도 향진기업 효율성 증진과 사후 인정을 위해 1990년 〈농민주식형합작기업잠정규정〉农民股份合作企业暂行规定, 1992년 〈향진기업주식합작제에 관한 통지〉关于推行和完善乡镇企业股份合作制的通知 등을 통해 이를 승인했다. 주식합작제는 기

---

23 박경철 (2011), p.1018.

24 전성흥, "중국의 지방소유제 구조와 정부-기업 관계," 『국제정치논총』 제41집 4호 (2011), p.266

25 김모하, "중국 국유기업의 주식합작제 개혁: 국유소기업을 중심으로," 한국경제통상학회 (구 한국경상학회, 한국국민경제학회), 『경제연구』 제8권 1호 (1999), p.277.

업 내 노동자만 주식을 가지고 시장에서 거래되지 않으며, 1인1표를 채택한다는 점이 특징적이지만 상부상조를 목적으로 하는 합작제와 달리 이윤 추구를 목적으로 한다는 점에서는 기존 합작기업과 차이를 보인다.[26]

이후 향진기업은 1996년에 전국인민대표회의에서 〈향진기업법〉乡镇企业法을 통과시키면서 법제화되었다. 이에 따르면 향진기업은 "농촌집단경제조직 또는 농민의 투자를 중심으로, 乡·镇에서 설립한 농업지원의무를 지는 각종 유형의 기업"으로 정의된다. 향진기업은 개혁개방 이후 계속 확대되어 농촌뿐 아니라 도시에도 설립 가능하면 민영, 주식회사, 합작기업 형태 중 다양한 형태를 띨 수 있고 집체소유제뿐 아니라 개인·공동소유제 형식도 가능하도록 발전했다. 다양한 영역에서 활동하고 있으나, 기업의 발전 수준은 천차만별이다. 농민이 자력으로 설립한 향진기업은 자본, 인력 제약 등으로 그 규모가 영세하고 대부분은 작업방 형식의 소규모 영세기업이다.[27]

4. 공민사회, 시민사회와 민간조직

중국에서 서구와 같은 시민사회 개념이 성립하는지에 대해서는 다양한 입장이 교차한다. civil society에 대한 중국어 번역은 크게 세 가지로 시민사회, 공민사회, 민간사회로 각가 의미가 다른 용어로 번

---

26 김모하 (1999), pp.278-279.

27 곽태열, 『중국 향진기업에 관한 연구: 칭다오시(青島市) 민영기업을 중심으로』 (창원: 경남발전연구원, 2011), pp.9-10.

역된다. 시민사회는 맑스주의적 의미에서 유래한 것으로 부르주아 시민사회를 일컫는다. 민간사회는 중국 근대의 민간조직을 지칭하는데 주로 사용된 중립적인 용어지만, 학계와 특히 정부 측에서는 자주 사용하지 않는다. 공민사회는 개혁·개방 이후 새로이 사용된 용어로 정치적 의미가 강하다. 공민사회 개념에 내재한 공적 참여와 시민권은 국가권력을 제약하는 의미로 이해되며, 점차 많은 학자들이 이 용어를 이용하고 있다.

시민사회에 관해서는 중국의 학계는 자유나 민주를 강조하는 서구의 개념과 달리 "국가와 사회의 협력, 공생관계"[28]에 방점을 둔 '국가 주도형 시민사회', '최소주의 시민사회', '사회주의 시민사회론' 등으로 중국 특색을 강조해 왔다.

중국에서는 공민사회가 주류적인 용어로 이용되는데 이는 "중국의 특수한 정치 및 사회적 상황에 조응하는 정치적 함의를 담고자 하는 사회운동세력 및 지식인의 의도가 내재"된 것으로 이해된다. 즉 국가/사회의 이원적 대립을 암시하는 시민사회 용어 대신 공민사회를 채택한 것이다.[29] 이는 정치영역과 시장 영역 외부의 민간 공공영역을 의미하고 있어 민간의 다양한 조직, 즉 인권조직, 비영리 조직, 자선조직 등을 포괄한다. 일부에서는 이러한 활동들이 제한적임에도 불구하고, 다수 시민의 공공이익을 반영하는 것으로 간주해 중개영역을 지칭하기 위해 '공민사회'라는 용어를 사용하며 정부 영역도, 시장

---

28 이남주, 『중국 시민사회의 형성과 특징』 (서울: 폴리테이아, 2007).
29 박윤철, "중국 비영리조직(NPOs) 성장과 시민사회발전," 『중국학연구』 제33집 (2005), p.578.

영역도 아니기 때문에 제3섹터^{第三部門}를 뜻하는 것으로 이해된다.[30]

공민 개념 역시 새로이 이해되고 다시 정의된 개념이다. 1996년 〈사회주의 정신문명 건설 강화에 관한 중요 문제에 대한 중공중앙의 결의〉中共中央关于加强社会主义精神文明建设若干重要问题的决议를 통해 중국 정부는 21세기의 새로운 인간형으로 '사회주의 공민'을 제시했다. 이는 "사회주의 신념 및 애국심, 현대 과학문화 지식, 사회주의 도덕의 함의를 체득한 인간형"을 뜻하는 것으로 서구와 동일한 '자율적 시민'과는 차이를 보인다.[31]

시민사회 조직을 칭하는 중국 정부의 공식 명칭은 '민간조직'이다. 민간조직이라는 용어가 공식 사용되기 시작한 것은 1998년 국무원 민정부民政部의 사회단체관리부를 민간조직관리부로 개칭하면서부터다. 이후 중앙판공청의 1999년 34호 문건 〈민간조직관리업무를 보다 강화하는데 관한 통지〉关于进一步加强民间组织管理工作的通知, 2000년 민정부의 〈불법민간조직 단속임시방법〉取缔非法民间组织暂行办法 등의 공식 문건에서 정식으로 '민간조직'이라는 용어를 사용한다. 다만 공식 문건에서는 민간조직 대신 사회조직 용어를 선호하고, 통계 상에서도 민간조직 대신 사회조직을 여전히 이용한다. 이전에는 사회조직을 가리키는 용어로 사회단체를 사용했는데, 이후 민영비기업단위가 사회조직

---

30 위커핑은 제3섹터는 일정 정도 국가의 철수로 생겨난 공백 지역이나 국가/사회 양자의 충돌을 회피, 완화하기 위한 중개 영역으로 기능하지만, 여기서도 국가권력은 여전히 그 통제력을 유지하고 있다고 평가한다. 俞可平, "中国公民社会: 概念, 分类与制度环境" (2006), pp.109-110.

31 정상호, "동아시아 공민(公民) 개념의 비교 연구,"『동북아연구』제5권 38호 (2012), pp.24-25.

을 통칭하는 새로운 용어로 자리잡았다.[32] 다만 민영비기업단위가 비영리법인에 해당한다고 하더라도, 非정부$^{Non-Government}$가 아닌 非영리$^{Non-Profit}$인 점은 서구식 개념과 차이를 보인다. 민정부는 사회조직을 사회단체, 기금회, 민영비기업단위로 분류하는데, 모두 각급 민정부에 등록 허가를 신청해야 하며, 등록 후 민정부의 지속적인 관리감독을 받아야 한다. 이들은 자원, 행정 측면은 국가에 의지하면서 개혁개방 이후 새롭게 생겨난 영역, 혹은 국가가 철수한 영역에서 중개 혹은 보완 역할을 담당해 왔다.

중국 학계에서는 사회조직, 민간조직에 대해 비정부조직, 비영리조직, 제3섹터, 중개조직, 지원자조직 등의 서구적 용어와 군중단체, 인민단체, 사회단체 등 중국의 특수성과 관련한 용어를 혼용해 사용하고 있다. 비정부조직 개념에는 중국 맥락에서 모호한 점이 있는데 주요 공식 비정부조직, 즉 국가의 인허가를 받은 조직만 아우르고 있어 비공식 사회조직이 배제된다. 또한 GONGO처럼 정부의 계통 하에 놓여있다는 문제가 있다. 비영리조직은 시장과 기업조직과 공민사회 조직을 구별하기에 적합하나, 영리활동을 벌이는 공민사회 조직과 공공섹터가 재원을 대는 서비스 조직을 아우르기는 힘들다.[33]

또한 중국의 공식 통계체계 내에 민간의 각종 조직을 논하는 별도의 범주가 미비하다. 주민조직, 사회조직은 사회서비스^{社会服务} 내에 포

---

32 俞可平 (2006), p.100.

33 俞可平 (2006), pp.110-111. 이러한 지적은 사회적경제 연구자 일부가 존스홉킨스대학의 시민사회 프로그램이 협동조합이나 사회적기업 유형을 포괄하지 못하고 있어 이를 비판적으로 평가하는 지점과 일치한다. Social and Solidarity Academy, "Understanding the Social and Solidarity Economy," *Social and Solidarity Economy: Our Common Road towards Decent Work, The Reader 2011* (2011).

함되며 사회서비스 부문은 다시 크게 사회복지^{社会工作师}, 공공주택 사회서비스, 사회복리기업, 고아 및 아동관련 조직, 사회부^{社会救助, 취약계층 보호}, 민정부문 의료구조, 군인가족·상이군인 구조, 복리채권<sup>복권판매, 사회기부, 사구복무기구, 혼인 및 장례 서비스, 사회조직, 자치조직, 장애인 서비스 등으로 나눈다.

이와 같이 공민사회, 민간조직, 사회조직 개념은 관점에 따라 유사하면서도 상이한 내용으로 정리된다. 민영비기업단위, 기금회, 사회단체는 주로 사회조직, 민간조직의 중심적 조직으로 인지되며, 아래 사구 개념 및 조직과 관련된 사구거민위원회^{社区居民委员会}, 촌민위원회^{村民委员会}로 대표된 자치조직 혹은 주민기층조직은 경우에 따라 광의의 민간조직으로 이해된다. 이밖에도 농민전업합작사나 기타 합작사를 포함한 농촌전업협회, 영리기업으로 등록된 비영리조직, 해외 화교NGO를 포함하기도 한다. 민간조직의 유형화를 시도한 대표적 연구로서 왕밍^{王名}은 아래 〈그림 1〉과 같이 협의 및 광의의 조직분류를 제시하고 있다.

━━ 그림 1. 중국 민간조직 개념도

출처: 王名, "民间组织的发展及通向公民社会的道路", 王名 主编, 『中国民间组织30年: 走向公民社会』(北京: 社会科学文献出版社, 2008), p.3.

한·중·일 사회적경제 Mapping

5. 사구(社区)

사구는 서구 및 한일의 지역사회, 커뮤니티, 마을 등의 개념과 유사한 성격이 있지만, 정부 주도 하에 정책적으로 '건설'되었다는 점에서 중국에만 존재하는 개념이기도 하다. 정부는 단위^{单位}를 대신한 새로운 도시 관리체계로서 서구의 커뮤니티^{community} 개념을 도입해 1990년대 중반부터 시범도시를 중심으로 사구 건설을 본격화한다. 이는 개혁개방 이전 도시 내 노동현장인 단위가 아닌 거주지 중심으로 기층 사회를 재조직하는 실험이다. 이는 거버넌스 개념을 도입해 도시 관리를 원활히 하는 동시에 기층사회 자치의 실현이라는 두 가지 목표 하에 이루어진 것으로 평가된다.[34]

중국 민정부는 1991-93년 준비, 96-97년 상하이에서의 실험을 거쳐 1998년부터 사구건설을 본격화하면서 민정부 산하에 '기층정권과 사구건설사^{基层政权和社区建设司}'라는 기구를 설치해 관리 및 건설 기능을 맡도록 했다. 1999년초 베이징시 시청구^{西城区}, 난징시 구러우구^{鼓楼区}, 항저우시 시아청구^{下城区} 등 8개 도시 9개 구를 도시사구건설 실험지역으로 지정하면서 각 지역에서 다양한 사구자치 모델이 형성되었다. 2002년에는 27개 시를 전국의 시범시로, 148개 구를 시범구로 확대 선정해 이를 이어갔다. 대개 1000-1500호를 기준으로 하는 사구가 건설되었는데, 위생방역 환경보호 등을 맡는 시정관리위원회, 출산 보육 취업 등 사회보장 및 복지서비스를 제공하는 사구발전위원회, 치안 사법행정을 담당하는 사회치안종합관리위원회, 예산을 심

---

34 김도희, "중국 도시 기층의 자율성: 사구의 조직과 행위를 통한 고찰," 『中蘇硏究』, 통권 111호 (2006 가을), p.18.

의하는 재정경제관리위원회를 둔다. 기존 주민위원회는 사구위원회로 흡수되거나 재조직되는데 이는 각 시, 구별로 상이하다.[35]

사구 건설은 정부에 의한 도시관리 체계 변화로 이루어진 터라, 자율성을 방해하는 국가 개입은 여전히 존재하며 그 폭도 구별로 상이하다. 사구 거민위원회 즉 주민위원회가 사구서비스, 각종 활동센터와 같은 새로운 자치적 업무를 담당하게 된 부분은 변화한 부분이지만, 기존과 마찬가지로 선전교육, 정부의 행정목표 전달, 외래인 등기 등의 관리 업무도 그대로 진행한다. 또한 가도사구 정부가 사구 예산의 90-100%를 제공하고 있어 정부는 지출우선 결정권을 통해 사구를 통제하고 있다고 평가된다.[36] 반면 자율적 영역의 맹아도 감지되는데, 사구주민들의 의견을 수렴하는 사구 내 협의조직이 일부 지역에서 발전하고[37] 개별 주택을 소유한 시민인 업주들로 구성된 업주위원회가 구성되어 주택의 이익과 권리를 보호하는 대중적 자치조직이 만들어진 점이 대표적이다. 선전 등 일부 사구에서는 직접선거로 업주위원회를 구성해 주목받기도 했다.

---

35 차창훈, "중국에서 시장화가 초래하는 정책혁신과 굿거버넌스(good governance): 사구(社區, Shequ) 건설과 행정삼분제(行政三分制)를 중심으로," 『시민사회와 NGO』 제8권 2호 (2010), pp.242-244.

36 김도희 (2006): 김종현, "거민위원회를 통해 본 도시 사구자치의 문제," 『중국연구』 제49권 (2010).

37 협의조직은 상하이 모델, 선양 모델, 우한 모델, 칭다오 모델로 구분할 수 있다. 선양 모델에서는 내부 정책결정권, 재정권, 업무요원 선택권, 일상 업무 관리권을 가지며, 지역 인민대회 대표가 사구주민회의, 사구 구성원 대표대회를 보장한다. 우한 모델에서는 사구 협상의사위원회, 사구 평의회를 두는 한편 주민위 권한을 확대하는 성과를 거두었다. 칭다오 모델은 지역 인민대표와 정치협상회의 대표를 포함한 사구 민주협상위원회, 사구 지도자위원회를 둔 사례다. 김도희 (2006), pp.22-25.

한·중·일 사회적경제 Mapping

III. 중국 사회적경제 조직 Map

1. 각 조직의 사회적경제 관련성

사회적경제의 기본적 성격은 앞에서 논의한 대로 경제적 목적과 사회적 목적을 동시에 추구한다는 조직 목표에서 찾을 수 있다. 또한 기본적으로 사회적경제는 사회와 시장이 접합하는 지점의 제3섹터 혹은 시민사회 개념과 분리해 파악할 수 없고, ICA의 협동조합 정체성 선언 등에서 보듯이 국가로부터의 자율성을 전제하고 있기 때문에 민주성 또한 중요한 조직의 제도적 특징이 된다.

이를 기준으로 사회적경제 조직을 파악하기 위해 중국 민간조직 및 합작, 집체경제 관련 조직을 평가한 내용은 아래 〈표 2〉에 나타난 바와 같다. 이러한 기준을 적용한 결과에 따르면 농민전업합작사, 사회복리기업이 '주요 사회적경제 조직'으로 드러나고 민영비기업단위, 기금회, 사구복무기구, 농촌신용사 및 농촌자금호조사 등 농촌 금융기관, 민영기업, 주식합작기업은 '예비 사회적경제 조직'으로 파악된다.

〈표 2〉 각종 조직의 사회적경제 관련성 평가

	조직/제도 명	민주성		경제성		사회성		비고: 조직 분류
		민주적 소유 · 자율성	결사의 자유 · 자발성	사 업 성	분배 · 수익 제한	규 범 성	문제 해결 기능	
1	민영비기업단위	-	△	○	△	△	○	예비조직
2	사회단체	-	△	-	△	○	△	기타조직I

3	기금회	공모기금회	-	△	△	○	○	△	예비조직
4		비공모기급회	-	△	△	○	○	△	예비조직
5		사구복무기구	-	-	○	△	△	○	예비조직
6		공회	-	-	-	-	-	-	기타조직Ⅱ
7	합작사	농민전업합작사	○	○	○	△	△	○	주요조직
8		공소합작사	△	△	○	-	△	△	기타조직Ⅰ
9		공업합작사	△	△	○	-	△	△	기타조직Ⅰ
10		수공업합작사	△	△	○	-	△	△	기타조직Ⅰ
11		농촌신용사	-	-	-	-	△	○	예비조직
12		농촌자금호조사	△	△	-	-	△	○	예비조직
13	집체기업	성진집체소유제기업	△	△	○	-	△	-	기타조직Ⅰ
14		향진집체소유체기업	△	△	○	-	△	-	기타조직Ⅰ
15		사회복리기업	-	○	○	-	△	○	주요조직
16		사업단위	-	-	△	-	△	△	기타조직Ⅱ
17	주민조직	사구거민위원회	○	-	△	-	△	△	기타조직Ⅰ
18		촌민위원회	○	-	△	-	△	△	기타조직Ⅰ
19	기업	국유기업	-	-	△	-	○	△	기타조직Ⅱ
20		민영기업	-	○	○	-	-	-	예비조직
21		주식형 합작기업	○	-	○	-	-	-	예비조직

먼저 민주성, 경제성, 사회성이라는 큰 범주에서 각 조직의 전반적 흐름을 파악해 보면 민주성 범주를 만족시키는 조직 수가 적다. 특히 '민주적 소유' 항목을 만족시키는 경우가 적은데 자본주의 경제의 기본 운영원리인 1인1표가 아닌 1주1표로 작동되는 경우는 합작사와 주식합작기업이 유일하다. 다만 이러한 판단은 법제를 중심으로 판단한 것이라 향후 현실 속에서 실제 이러한 민주성이 현실화되고 있는

지에 대해서는 별도의 고려가 필수적이다.

민주성 중 '결사의 자유'가 완전히 시행되는 조직은 최근 법제화된 농민전업합작사와 민영기업이 유일하다. 나머지 조직 유형은 설립 신고만으로 법제화되는 게 아니라 인증과 허가 등을 받아야 한다. 특히 사회단체 등의 경우는 업무주관기관과 담당기관의 이중 허가와 감독을 받아야 해 국가권력의 제도적 통제를 받는 대표적인 사례로 꼽힌다.[38] 나아가 일반적으로 국가 개입과 규제가 가장 적은 영역으로 여겨지는 기업 유형 중에서도 국유기업, 집체기업, 나아가 두 기업이 민영화된 주식합작회사 등은 국가에 의해 설립되거나 국가 정책상 만들어진 조직이 상당한 비중을 차지해 자유로운 설립과 활동이 이루어지기 힘든 중국적 특생을 반영한다.

경제성 범주에서 '분배, 수익 제한' 항목을 만족시키는 조직 유형이 적으며, 이러한 조직이 최근 등장했다는 공통점을 지닌다. 기금회에 관해서는 총 사업비의 100분의 40을 공익적 목적으로 사용해야 한다는 구체적 기준이 마련된 조항을 찾을 수 있으며, 민영비기업단위, 농민전업합작사, 사회단체, 사구복무기구에 과해서는, 추상적 규정이지만, 비영리적 성격을 유지하기 위해서 수익사업은 부분적으로 제한되는 것으로 해석할 수 있다. 이러한 조직 유형은 1990년대 말에 법제화되어 최근 추진하기 시작한 것으로 최근 들어 관련 법제를 정비하고 있는 중국의 현실을 반영한다.

'사업성' 범주에서 거민위원회, 촌민위원회 등 주민조직에 대한 평가도 유념할 대목이다. 각 주민조직이 수익을 목적으로 상품이나 서

---

38 유현정 (2012), p.101.

비스 공급을 시작하는 것은 가능하지만, 경제사업에 참여하는 정도는 지역별, 마을별로 상이할 수 있어 법제와 현실이 괴리되는 지점이 있을 수 있다. 이는 한편으로 법제 상 규정과 현실이 충돌하는 지점으로 평가할 수도, 다른 한편으로 주민조직이 보다 적극적으로 경제활동을 벌이거나 서비스를 제공하게 될 경우 사회적경제 조직으로서의 성격이 강해질 수 있다는 점에서 그 잠재력을 보여주는 지점으로 평가할 수 있다. 이와는 반대로 사회단체의 경우, 전통적으로 민간조직에 포함되지만, 경제적 활동을 벌이는 조직이 있는 반면 이른바 '인민단체'나 '궁중단체', '정치단체'도 포함되기 때문에 경제활동으로서의 사업성을 높이 평가 할 수 없으며, 전체적 평가에서 '기타 사회조직 I'에 속하게 된다. 1998년 마련된 〈사회단체등기관리조례〉社会团体登记管理条例에 따르면 각 단체의 정치활동은 금하고 있으나 경제활동에 대해서는 명시하고 있지 않아 주민조직과 동일하게 경제활동을 하게 될 경우 본격적으로 사회적경제 조직으로 활동할 가능성은 있다고 평가할 수 있다.

마지막으로 사회성 범주에 대해서는 '문제 해결 기능'이 두드러지는 조직 수가 많다. 장애인 일자리 제공을 위해 만들어진 사회복리기업, 농촌 내 금융접근성 증진을 위해 제도화된 농촌자금호조사, 단위 제도를 대신한 도시 관리체제의 하나로 수립된 사구와 사구 내 사회서비스 제공을 위해 만들어진 사구복무기구 등이 대표적이다. 한편 민영기업은 민주성, 경제성 범주는 만족시키지만 사회성 범주에서 탈락해 주요 사회적경제 조직이 아닌 예비 사회적경제 조직으로 평가된다. 주식합작기업 역시 사회성 범주에 해당되는 부분이 전무해 기업에 해당하는 예비조직인 민영기업, 주식합작기업은 사회성이 배제되어 있다.

　이러한 흐름을 염두에 두고 사회적경제 관련 조직을 보다 상세히 살펴보자. 먼저 기업 유형을 검토하면, 본 연구의 기준에 따라 민영기업은 예비 사회적경제 조직에 속한다. 이 조직의 경우, 법인 설립면에서의 자발성이나 결사의 자유와 활동면에서의 경제성이 있기 때문에 일정 수준의 사회적경제 관련성을 평가할 수 있다. 또한 주요 사회적경제 조직과 비교하면 민영기업의 경우 사회성이 제도적으로 미약한 점이 특징이다. 이러한 상황에서 중국에서는 기업의 사회적 책임지수나 사회공헌 활동이 활발해지고 있고, 기업이 자본 기부, 기금회 설립 등 활동도 확대되고 있기 때문에 이와 관련된 제도 개혁이 향후 중국의 사회적경제 Map의 큰 영향을 줄 것으로 보인다. 주식합작기업의 경우는 주식을 가진 노동자에게는 분명히 이익을 제공하지만 이 점이 곧 공익성과 연결되지 않아 앞에서 지적한 것처럼 사회성이 배제되어 있다. 현재 중국 정부는 농촌의 소유권 개혁을 위해 주식합작기업을 활성화하고자 하지만,[39] 이는 사회성을 북돋우는 방식은 아니라 소유제 개혁에 집중되어 있어 이후 주식합작기업이 사회적경제 관련 활동을 보다 활발히 벌일 가능성은 높지 않다. 또한 주식합작기업을 대상으로 한 설문조사 결과에 따르면 법제상으로는 주식을 보유한 노동자가 1인1표에 따라 조직 전반의 방향을 결정하고, 노동에 따른 분배가 이루어져야 하나 실제 현실에서는 1주1표와 자본에 따

---

39 2014년 중국 국무원은 〈농민주식합작과 농촌집체자산주식권한개혁에 관한 시점방안〉(有关农民股份合作和农村集体资产股份权能改革试点方案)을 새롭게 발표해 농민주식합작을 적극 발전시키겠다는 의지를 피력했다. 『인민일보』 한글판 2014년 10월 19일자, http://www.jlcxwb.com.cn

른 분배가 대다수를 이룬다.

반면 예비조직 중 민영비기업단위, 기금회, 농촌신용사, 농촌자금호조사, 사회복리기업 등은 민주성 범주가 미약하다. 일반적인 농촌신용협동조합으로 이해되는 농촌신용사는 민주적 소유를 어느 정도는 충족시키지만, 이를 제외하고는 민주적 소유, 결사의 자유를 갖고 있지 못 하다. 대신 이러한 조직은 사회성 그 중에서도 '문제해결 기능'을 충족시킨다. 다시 말해 중국 정부의 정책 하에서 독려되고 활성화된 것이다. 향후 위의 예비 사회적경제 조직이 민주성을 획득하느냐 여부는 시민사회와 국가의 관계 설정에 대한 중앙정부의 정치적 판단에 달려 있다고 해석되는 대목이다.

위에서 살펴 본 사회적경제 관련 조직 현황은 아래 〈표3〉과 같다. 다만 농촌신용사, 농촌자금호조사는 규모를 알 수 없어 별도의 지표를 통해 〈표5〉에서 설명한다. 표에서 드러나듯이, 가장 급속도로 성장하고 있는 조직은 농민전업합작사로 2007년 처음 등장한 이후 5년이 채 되지 않아 50만 조합 이상의 대규모로 그 수가 크게 증가했다. 민영비기업단위 역시 1999년 처음 등장했던 당시 5,901개에서 2012년 현재 225,108개로 무려 40배에 가까운 급속한 성장을 이루었다. 반면 1970년대 이후 장애인 고용 분야에서 지속적으로 운영되어 온 사회복리기업은 그 수가 감소 추세에 있어, 앞에서 지적한 수익 둔화의 문제를 극복하지 못한 것을 보여준다. 사구복무기구의 경우 도입 첫 해부터 18만 여 개가 운영에 돌입해 중앙 정부 주도로 전국의 사구에서 동시에 도입되었음을 드러낸다. 그러나 이후 성장 추세는 단일하지 않아 2005년 이후 다소 감소했다가 천천히 증가하는 추세를 보인다.

<표 3> 중국 주요 및 예비 사회적경제 조직의 규모

		조직	조직 수(개)				제도 도입 연도
			2000	2005	2010	2013	
주 요	1	농민전업합작사	–	–	311,729	982,400	2007
	2	사회복리기업	40,670	31,211	22,226	20,232	–
예 비	1	사구복무기구	187,888	203,275	152,941	251,939	2000
	2	민영비기업단위	22,654	147,637	198,175	254,670	1999
	3	농촌신용사	–	–	–	–	–
	4	농촌자금호조사	–	–	–	–	2007
	5	주식합작기업			71,810	64,680	1985
	6	민영기업*			5,126,438	7,059,996	

*민영기업은 소유형태상 민간 자본에 의해 설립·운영되는 사인주식보유기업법인(私人控股企業法人)을 의미하며 구체적으로 사영기업법인(私營企業法人), 유한책임기업법인(有限責任公司法人), 주식유한기업법인(股份有限公司法人) 등을 포함함.
출처: 중국 국가통계국, http://data.stats.gov.cn/. 단 농민전업합작사는 공상부『全国市场主体发展报告』각호, http://www.saic.gov.cn/zwgk/tjzl/

2. 중국 사회적경제 조직 Map

본 장에서는 앞에서 민주성, 경제성, 사회성을 기준으로 각종 조직의 성격을 파악한 데 이어 아래 <그림 2>의 조직 Map를 통해 그 성격을 보다 상세히 검토한다. 서론에서 설정한 사회조직에 대한 분석적 틀에 따라 중국에 존재하는 각종 조직을 조직구성원리의 측면에서 인적 결합과 자본 결합 그리고 서비스 대상의 측면에서 커뮤니티 local community 지역 공동체 지향과 특정 분야나 집단에 대한 서비스 활동 지향을 기준으로 분류한다.

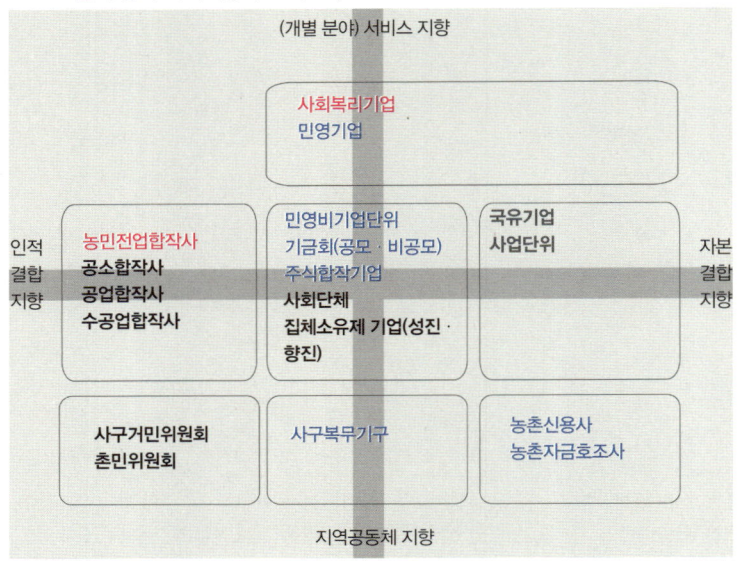
■■■ 그림 2. 중국 사회적경제 조직 Map

(개별 분야) 서비스 지향

사회복리기업
민영기업

농민전업합작사   민영비기업단위   국유기업
공소합작사   기금회(공모 · 비공모)   사업단위
공업합작사   주식합작기업
수공업합작사   사회단체
                    집체소유제 기업(성진 ·
인적   향진)   자본
결합   결합
지향   지향

사구거민위원회   사구복무기구   농촌신용사
촌민위원회   농촌자금호조사

지역공동체 지향

*사회적경제 관련성
주요 사회적경제 조직 예비 사회적경제 조직 **기타 사회조직Ⅰ 기타 사회조직Ⅱ**

먼저 인적-자본 결합 축을 살펴보자. 농민전업합작사를 비롯한 각
종 합작사는 조합원의 참여에 기반한 조직이므로 인적 결합에 기반
하고, 거민위원회, 촌민위원회 등 주민조직 역시 주민들의 참여와 밀
접히 연관되므로 인적 결합으로 판단된다. 합작사의 경우는 적어도
법제 상으로는 1인1표를 전제하고 있으며, 주민조직 역시 위원회 간
부를 주민이 선거를 통해 선출하므로 인적 결합이 강한 조직은 민주
성이 높다고 판단할 수 있다. 여기에서 주민조직인 촌민, 거민위원회
는 촌민 전체의 투표로 간부를 선출하고 촌민, 거민자치를 실현하는
성격을 갖고 있어 합작사보다는 커뮤니티 지향 성격이 강하다.

반면 자본을 중심으로 구성된 조직은 각종 기업법인과 기금회를
들 수 있다. 앞에서 살펴본 것처럼 민영기업은 예비 조직 수준의 낮

은 관련성을 가지며, 기업이 자본을 대거나 활동을 지원하는 경우 성이 활동을 수행하는 것으로 평가할 수 있다. 기금회는 제도의 기본적 성격상 투자된 자본금이나 모금을 활용해 사업을 하기 때문에 자본 결합의 성격이 있다. 다만 기금회는 민영비기업단위와 사회단체와 함께 민간조직을 구성하는 조직으로서, 실질적 조직구성의 측면에서는 인척 결합이나 지역적 성격 또한 충분히 볼 수 있기 때문에 복합적 조직으로 이해된다.

주식합작기업, 민영비기업단위, 사구복무기구는 그 구성에 있어 인적 결합, 자본 결합을 판단하기 어려운 지점이 있다. 이들 각각의 특성을 보다 상세히 살펴보면 주식합작기업은 농촌의 향진기업 등 소규모 국유기업의 전환 과정에서 등장한 터라 커뮤니티 지향 성격이 다른 조직보다 강하다. 민영비기업단위의 경우, 지정된 활동 영역 내에서 만들어지기 때문에 서비스 지향 성격이 있으나, 관리체계자체는 지방정부에서 이루어지며 실질적 사업 또한 지역 공동체 내에서 수행되는 경우가 많기 때문에, 지역 지향과 특정 분야지향이 복합적으로 내재되는 것으로 볼 수 있다. 사회단체 또한 조직의 관리체계에서 특정 서비스 중심의 전국성 사회단체와 개별 지자체와의 관련성이 강한 지방성 사회단체 두 가지로 분류될 수 있다.

이어 사회적경제의 잠재력을 염두에 두고 위의 조직 Map를 다시 평가해 보자. 커뮤니티 지향 성격이 강한 거민위원회, 촌민위원회, 사무복무기구의 활동에는 정부의 행정, 관리 업무를 대행하는 것도 포함되어 있다. 요컨대 이들은 커뮤니티를 대상으로 각종 활동을 벌이며, 사회적 성격도 갖고 있지만, 조직 자체의 활동으로 서비스를 제공한다기보다는 행정 편의를 위한 활동인 측면이 있다. 다만 이들이 경제활동을 할 수 있는 법적 기반은 마련되어 있어 커뮤니티가 필요로 하는 상품과 서비스를 보다 적극적으로 벌이게 될 경우 이념형적 사회적경제 조직에 접근할 가능성이 높다. 이와 마찬가지로 경제활동이 주가 아닌 기금회 역시 특정 커뮤니티에 기반하지 않지만, 경제적 성격이 강화될 가능성이 높다.

특정 서비스를 지향하는 사회복리기업, 주식합작기업, 각종 합작사는 경제활동을 주 사업이라는 점은 동일하지만, 사회성, 민주성 지점은 조직별로 편차가 크다. 합작 관련 조직은 개혁·개방 이전부터 사회주의 국영기업 유형과 구별되는 집체, 합작 유형인 합작사가 등장했거나 개혁·개방 과정에서 사유화의 한 유형인 주식합작기업이 등장했다. 이러한 조직 유형은 일반 자본주의 경제에서는 찾을 수 없는 것으로 중국적 특색을 반영한다. 물론 중국의 합작사/합작기업은 1인 1표, 각 조합의 자율적 연합체 구성 등 자본주의 경제의 협동조합과 몇 가지 조직적 특성을 공유한다. 그러나 이러한 특성에도 불구하고 현실에서는 정부에 의해 결사의 자유가 제한되는 등 일반 협동조합과 상이한 맥락에서 운영되며, 이는 국가가 주도해 온 중국경제의 특성을 반영한다. 이러한 기업 유형에 대해서 중국 정부는 경제에서 사유화를 강화하는 방향을 지향하기에 사회성이 강화되어 사회적경제 조직 이념형에 부합하게 될 가능성이 적다. 사회복리기업의 경우에도 민영기업과 경쟁에서 도태되어 그 수가 줄어들고 있는데, 이 역시 사유화 및 경쟁 강화라는 정책 선상에서 이해할 수 있다.

3. 주요 사회적경제 조직 특성

(1) 농민전업합작사

농민전업합작사는 2006년 10월 31일 전인대 상위위원회 제24차 회의에서 통과되고 2007년 발효된 〈중화인민공화국 농민전업합작사 법〉中华人民共和国农民专业合作社法에 근거한다. 농민전업합작사는 농민이나 농가, 기업, 사업단위, 사회단체 등 법인 조합원을 포함, 조합원 5명이면 설립 가능하며, 최소 80% 이상을 농민이 차지하도록 규정된다. 그러나 일반적 협동조합과 달리 자발적 농민 연합이라기보다는 ①정부주도형[40] 성격이 강한 반면 ②신용대출 등에서 정책적 지원에 한계가 있으며 ③대중적 인식이 부족하다 ④전문성 및 기술 부족 ⑤내부의 비민주적 정책 결정 등 민주적 거버넌스 부족 등이 한계로 지적되기도 한다.[41]

농민전업합작사는 민주성에 있어 가장 높은 순위를 기록하고, 분배 및 수익 제한 측면에서도 높은 순위를 기록한다. 그러나 관련 세제우대가 마련되어 있지 않고, 기본적으로는 조합원이 농민들의 이익을 우선하는 만큼 공익성은 낮다. 다만 중국 전체에서 농민들이 가장 많은 인구임에도 불구하고, 개혁개방 이후 가장 크게 주변화되어 공적인 혜택을 받지 못 하는 점을 고려하면 농민의 이익을 중시한다는 것

---

40 농민합작사를 발기인 별로 구분하면, 농촌의 전업농가, 대형농가가 중심이 되어 발기하는 경우가 46.8%, 농산물 가공 향진기업 등이 발기한 경우가 13.9%, 정부주도형이 35.2%로 파악된다. 장정길·리경호, "중국 농민전업합작사 발전현황," 한국농촌경제연구원, 『중국농업정책브리핑』 (2012).

41 쌍호, 『중국의 사회적경제에 관한 고찰-농민전업합작사 사례를 중심으로』 (인천대학교 석사학위논문, 2013).

이 크게 공익을 해치지 않았다고 볼 수도 있다. 또한 가장 최근에 법이 제정되어 국제사회의 흐름을 비교적 적극적으로 반영하고 있어 이후 '일반적' 협동조합으로 발전할 가능성이 높다는 지적도 있다.[42]

(2) 사회복리기업

〈사회복리기업관리임시법〉社会福利企业管理暂行办法 제2조에 따르면 사회복리기업은 "장애인의 안전전 취업을 촉진하기 위한 사회복지적 성격을 가진 특수기업"으로 정의되며 이는 중국 최초의 취약계층 지원을 위한 시장-지향 운영모델로 꼽힌다.[43] 그러나 시장경쟁이 격화됨에 따라 1990년대 중반 이후 상당히 그 수가 감소했다. 사회복리기업은 사회복지를 주요 목적으로 하고 있어, 비효율적 경영, 노동자의 낮은 생산성, 낮은 제품 질 등을 낳았고, 일반 상업기업과의 경쟁에서 불리한 때문으로 풀이된다.[44] 2013년 현재 18,000개로 2000년 40,670개와 비교하면 절반 이하의 사회복리기업이 존재해, 장애인을 포함해 노동자 53만 9천 명에게 일자리를 제공하고 있으며 2013년 이윤은 106.94억 위안이다.[45]

사회복리기업은 경제성이 두드러지며, 정부의 장애인 고용 촉진을 위한 정책에서 기인한 만큼 기부, 세제우대 제도도 마련되어 있다. 그

---

42 Zhang Xiaoshan, "Challenges Facing the Development of Chinese Specialized Cooperatives in China," B. Rolelants (ed.) *Cooperative Growth for the 21st Century*, (Geneva: ICA and CICOPA, 2013), pp.19-22.

43 Defourny and Kim (2010), p.9.

44 Lee (2012), pp.88-89.

45 중국 국가통계국 http://data.stats.gov.cn/

한·중·일 사회적경제 Mapping

러나 위에서 보듯 그 수익성은 높지 못 하며, 그 외 민주성과 사회성 항목은 중간 정도 수준이다.

4. 예비 사회적경제 조직 특성

(1) 사구복무기구

사구복무는 사구서비스를 뜻하는 말로, 사구를 기본단위로 각종 서비스를 지원하는 체계다. 중국은 1986년부터 도시의 사구 건설을 시작해 1991년 국무원이 '사구 건설' 개념을 제시했고, 2000년 국무원 판공청이 〈전국 도시 사구건설 추진에 관한 의견〉关于在全国推进城市社区建设的意见을 하달해 전국적으로 건설이 시작되었다. 지역별 편차가 존재하는데, 비교적 사구복무가 잘 시행되는 상하이, 칭다오, 항저우, 다롄, 난징 등에서는 2-300가지 서비스를 망라해 제공한다. 서비스는 크게 여섯 가지로 나뉘는데 ①공익성 서비스: 가스, 통신 등 기초 설비 및 치안 등 공공 서비스 ②취약계층 사회복지 서비스 ③사구 주민 편의 서비스 ④사구 내 기업단위, 직원을 대상으로 한 사회화 서비스 ⑤취업 및 창업 서비스 ⑥사구 내 사회보장체제 마련 등이 꼽힌다.[46] 이중 사회화 서비스를 제외하면, 사구의 일반 주민을 대상으로 공익 서비스를 충족시키는 역할을 한다.

사구복무기구는 관의 주도 하에 만들어져 민관협력적 성격이 사회

---

46 선우덕 외, 『중국의 인구고령화 대비 지역사회 중심의 노인장기요양보호대책 실태분석과 상호협력방안』(서울: 대외경제정책연구원·한국보건사회연구원, 2012), p.53.

적경제 조직 중 가장 두드러진다. 황용홍黄永紅의 정의에 따르면 사구
복무기구는 "사회공익 성격의 주민들의 자주적 협력활동"[47]으로 정의
되지만, 국무원, 위생국, 가도사무소 등 정부 주무부서, 주민위원회,
촌민위원회 등 대중적 자치조직, 지역사회 단체 등이 서비스를 제공
하고, 사구 주민, 특히 노인, 장애인, 취약계층 등을 그 대상으로 한
다. 이중 주민이 서비스의 주체이자 객체로서 타인에게 서비스를 받
거나 제공하는 '주체와 객체의 통일'이 특징적이다. 주민위원회, 촌민
위원회, 지역단체와 더불어 자원봉사자도 활동하지만, 대부분의 재정
은 관이 대고 있으며, 사회 영역의 활동은 각 지역별로 큰 편차를 보
인다.

자율적 사구서비스가 활성화된 것으로 평가받는 베이징의 경우 시
국무원이 〈북경주민사구 499호〉를 발표해 자원봉사자 모집 및 활용
계획을 진행하고 있어 사구주민의 서비스 참여를 확대한 바 있다.[48]

〈표 4〉 베이징 사구서비스 기본 현황

	2013	2012	2012년 대비 증가율(%)
가도사구복무기구	6,525	6,244	10.45
가도사구복무점	192	186	103.2
자원봉사자 조직 수	11,090	9,751	113.7
주민복리 웹사이트 수	11,004	11,169	198.5

출처: 北京市民政局, 『北京統計年鑑』 (2014), http://www.bjstats.gov.cn/nj/main/2014-tjnj/CH/index.htm (검색일: 2015. 1. 12)

---

47 黃永紅 主編, 『社区服务』 (北京: 中國人民大學出版社, 2003).

48 선우덕 외 (2012), pp.61-63.

(2) 민영비기업단위(民办非企业単位, 民非)

민영비기업단위는 1998년 국무원의 〈민영비기업단위등기관리임시조례〉民办非企业単位登记管理暂行条例 규정에 따라 법제화된 조직으로 제2조에서 "기업이나 비영리 사업단위, 사회단체와 기타 사회조직 및 공민이 비국유자산을 이용하여 설립하고 비영리 사회봉사활동에 종사하는 사회조직"으로 정의된다. 조례 제21조에 따르면, 민영비기업단위의 수익은 기관 내의 활동을 위해서만 사용되고, 조합원/회원에 대한 이윤 분배는 불가능하다.[49] 정부, 정부기관이 아닌 사회 내 조직이 설립할 수 있어 비록 이들 조직이 정부정책 하에 수립된 것이지만, 사회문제를 해결할 수 있는 수단으로써 시민사회를 임파워할 수 있는 것으로 여겨진다.[50]

민영비기업단위는 경제성 지표의 하나인 분배, 수익 제한 규정은 마련되어 있으나 그 외 민주성, 경제성 부분은 중간 정도 수준이다. 특히 사업성 부분이 결여되어 있어 적극적인 경제활동을 한다고 판단하기는 힘들다. 다만 그 활동 중 공익사업, 특히 사회서비스 사업은 사회적경제 활성화에 일정한 역할을 할 수 있다.

(3) 기금회

2004년 마련된 〈기금회관리조례〉基金会管理条例에 따르면 기금회foundation은 중국 내외의 사회단체와 기타 기구 및 개인이 자발적으로 자금을 기부해 과학연구, 문화교육 및 사회복지와 기타 공익사업

---

49 Lee (2012), pp.87-88.
50 Defourny and Kim (2011), p.13.

의 발전을 추진하는 단체로 이해된다. 앞의 〈표1〉에서 본 것처럼 사회조직 하위의 전단체로 분류된다.

조례 제27조에 따르면 공익활동 범위 내에서만 재산을 이용하므로 경제성을 갖고 있지 않으며, 민주성은 중간 정도이다. 공익활동을 명시하고 있으므로 사회성을 충족시키지만, 규범성 측면이지, 문제해결을 위해 만들어진 조직은 아니다. 예컨대 해협교류기금회, 청소년발전기금회, 소비자보호기금회, 공자기금회 등을 보면 특정한 사회문제에 대응한다기보다는 다양한 영역을 아우르는 관심사에 따라 조직되었음을 알 수 있다.

기금회가 직접 사회적경제 활동을 벌인다고 보기는 힘들지만 사회적경제 조직을 지원하거나 취약계층 보호 활동 조직을 지원한다면, 사회적경제 조직에 걸맞는 활동을 벌인다고 평가할 수 있다. 즉 기금회의 세부 활동 양식에 따라 사회적경제 조직으로서 역할 할 잠재력을 갖고 있다.

⑷ 농촌신용사, 농촌자금호조사, 등 농촌 금융조직

농촌신용사农村信用社, rural credit cooperative는 1950년대 초 출현했으나 1980년대 이후 독립적인 금융기관으로 성장한다. 농업은행 하부기관이었다가 8-90년대 3대 특징인 '조직의 협동성, 관리의 민주성, 경영의 탄력성'이 회복을 보이기 시작해 1996년부터 농업은행에서 분리되어 중국 인민은행 관리체계에 소속되었다. 이로써 농민과 일반 주주가 투자해 운영하는 금융조직으로 발전했으나 인민은행의 지시에 따라 경영이 이루어지고, 내부 통제 및 인센티브 메커니즘이 부족해 부실채권이 늘어나는 등 어려움을 겪었다. 이후 2003년 국무원의 〈농촌신용사개혁심화실시안〉关于印发深化农村信用社改革试点方案的通知에 따라 "재산권 관계를 명확히 하며, 통제 메커니즘을 강화하고, 서비스 기능 강화를 국가가 지원하며 지방정부가 책임진다."는 목적 하에 개혁이 실시되었다. 핵심은 농민, 농촌 상공업자, 각종 조직이 농촌신용사에 출자할 수 있도록 해 농업 및 농촌경제 발전에 기여하는 지역밀착형 신용사를 조직하는 것이다. 신용사는 상업은행으로도, 협동조합은행으로도 만들어질 수 있는데 주주권 구성 요소에 따라 그 성격은 상이하다. 또한 각 신용사에서 근무하는 직원도 25% 이하를 출자할 수 있다.[51] 조직 출자도 가능하나 개인 출자가 97% 이상을 상회해 주주 수는 급증한 반면 자본금 증가폭은 완만하다는 평가를 받는다.

농촌 금융기관 중 농업과 농촌에 직접적으로 금융서비스를 제공하는 유일한 기관이며 향진, 촌까지 지점이 분포해 농촌 지역에 지점을 가장 많이 둔 금융기관이다. 전체의 32%에 해당하는 농가에 자금을 공급하며, 자금 부족에 시달리는 농민 중 30% 내외는 농촌신용사에서 대출을 받는다.[52] 특히 국영 상업은행이 기구를 축소하면서 농촌신용사가 농촌에서 독점적 지위를 차지하게 되었다. 주요 업무는 예금 및 대출 업무, 농가 소액대출, 농업 관련 소기업 소액대출 등을 실시한다. 예금 수준은 전체 금융기관의 12% 정도지만 농업대출의 60-

---

51 김유섭 (2011), pp.5-8.

52 베이징대학 중국경제연구중심의 "2006년 농촌가정임차상황조사연구"에 따르면 농촌신용사 대출이 28.8%, 농업은행이 5.0%, 우정저축은행(우편저금)이 0.3% 순이고 가장 높은 비율인 65.8%는 친척 및 기타에게서 돈을 빌렸다. 이외 대출(차입금) 출처는 김유섭, "중국 농촌 금융기관 개혁과 과제" (2011), p.4에서 재인용.

70%, 향진기업대출의 70-75%를 담당하고 있다.[53]

원래 향진에 있는 금융기관은 농촌신용사와 우정저축은행이 유일
했으나 2007년 은행업감독관리위원회, 약칭 은감회의 신형 농촌금
융기관 도입의 일환으로 농촌자금호조사가 만들어졌다. 이러한 신형
농촌금융기관에는 촌진은행, 농촌자금호조사農村资金互助社, 소액대출회
사loan bank가 있는데 은행이 없는 촌진 등 기초 지역사회를 대상으로
한 것이다. 실제 농촌자금호조사가 도입된 2006년 당시 전국 3,302
개 향진에는 금융기관이 전무한 상태였다. 이는 시장 진입 규제를 완
화해 신형 기관이 농촌 금융시자에 진출해 경쟁을 도입한다는 목표
로 이루어진 조치다.[54]

〈표 5〉 농촌 금융기관 현황 (단위: 억 원, %)

	2013	2014.9.	비고
총자산	151,778	284,459	
전년 동기대비 증가율	22.93%	19.8%	
전체 은행자산 중 비중	10.03%	16.94%	

출처: 여기서 농촌금융기관은 농촌 상업은행, 농촌신용사, 신형 농촌금융기관을 모두 합한
것이다. 2012년까지는 각종 금융기관이 기타 금융기구에 포함되어 농촌금융기관 관련 통계
가 존재하지 않는다. 은행업감독관리협회. http://www.cbrc.gov.cn/

(6) 주식합작기업

주식합작기업은 주식회사 제도와 합작사, 즉 협동조합 제도가 상호
결합, 침투하여 형성된 경제조직으로 일종의 새로운 기업조직 형식이

---

53 구기보. "중국 농촌금융시장 발전과 농촌금융개혁." 『중국연구』 제34권 (2004), p.285.
54 김유섭 (2011), p.18-20.

다. 주식합작 기업은 2-3명 이상의 노동자나 농민 전원이 자금, 실물, 기술, 노동력, 토지사용권을 출자해 자발적으로 조직하여 생산·경영·서비스 활동에 종사하는 경제조직으로 민주적 의사결정과 기업관리를 실행하고, 자본에 따른 이익배당과 노동에 다른 분배의 상호 결합 및 공공축적을 행하며 독립채산·자주경영하고 독립적인 민사책임을 지는 기업제도 형식이다.[55]

주식합작기업은 농촌주식합작경제조직의 발전에서 유래하였다. 농촌 주식합작경제조직은 1985년의 중공중앙과 국무원이 제정한 〈농촌경제 진일보 활성화에 관한 10개 정책〉关于进一步活跃农村经济的十项政策에서 최초로 정식적으로 제기되었다. 10개 정책의 8번째 항목에서 "자발적 상호이익 원칙과 상품시장경제의 요구에 근거하여, 적극적으로 농촌합작제도를 발전하고 개선시키고, 각종 합작경제조직이 모두 반드시 간단한 장정을 입안해야 한다. 합작경제조직은 군중이 자발적으로 조직한 것이며, 장정제도 역시 군중이 민주적으로 제정한다."고 명시되었다. 이 이후 농촌에서의 주식합작 경제조직의 경험을 토대로 도시의 중소형 국유기업과 집체기업 역시 주식합작제로의 개혁을 진행하였다. 1993년 중국 공산당은 14기 3중전회를 통해서 주식합작기업을 새로운 유형의 기업조직으로 제기하였는데, 그 목적은 국유기업과 집체기업의 현대화 기업제도를 수립해야한다는 요구에 부응하게 만들기 위해서였다.[56] 그 결과, 주식합작제는 전국범위 내에서 발전하였고, 국유기업 개혁의 새로운 흐름을 가져왔다. 국유기업은 자신의

---

55 서석흥, "중국의 농촌 주식합작기업에 관한 연구," 『국제지역연구』 제7권 제1호 (1997), pp.19-20.

56 主力军, "股份合作制企业的法律适用问题研究," 『政治与法律』第12期 (2011), pp.69-70.

순자산을 주식으로 삼아, 자발적 평등의 원칙으로 주식을 기업 내 노동자와 관리자에게 매각하여 기업의 관리자와 노동자가 기업의 주주가 되게 하였다. 이로서 국유기업은 효과적으로 주식합작제 기업으로 전환하게 되었다.[57] 다만 주식합작기업 등에 관해서는 이에 상응하는 명확한 법적규정이 존재하지 않는다. 주식합작기업 관련 규정의 중요한 의거는 대부분 당중앙이나 국무원에서 발표한 각종 지도성의 견에 근거를 두고 있다.[58]

주식합작제 개혁을 통해 이 이루어져 향진기업 등 소규모 국유기업을 노동자 개인소유로의 전환은 가속화되었다. 그러나 실제 운영에 있어서는 1인1표제와 1주1표제가 혼재된 가운데 1주1표제 비중이 높고, 합작제 원칙인 노동에 따른 분배보다는 자본에 따른 분배가 압도적인 것으로 평가된다. 또한 명목상 해당 조합원이 동일한 권리를 갖고 소유하지만, 실제로는 말단 지방정부로 관할하는 것으로 평가된다.[59]

57 李国正·塔娜·陆梦姝, "国企改革过程中新型经济组织形式的探索研究,"『经营管理』 9月中 (2014), pp.52-53.

58 主力军(2001), p.70.

59 王天義 외, 『中国株式经济合作』 (北京: 企业管理出版社, 1997), 김모하 (1999), pp.287-288에서 재인용; 李惠安, "农村股分合作制经济的新发展", 『中国农业年鉴(1994)』 (北京: 中国农业出版社, 1995), p.126, 전성흥 (2001), p.269에서 재인용.

Ⅳ. 사회적경제 등장과 발전과정

1. 외부적 요인

　먼저 중국의 역사를 통해 사회적경제가 등장할 수 있었던 배경을 살펴보자. 개혁기 이전 마오쩌둥 시기 중국의 대민 정책은 인민공사와 단위제도를 통해 집행되었다. 1949년 중화인민공화국의 설립 이후 중국 공산당은 농촌과 도시에 대하여 인민공사와 단위제도라는 이원화된 제도를 통해 중국 사회를 장악하였고, 이들을 통해 복지를 제공하였다.[60] 개혁개방 이후 중국 정부는 복리기업에 대한 각종 세금우대혜택, 지역사회의 복리기업 창설 격려 등의 정책을 실시함으로 1990년대 중반까지 복리기업은 꾸준히 성장하였다. 그러나 1990년대 중반부터 중국의 경제개혁이 심화되고 시장에서의 경쟁이 심화됨에 따라 많은 수의 복리기업이 경쟁에서 뒤처지게 되었다.[61] 1990년대 중후반부터 중국 정부는 복리기업의 성장발전을 위해 다양한 정책을 입안하였으나, 중국의 사회복리기업은 꾸준히 감소세에 있다.

---

60 한편, 이 시기 중국에서는 취약계층인 장애인에 대한 일자리를 제공하는 사회적기업의 유형 중 하나인 사회복리기업의 맹아적 유형이 출현한다. 마오쩌둥 시기 장애인 취업정책은 국공내전기 국가 수립을 위해 헌신했던 인민해방군 출신 장애인 용사들의 배치 문제에서 시작된다. 1950년 군인, 군인 유가족과 가족, 군인장애인 등 노동능력 있는 이들을 생산에 참가시키고, 61952년 이후 수공업, 소형공업 생산단위를 조직했다. 1956년 이후 민정부는 이러한 생산단위에 대하여 전면적인 계획과 통일적인 안배를 진행하였고, 상당 부분을 전문적으로 장애인을 배치하는 복리기업으로 변화시켰다. 刘菁, "中国关于残疾人就业的文献述评", 『CHINA 연구』 16 (2014); 崔乃夫, 『当代中国的民政（下）』 (北京: 当代中国出版社, 1994); 时立荣·徐美美·贾效伟, "建国以来我国社会企业的产生和发展模式"『东岳论丛』 32-9 (2011).

61 韩克庆, 黄淑敏, "福利企业的残疾人保障功能", 『山东经济』 2 (2008)

먼저 농촌에서는 인민공사에 기반해 각종 사회정책이 집행되었다. 중국 공산당은 강력한 통제 하에 농촌의 사회적 질서를 새로이 수립했는데 1950년대 초반 토지 개혁 이후 1958년까지 중국 농촌에서는 농촌합작사의 설립 및 인민공사로의 개편이 진행되었다. 1958년 당시 5억 중국 농촌의 99%인 1억 2천만 가구가 평균 5천여 호, 약 3만 명으로 구성된 전국 2만4천여 개의 인민공사 아래에 재조직되어 농업 집단화가 이루어졌고 전국 조직망을 통한 농업 생산물에 대한 중앙의 통제, 사유재산이 없는 공동생산, 공동분배 및 공동 소비의 단일한 공동체로 개편되었다.[62] 이러한 농촌의 집단화가 추진되는 가운데 생산과 배분의 권한은 각 가정에서 생산대대 및 생산소대로 이전되어 인민공사라는 이 기초 단위가 기층의 생활보장을 담당하는 주체가 되었다.[63]

도시에서의 사회정책은 단위単位제도를 근간으로 했다. 단위는 인사권, 공공시설, 독립적 예산을 보유한 비농업 분야의 공적인 부분을 지칭한다.[64] 단위는 국가-단위-단위구성원으로 이어지는 사회통합과 통제의 중간고리였다. 개인은 단위에 귀속되고, 단위는 국가에 귀속되어 국가는 단위를 통해 개인을 경제적, 정치적, 사회적으로 통제할 수 있었다. 한편으로 단위는 사회경제적인 수요를 충족하여 영구적인 고용과 사회보장 기능을 함으로써 자급자족의 다기능적인 사회

62 정종호, "현대 중국 사회의 연속성과 불연속성," 김익수 외, 『현대중국의 이해』 (서울: 나남, 2005), pp.199-233.

63 이이지마 와타루·사와다 유카리, 『중국의 사회보장과 의료』 (서울: 한울아카데미, 2014), p.73.

64 Lu and Perry, *Danwei: The Changing Chinese Workplace in Historical and Comparative Perspective*, (Armonk: M. E. Sharpe, 1997), p.5.

공동체로서의 역할을 수행하였다. 대부분의 도시 근로자들은 취업 이후 자동적으로 사회복지를 보장받았으며, 단위가 있는 근로자는 자신 및 가족들의 생, 노, 병, 사를 모두 단위의 사회보장과 서비스에 의지하여 해결하였다.[65] 이처럼 단위는 하나의 자기완결적인 단위보장체계였으며, 개인 입장에서는 수입뿐 아니라 종신고용, 주택, 의료, 양로 등의 기타 보장 전부가 단위에 달려 있었다.

인민공사와 단위로 대표되는 안정적인 기반은 개혁개방 진행 과정에서 점차 해체되었다. 먼저, 개혁개방은 농촌의 삶을 변화시켰다. 개혁개방 이후 농촌의 기존 생산대의 생산과정을 분할하여 소그룹, 개별 농가, 개인 노동 등에 청부하는 생산책임제가 등장하였고, 이는 농촌의 탈집체화와 인민공사의 해체를 초래하였다. 그 결과, 기존 인민공사 체제 하에서 자체적 적립금으로 운영되던 사회복지의 틀이 무너지게 되었다. 예를 들어, 1980년 전국 농촌의 90%가 합작의료를 시행하였으나, 불과 5년 후인 1985년에는 5%로 급감하였다. 또한 1998년 국가 위생서비스 조사에 따르면, 전국의 농촌 주민 중 87.44%는 어떠한 사회보장의 혜택도 누리지 못하고 있었다.[66] 또한 개혁개방이 지속됨에 따라 도시와 농촌 간의 소득격차가 심화되는 문제 또한 발생하였다. 1978년 도시의 1인당 가처분 소득과 농촌 1인당 순수입은 각각 343.4위안, 133.6위안으로 그 격차는 약 2.6배였으나, 개혁개방이 심화됨에 따라 그 격차가 더욱 벌어져 심각한 사회문제로 대두되었다. 사회적기업 개념이 도입되기 이전인 2003년 도시의

65 김병철, "도시와 농촌으로 이원화된 중국의 공공부조," 『사회복지정책』 제35권 (2008), p.265.
66 张晓山·李周, 『新中国农村60年的发展与变迁』 (北京: 人民出版社, 2009), pp.545-546.

1인당 가처분 소득은 8472.2위안, 농촌 1인당 순수입은 2622.2위안으로 도농 간의 소득 격차는 약 3.2배로 증가하였다.[67]

　도시에서는 단위제도의 해체와 국유기업의 개혁에 따라 사회보장 해체 및 실업자 증가라는 문제가 발생했다. 상기한 바와 같이 마오 시기 단위제도 하에서 국유기업들은 모든 사회서비스를 구성원들에게 공급하는 경제 공동체였다. 그러나 이는 경제적인 관점에서 보면 비효율의 원인이었고 1990년대 이후 국유기업 적자의 주원인이 되었다. 그리고 단위제도의 정치적인 기능과 그 뒤에 숨겨져 있던 경제에 대한 국가의 통제, 기업경영의 국가개입 및 인사관리 등 철학은 국유기업으로 하여금 불필요한 노동력을 보유하게 하였고 잉여 노동력을 누적시키는 결과를 초래하였다.[68] 이에 따라 안정적인 구용구조가 변화해 국유기업들은 고용의 유연성을 확보하기 위하여 노동계약제도를 도입하였다.[69] 1986년 7월 발표된 〈국유기업 노동계약제 임시실행규정〉国营企业实行劳动合同制暂行规程은 국유기업의 노동자 신규채용을 기존의 종신 고용제에서 계약제로 변화시켰다. 또한 개혁개방에 따라 국유기업들의 구조조정改制이 이루어졌다. 1995년 중국 공산당 제15차 중앙위원회 제5차 전체회의에서는 "경영성과가 좋은 대형 국유기업에 대해서는 국가가 집중육성, 발전을 진행하나 경영성과가 나쁜 중, 소형의 국유기업에 대해서는 매각, 임대, 합병, 합자, 파산 등의 다양한 방법으로 시장원리에 따라 재편"한다는 방침抓大放小을 발표하였다.

67　国家统计局,『中国统计摘要 2013』(北京: 中国统计出版社, 2013), p.102.

68　Lee, "Xiagang, the Chinese Style of Laying Off Workers," *Asian Survey* 40 (2000), pp.933-937.

69　백승욱, "변화와 갈등속의 중국 노동자,"『현대 중국의 이해』(파주: 나남, 2005), p.263.

그 결과 대형기업의 주식상장, 소형기업의 민영화 등의 형식으로 국유기업 개혁이 발생하였다.[70] 국유기업의 구조조정은 중국 전역에서 진행됐는데 2001년까지 국유기업의 86%가 구조조정을 겪었다. 이에 따라 수많은 노동자들이 일자리를 잃고 면직下岗 상태에 처하게 되는 결과를 초래했고[71] 수많은 면직자下岗职工 출현이 실업률 증가와 함께 사회 불안을 초래했다.[72]

한편으로는 면직자들의 증가는 단순한 실업의 문제가 아닌 사회보장의 문제 또한 초래했다. 기존 노동자은 면직을 통해 소속 국유기업 단위에서 누리던 혜택을 상실하였으며, 국가가 과거 단위를 대신해 사회보장을 제공해야 하는 부담을 지게 되었다.[73] 면직자들은 양로, 의료보험 등 기본적인 사회보장이 결여되어 특히 심각한 질병이 걸린 경우 생활상에 큰 부담을 겪게 되었다. 과거와 달리 일상생활에 얘기치 않은 일에 직면한 경우에 대비해야 할 필요가 생긴 것이다.[74] 각종 사회보장의 부재는 의료보험, 노후대책 등에 대한 경제적인 부담감과 불안감을 초래하였다.

---

70 Garnaut et al. "Impact and Significance of State-owned Enterprise Restructuring in China," *The China Journal* 55 (2006), pp.35-36.

71 여기서 면직자는 각종 원인으로 잠시 직무를 떠났지만, 여전히 소속단위의 보조금이나 구제금을 받으면서 다시 직무에 복귀하거나 재취업을 기다리는 사람을 지칭한다. 백승욱, 『중국의 노동자와 노동정책』 (서울: 문학과 지성사, 2001), p.83.

72 Cho, "On the Edge between "the People" and "the Population": Ethnographic Research on the Minimum Livelihood guarantee," *China Quarterly* 201 (2010), p.26.

73 Naughton, "Danwei: The Economic Foundations of a Unique Institution," in X. Lu and E. J. Perry (eds.), *Danwei: The Changing Chinese Workplace in Historical and Comparative* (Armonk: M. E. Sharpe, 1997), p.189.

74 쑨리핑, 『단절』 (부산: 산지니, 2007), p.23.

한편 개혁개방은 농촌의 대규모 노동력의 도시 진출을 야기하였는데, 이 또한 중국 사회의 구조적 문제를 초개랬다. 1984년 중국 정부는 농민공이 자기의 양식을 가지고 도시에 거주하면서 일하고 상업에 종사하는 것을 허가하였고, 그 이후 농촌의 대규모 노동력이 도시로 진출하게 되었다.[75] 개혁개방이 진행될수록 농민공의 수는 증가해 1982년 전국 인구센서스 조사에 따르면 농민공의 수 657만 명이었으나, 1990년 2,135만 명으로,[76] 2004년에는 약 1.2억 명이 되었다.[77] 그러나 개혁개방 이후에도 도시호구를 보유한 시민에게만 주택, 의료, 교육 등의 사회복지가 제공되던 배타적인 사회보장 체제가 지속되었고, 한편으로 농민공 이주민들은 근본적으로 도시 호구戶口를 발급 받는데 한계가 있었기 때문에 도시 내에서 주택, 의료, 교육, 편의 시설 등을 보장 받을 수 없었다. 그 결과, 농민공은 도시 주민과 같은 도시 안에서 거주하지만, 도시민으로서 누릴 수 있는 각종 사회보장과 혜택은 결여되어 있었다.[78]

물론, 개혁개방 이후 중국이 눈부신 경제성장을 거듭한 것은 부인할 수 없다. 중국은 1978년부터 2008년까지 연평균 9.8%의 놀라운 경제성장률을 보였고, 이는 같은 시기 전 세계 GDP 성장이 측정 가

---

75 杨聪敏·杨黎源, "当代中国农民工流动规模考察" (2009), 中国社会学网, http://www.sociology2010.cass.cn/

76 이민자에 따르면, 개혁개방 이후 농민공은 외래인구, 외지인, 유동인구, 민공 등 다양한 표현으로 불렸다. 따라서 당시의 농민공의 수에 관한 데이터는 해당 인구 센서스 조사에서 '1년이상의 유동인구' 항목을 참고 하였다. 이민자, 『중국 농민공과 국가-사회관계』 (서울: 나남출판, 2001).

77 "系列调查:当前农民工流动就业数量'结构与特点," 人民网 2006. 2. 14, http://politics.people.com.cn/

78 王春光, "'半个'城市人," 『百科知识』 11 (2007), p.51.

능한 166개 국가 중에 가장 빠른 경제성장을 한 것으로 평가되고 있다.[79] 2010년 일본을 제치고 세계 2위의 경제대국으로 부상한 경제성장의 이면에는 다양한 문제점이 출현하였다. 개혁개방 이후 농촌은 인민공사 체제 하에서 집단적으로 공급되던 복지체제가 붕괴되었으며, 농촌과 도시의 격차는 더욱 커지게 되었다. 도시에서는 단위제도의 해체와 국유기업 구조조정이 발생하였다. 그 결과 대규모의 실업자가 발생하였고, 사회보장 문제 또한 야기되었다. 한편으로 개혁개방 이후 많은 농촌 노동력이 도시에 진출하였는데, 이들에 대한 사회보장 제공은 여전히 미비한 한계를 노출했다. 개혁개방 이후 출현한 사회의 각종 문제들은 중국 정부로 하여금 해결책을 모색하게 만들었고, 사회문제 해결에 도움이 되는 사회 역량의 참여 증가를 격려하는 정책을 시행했다. 이는 중국에서 사회적경제라는 새로운 조직 유형이 등장하는 계기가 되었다.

2. 정책적 요인

중국 정부는 다양한 사회조직을 제도화했으며 국가-사회 관계를 재설정하기 위한 새로운 정책적 슬로건이나 지침을 잇달아 발표했다. 예를 들어, 장쩌민 시기 중국 정부는 국유기업의 개혁이 초래한 대규모 면직자 발생에 대응하여 면직자들의 재취업활동을 지원하는 재취업 프로젝트再就业工程를 실시하였다.[80] 1994년 노동부는 상하이 등

79 "中国奇迹是否可续," 网易财经 2011年8月17日, http://money.163.com/

80 Solinger, "Labour Market Reform and the Plight of the Laid-off Proletariat," *China*

30여 도시에서 재취업 프로젝트를 시범적으로 실시하였고, 1995년 국무원은 노동부의 〈재취업 프로젝트 실시에 관한 보고〉^{关于实施再就业工程的报告}를 승인함으로 전국적으로 재취업 프로젝트를 확대했다.[81] 국무원은 재취업 프로젝트 진행에 있어 사회 각 방면의 관심과 지지를 확보하여 사회와 공동으로 재취업 프로젝트가 진행되기를 희망하였다.[82] 그 결과, 전국적으로 재취업 프로젝트가 진행되는 과정에서 재취업 서비스 센터가 등장하였다. 재취업센터는 1996년 상하이시에서 최초로 등장하였다. 상하이시는 재취업센터를 통해 면직자들이 집중되어 있던 방직, 전자기기 2가지 업종에 재취업 서비스센터를 설립하여 재취업 서비스센터로 하여금 직업훈련, 직업지도, 노무수출, 사회보험처리, 기본생활 보장 및 재취업 실현 등에 필요한 다양한 서비스를 제공하게 하였다. 국유기업의 인원감축이 지속되고 면직자들의 증가가 지속됨에 따라 전국 다른 도시들에서도 재취업서비스 센터들이 설립되었다.[83] 1998년 중국 당국은 〈중공중앙, 국무원의 국유기업 면직자 기본 생활보장과 재취업 업무에 관한 통지〉^{中共中央国务院关于切实做好国有企业下岗职工基本生活保障和再就业工作的通知}, 〈국유기업 면직 직공관리와 재취업서비스센터 건설 관련 문제에 관한 통지〉^{关于加强国有企业下岗职工管理和再就业服务中心建设有关问题的通知} 등의 문건을 발표하여 재취업 서비스센터가 면직자들의 기본생활비를 제공하고, 사회보험비를 대납하는

Quarterly 170 (June 2002), p.326.

81 王汉生·陈智霞, "再就业政策与下岗职工再就业行为,"『社会学研究』4 (1996), p.15.

82 国办发〔1995〕24号 "国务院办公厅转发劳动部关于实施再就业工程报告的通知," 国务院 网页 http://www.gov.cn/

83 赖德胜·张琪, 『中国就业60年』(北京: 中国劳动社会保障出版社, 2010), pp.199-201.

등 사회보장을 제공할 것과, 면직자들에게 재취업 훈련을 제공하는 등 면직자들의 취업활동을 보조할 것을 명시하였다. 그 결과, 1998년 말까지 전국 국유기업 면직자 1,219만명 중 609만 명이 취업에 성공하였고, 1998년부터 2004년까지 전국 국유기업의 2,160만 면직자들 중 1,940만 명의 인원이 재취업에 성공하였다.[84]

장쩌민 정부의 후임 정권인 후진타오 정부 역시 다양한 사회적 모순 해결을 위해 사회 역량의 참여를 더욱 촉진했다. 후진타오 정부는 민생 현안을 개선하기 위한 적극적인 의지를 '조화사회'和谐社会라는 용어로 표현하였고, 후진타오 시기 이래 중국 정부는 국가의 사회문제 해결을 위해 사회역량의 참여를 용인하고 지지하는 문건들을 계속해서 발표하였다.

2006년 10월 중국 공산당 16차 중앙위원회 제6차 전체회의에서 〈사회주의 조화사회 건설의 중대 문제에 한 약간의 결정〉关于构建社会主义和谐社会若干重大问题的决定을 통해 후진타오 정부는 2020년까지 사회주의 조화사회를 건설하는 것을 목표로 삼았고, 그 일환으로서 사회관리 개선과 사회 안정, 질서유지를 위한 사회조직들의 역할에 주목하였다. 구체적으로는 사회조직들의 배양과 의법관리依法管理의 정책을 마련하여 사회조직들이 서비스를 제공하고, 사람들의 요구에 반응하도록 하는 것을 목표로 하였다. 당국은 변호사, 공증, 회계 자산평가

---

84 Mai Lu And Mingliang Feng, "Reforming the Welfare System in the People' Republic of China," *Asian Development Review* 25-1·2 (2008) p.64. 후진타오 이후에도 정부의 일자리 창출에 대한 부담이 계속되고 있다. 대졸자의 증가와 농민공의 지속적인 유입은 정부에 일자리 제공의 압력을 주고 있으며, 정부는 2007년 〈취업촉진법〉을 제정하여 사회에서 취업곤란 인원에 대한 취업 서비스활동 전개, 기능개발, 직장정보 제공 등의 서비스를 제공할 수 있도록 지지하고 지원하고 있다. (제9조, 제33조, 제54조)

등의 기재를 발전시키고 규범화하여 사회역량이 교육, 과학기술, 문화, 위생, 체육, 사회복지 등의 영역에서 민영비기업단위를 수립할 수 있도록 격려하고, 각종 기금회, 공익사업의 발전을 촉진하는 것을 목표로 삼았다.

또한 2007년 〈17차 당대회 상의 보고〉胡锦涛在党的十七大上的报告에서 사회건설의 중요성을 역설하였다. 후진타오는 "사회건설은 인민의 행복과 평안과 밀접히 관계되는 사업이다. 우리는 반드시 경제발전에 기초하여 사회건설을 보다 중시해야 하는바 민생을 보장하고 개선하며 사회체제개혁을 추진하고 공공서비스를 확대하며 사회관리를 보완하고 사회의 공평과 정의를 촉진하는데 힘을 넣어야 하며 전체 인민이 누구나 다 교육받을 수 있고 누구나 다 일한만큼 소득을 취득할 수 있으며 누구나 다 치료를 받을 수 있고 누구나 다 양로가 보장되고 누구나 다 주택이 보장되도록 하여 조화사회 건설을 추진해야 한다."고 천명하였다.[85] 이러한 중국 정부의 공식적 입장은 사회적기업의 발전에 매우 유리하게 작용하였다. 사회적기업은 사회공익성과 기업성을 모두 가지고 있었기 때문에 사회건설, 민생개선 및 공평정의의 촉진이라는 당국의 목표에 매우 부합하기 때문이었다.[86]

한편으로 중국 공산당과 정부는 명확한 사회관리 방침을 수립하여 사회의 참여의 성격을 규정하였다. 2011년 7월 발표된 〈중공중앙, 국무원의 사회관리 강화와 혁신에 관한 의견〉中共中央'国务院关于加强和创新社会管理的意见은 당위원회가 이끌고党委领导, 정부가 책임지며政府负责 사회

---

85 인민넷 조문판, "중국공산당 제17차 전국대표대회에서 한 호금도 보고(8)," http://korea. cpc.people.com.cn/

86 黄承伟·覃志敏, "我国社会企业发展研究述评," 『学习与实践』 5 (2013), p.105.

가 협동하고^{社会协同} 대중이 참여하는^{公众参与} 사회관리 방침을 수립하였다. 여기서 '당위원회 영도와 정부책임'은 국가와 당이 서비스형 정부 건설, 공공서비스 체계 건설을 통해 사회를 더욱 조화롭게 만드는 것을 의미한다. 그리고 사회협동^{社会协同}은 정부의 관리감독을 통한 사회조직의 육성과 발전, 사구의 역량발휘, 정부의 관리와 사구 간의 상호작용을 의미한다. 한편 '대중 참여'는 사회관리를 위해 대중 모두의 참여가 필요하다는 것을 의미한다.[87] 이는 양로사업 등 다양한 복지제공과 사회 안정에 필요한 다양한 활동에 사회의 참여를 격려함으로 사회를 더욱 안정적으로 유지하겠다는 공산당의 인식을 보여주는 것으로, 사회적경제 조직의 성장을 정부에서 용인한다는 것을 암시한다. 그러나 한편으로 이러한 공산당의 사회관리 방침은 사회의 참여는 어디까지나 당국의 지도와 책임 하에서 이루어져야한다는 것을 시사하는 것이기도 하다.

이러한 사회역량 참여 격려 기조는 시진핑 정부에 와서도 계속되고 있다. 시진핑 정부는 2013년 10월 18차 중앙위원회 3차 전체회의에서 통과된 〈중공중앙의 전면개혁심화에 관한 약간 중대문제의 결정〉^{中共中央关于全面深化改革若干重大问题的决定}을 통해서 사회조직들의 적극적인 사회 거버넌스 문제 참여와 사회서비스 제공을 격려하였다. 시진핑 정부는 현재 정부와 사회의 분리를 추진하고 있으며, 사회조직에게 더 많은 권한과 책임을 부여하고 있다. 또한 사회조직이 공공서비스를 제공하고 해결할 수 있는 사항에 대해서는 사회조직이 직접 담

---

87 "中央加强社会创新管理意见下发 限县团级以上干部阅读," 人民网 2011. 9. 20, http://politics.people.com.cn/

당할 것을 명시하였고, 사회서비스 조직의 성장을 지지한다고 명시하였다. 또한 시진핑 정부는 업종협회, 상회, 과학기술, 공익자선, 도농사구서비스 등의 성격을 지닌 사회조직에 한하여 등록조건을 완화하여 업무주관단위의 동의를 거치지 않고 직접 민정부에 등록할 수 있도록 하였다.[88]

특히 사구복무기구에서는 노인 및 장애인 돌봄 서비스를 실행해 사회조직이 서비스를 제공하는 현실이 광범위하게 목격된다. 이러한 서비스 양태는 지방마다 큰 편차를 보이는데, 거주 노인인구 비중이 높은 베이징시석경산구 노곡가도 사구서비스센터의 경우 독거노인들을 대상으로 재가요양 서비스, 일상활동 지원 서비스 및 사무소 내 문화오락 활동 공간을 마련해 두고 있다. 복무기구 직원은 국가기관 및 사업단위 소속으로 정부가 인력 및 사업예산 지원 역할을 맡는다.[89] 반면 베이징시 다른 사구나 상하이시의 경우에는 정부와 공동으로 사구 내부의 문제를 해결하고 공익사업을 벌이거나[90] 자원봉사자 및 민영기업, 병원 등과 연합하는 경우도 있어 민관협력이 이루

---

88 1998년 제정된 〈민영비기업단위 등록관리 임시조례〉에 따르면, 민영비기업은 자신을 보증할 수 있는 업무주관단위의 심사와 승인 후에야 등기관리 기구에 등록을 신청할 수 있다(제8조). 업무주관단위는 민영비기업단위의 설립, 운영, 소멸에 개입할 수 있으며, 민영비기업단위의 활동을 감독하는 권한을 보유한다(제20조). 등기관리기관도 사회단체의 활동 및 운영에 대하여 제재할 수 있는 권한을 보유한다(제19조). 결국 〈조례〉는 민영비기업단위의 설립, 운영, 소멸의 모든 단계에서 등기관리기관과 업무주관단위가 관리와 통제를 하는 이중관리(双重管理) 체제를 제도화하였다. 2013년 3월 발표된 〈국무원 기구개혁과 직능변화 방안(国务院机构改革与职能转变方案)〉은 업종협회, 상회, 과학기술, 공익자선, 도농사구서비스 등의 분야에 종사하는 민간조직이 등록기관으로의 직접등록을 용인하였다. 이는 민간조직에 대한 이중관리의 점진적인 폐지를 의미한다. 中国社会科学院, 『民间组织与公共治理研究』(北京: 中国社会科学院出版, 2013), pp.1-50.

89 선우덕 외 (2012), pp.116-117.

90 차창훈 (2010), pp.244-245.

어지기도 한다. 이와 더불어 국무원은 2004년 〈행정허가법〉^{行政许可法}
을 발표해 개인, 법인, 기타 조직에 특정 서비스 업무를 허가, 인가할
수 있도록 했고 2013년 〈양로산업 발전의 촉진에 관한 약간의 의견〉
^{关于加快发展养老服务业的若干意见}을 발표해 "사회적 역량이 양로기구를 설립
하는데 어려움을 겪지 않도록 하고 ... 일정 규모 이상의 양로기구 체
인, 해외 및 자본의 투자를 촉진"한다고 밝혀 사회적경제 관련 조직
의 활동 기반 마련에 보다 적극적인 태도를 보이기도 했다.

위의 사례는 노인복지 부문에 국한되어 있지만 광범위하게 사회의
참여를 독려하고, 이를 뒷받침하는 정책은 각 부문별로 다양하게 이
루어지고 있다. 이는 사회적경제 관련 조직이 활동할 수 있는 토대를
마련하는 효과를 가져왔다. 예를 들어, 2007년에는 〈취업촉진법〉^{促进}
^{就业法}을 통해 실업자와 장애인 등 노동시장에서 소외된 집단의 채용
을 돕는 직업중개기구 및 이들을 채용한 기업들에게 혜택을 제공하
였다. 또한 2006년에는 〈농민전업합작사법〉을 제정해 개혁개방 이후
부각된 농촌문제 해결책의 하나로 합작사의 성장을 격려하고 있다.
또한 주요 상업은행이 수익 하락을 이유로 향, 진 등 농촌에서 지점
을 철수함에 따라 농민의 금융접근성을 높이기 위해 농촌 금융기관
중 농촌신용사를 활성화하고, 농촌자금호조사, 소액대출기구 등 새
로운 유형의 조직도 실험적으로 운영하고 있다.

3. 내부적 요인

이러한 사회역량 참여 격려 분위기 속에서, 각종 조직들의 사회적

경제 관련 활동이 증가하게 되었다. 먼저 민영비기업단위 사례를 살펴보자. 〈민영비기업단위등기관리임시조례〉에 따르면 민영비기업단위는 "기업·사업단위, 사회단체와 기타 사회세력 및 공민 개인이 비국유자산을 이용하여 설립한 비영리성 사회서비스 활동에 종사하는 사회조직"이다.

민영비기업단위는 비국유자산을 이용하여 비영리성 서비스 활동에 종사한다. 1999년 약 6,000여 개에 불과하던 민영비기업단위의 수는 약 15년 만에 약 37배 가량 증가하여 2013년 현재에는 약 225,000개의 민영비기업단위가 활동하고 있다. 이들 민영비기업단위는 다양한 분야에서 사회복지를 제공하고 있다. 2013년 현재 사회서비스를 제공하는 민영비기업단위는 36,698개, 교육 분야의 민영비기업단위는 145,210개, 생태·환경 분야의 민영비기업단위는 377개, 보건 분야에 종사하는 민영비기업단위는 21,234개이다. 그 외에도 과학기술 서비스 유형이 13,729개, 문화 분야에서 활동하는 민영비기업단위가 11,694개이다. 이처럼 민영비기업단위는 다양한 분야에서 활동하면서 사회에 필요한 서비스를 제공하는 중요한 행위자로 자리매김하였다.

두 번째로 농민전업합작사가 중국 농촌에 급증하고 있다. 농민전업합작사는 2006년 10월 31일 전인대 상임위원회 제24차 회의에서 통과되고 2007년 발효된 〈농민전업합작사법〉에 근거한다. 법률은 농민전업합작사를 "농가토지도경영의 기초 위에서 동일 품목 농산물의 생산·경영 주체 혹은 동일한 농업생산·경영 서비스의 제공자와 이용자들이 자발적으로 협동하여 민주적으로 관리하는 상부상조의 성격을 지닌 경제조직"으로 규정한다. 한국의 농협법이 인정하고 있는 것 중 제108조에서 보이는 "특정 품목·업종의 농업을 경영하는 조합원에게 필요한 기술·자금 및 정보 등을 제공하고, 조합원이 생산한 농축산물의 판로 확보와 유통 촉진을 도모함으로써 조합원의 경제적·사회적·문화적 지위향상을 증대함을 목적"으로 하는 품목별, 업종별 협동조합과 유사한 것으로 평가되기도 한다.[91] 또한 동일 품목을 전제로 하나 제공자, 이용자들의 협동과 민주적 관리를 명시하고 있어 ICA의 협동조합 원칙에도 부합한다. 이 새로운 합작사는 빠른 속도로 증가하고 있으며, 이에 대한 기대도 적지 않다. 2013년 현재 중국에 등록된 전업합작사는 73만 개이며, 매달 1만여 개 합작사가 증가하고 있다. 전업합작사에 등록된 농가는 5400만 가구로 중국 전체 농가의 20%에 이른다.

두 사례에서 보듯, 사회적경제 관련 조직의 수는 점차 증가하는 추세다. 그 이유는 첫 번째로, 개혁개방 이후 발생한 다양한 문제들이 2000년대 이후 사회적으로 더욱 심각하게 부각되었고, 이를 해결하는 과정에서 정부의 사회 역량의 활동을 지지하는 정부의 방침이 영향을 미친 때문이다. 2003년 국무원 산하의 사회과학원에서 발간된 『사회청서 계층편』社会蓝皮书 階層篇은 지난 시기 공산당이 추진한 경제성장 지상주의의 폐해를 '경제의 지속적인 고속성장과 노동관계의 악화 병존'을 지적하고 있다.[92] 2003년 사회청서는 갈수록 심해지는 소득격차, 사회 보험금 등 사회보장문제, 갈수록 증가하는 면직자 문제 등의 심각성을 지적하고 있다. 이러한 사회 불균형에 대한 우려는 2004년 사회청서에 '노동관계의 불안정성 가중'라는 내용으로 그대

---

91 장정길·리경호 (2012), p.3.

92 乔健, "2002年中国劳动关系的现状及面临的问题," 汝信·陆学艺·李培林 主编, 『2003年中国社会形式分析与预测』 (北京: 社会科学文献出版社, 2003), pp.253-255.

로 되풀이 되어 문제의 심각성을 암시하였다.[93] 이 뿐만 아니라 2030
년까지 지속될 노동력 공급과잉과 일자리 창출의 문제, 갈수록 심각
해지는 인구 노령화문제, 교육자원의 불균형문제 등 다양한 분야에
서 새롭게 해결되어야 할 사회적 과제들이 점차 부각되었다.[94] 앞서
살펴본 것처럼 중국 당국은 사회적 문제의 해결을 위해 사회의 참여
를 격려하고, 이들에게 더 많은 책임을 부여하고 있어 사회적 문제에
대응하려는 사회조직들의 공익활동 참여를 더욱 용이하게 하고 있어
사회적경제 조직의 증가를 촉진하는 요인이 되고 있는 것이다.

두 번째로, 중국 사회에서 사회적경제 개념에 대한 관심이 증가한
것도 빼놓을 수 없는 요인이다. 시작은 2004년 베이징대 류지퉁[刘纪]
[同] 교수가 사회적기업에 관한 글을 번역하여 학술지『중국사회업무연
구』[中国社会工作研究]에 등재하면서부터였다. 그 이후 중국에서는 사회적
기업에 관한 다양한 토의가 지속되었다. 예를 들어, 2006년 1월에는
중국의 유명한 상업잡지인『21세기 상업평론』에서 사회적기업가 정
신의 개념과 실천에 관한 10여 편의 글들이 개제되었고, 같은 해 3월
듀크대 연구원인 후싱[Hu Xing]의 "사회적기업은 무엇인가"[何为社会企业]라
는 논문이 중앙편집국[中央编辑局] 산하의 학술지『경제사회체제비교』[经

---

93 乔健, "2003年:新一轮结构调整下的劳动关系," 汝信·陆学·李培林 主编,『2004年中国社
会形式分析与预测』(北京: 社会科学文献出版社, 2004), pp.285-287. 후진타오 정부는 전임
자 장쩌민이 경제성장에 주력함으로 대중적 지지를 얻었던 것과 달리 실업문제, 빈곤문제 등
사회문제 해결에 노력을 아끼지 않았는데, 이는 장쩌민 정부보다 민생 현안에 더 주의를 기
울임으로 국민들의 지지를 얻으려는 노력했기 때문이라는 견해도 존재한다. 조영남,『후진타
오 시기의 중국정치』(서울: 나남, 2006b), p.123.
94 王亚栋, "实施积极的就业政策千方百计扩大就业"(2010), p.120. http://www.iprcc.org.
cn/

济社会体制比较에 등재되었다.[95] 그 이후 중국 학계에서는 사회적기업에 관한 논문이 다수 등장하는 한편 관련 번역서들이 발간되었다. 예를 들어 데이비드 번스타인David Bornstein의 "어떻게 세계를 바꿀 것인가How to Change the World", 찰스 리드비터Charles Leadbeater의 "사회적기업가의 부상the Rise of the Social Entrepreneur" 등 사회적기업, 사회적기업가 관련 서적들이 중국어로 번역되어 중국에서의 사회적경제 부문에 대한 관심을 제고했다.[96]

이러한 발전 과정에 있어서는 국제사회와의 상호작용 역시 중요한 요인이었다. 특히 영국은 중국에 사회적기업을 비롯해 광범위한 사회적경제 부문을 소개하는 데 매우 적극적이었다. 영국 대사관 문화교육처Cultural and Educational Section of British Embassy에서는 2007년 『투시 사회적기업: 중국과 영국의 경험』透视社会企业:中国与英国经验이라는 서적을 발간하였고, 2008년에는 『중국 사회적기업 조사보고』中国社会企业调查报告를 간행하여 중국의 사회적기업에 깊은 관심을 보였다. 또한 영국 대사관 문화교육처는 2008년 6월부터 '우성기업가빈곤퇴치기금회'友成企业家扶贫基金会, '남도공익기금회'南都公益基金会, '상해증애기금회'上海增爱基金会 등과 같이 사회적기업가 기능 훈련Skills for Social Entrepreneurs 프로그램을 진행하여 중국 내에 사회적기업가를 육성하고 있다. 한편으로 학계 차원에서 사회적기업을 중심에 두고 해외와의 교류가 이루어지고 있다. 예를 들어, 2007년 옥스포드대학 스콜센터와 아시아기업가학교the Enterpreneurs School of Asia는 저장대학 글로벌기업가 연구센

---

95 Zhao (2012), pp.31-32.

96 张嘉伟·陈娅秋, "社会企业的这十年" (2012), http://www.serc-china.org/

터와 공동으로 국제기업가정신포럼을 개최하였고, 2013년 미국 펜실베니아 대학교는 상하이 차이징대학上海财经大学 사회적기업 연구센터, 베이징대학교 시민사회연구센터, 21세기 사회혁신 연구센터 등과 공동으로『중국 사회적기업과 사회영향력 투자발전보고』라는 보고서를 작성하였다.[97] 이처럼 중국의 사회적기업에 대한 관심은 외국과의 상호작용 속에서 더욱 증가하고 있으며, 이 또한 사회적경제 조직의 성장에 밑거름이 되고 있다.

넷째, 사회적경제 조직이 국가적 재난 상황에서 보여 준 발빠른 대응도 성장의 한 가지 원인이다. 특히 2008년 쓰촨 대지진은 중국 내 관련 조직이 사회적 지지를 받고 성장하는 계기가 되었다. 쓰촨 대지진과 그 이후 재난 수습 과정에서 중국 사회에서 민간조직 및 사회조직의 공익활동이 더욱 부각되어 대중적 옹호를 획득했다.[98] 이는 비단 사회적경제 조직 전반에도 영향을 미쳤으리라 판단된다. 쓰촨 대지진은 사회적경제 조직의 활동가들 스스로에게도 큰 동기를 부여했다. 대부분의 사회적기업가들은 무언가 의미 있는 일을 하는 것을 목적으로 활동을 시작하는데, 2006년 이후 활동을 시작한 활동가들 중 95%가 2008년 쓰촨 대지진이 참여의 주요 동력이었다고 응답하였다.[99] 쓰촨 대지진은 대외적으로 이미지를 개선시켰을 뿐만 아니라 내부적으로도 사회적기업가가 자신의 활동에 정당성을 부여하는 전환점이 된 것이다.

중국 NGO들의 전환 역시 사회적경제 다양화와 제도적 발전의 중

---

97 何辉 (2013), pp.124-127.

98 沙勇,『中国社会企业研究』(北京: 中央编译出版社, 2013), pp.113-114.

99 FYSE, *China Social Enterprise Report 2012* (2012), p.13. http://www.fyse.org/

요한 요인이다. 중국의 NGO들은 고질적으로 오랜 기간 동안 재정 부족의 문제를 가지고 있었다. 2000년 칭화대학의 NGO 설문조사에 따르면, 41.4%의 NGO들이 자금 부족을 자신들의 가장 큰 문제점이라고 응답하였다.[100] 세부적으로 중국 NGO의 당시 자금부족 상황을 살펴보기 위해 1998년 NGO 조사를 살펴보면 1998년 당시 연 간 지출 5만 위안 이하의 NGO들은 전체의 46%였으며, 연간 지출 규모 50만 위안 이상의 조직들은 전체의 5.8%에 불과하였다. 한편으로 중국 NGO들은 재정적으로 중국 정부에 심하게 의존하고 있었다. 당시 NGO들의 자금 중 전체 53.55%는 정부의 지원이었고, 5.63%만이 기업으로부터 온 것이었다. 대중의 기부는 2.18%에 지나지 않았다. 이처럼 당시 NGO들은 재정 중 상당부분을 정부의 지원금에 의존하였고, 그에 따라 얼마 되지 않는 지원금을 둘러싼 NGO 사이의 경쟁역시 심화되었다. 이러한 상황에서 NGO들은 자구책으로 스스로의 수입을 증가시키기 위한 영리활동을 시작하게 되었다. 이들은 서비스 제공의 유료화, 조직 발전과 더 나은 서비스 제공을 위한 경영활동 참여, 미래의 수익 확보를 위한 상업투자를 추진함으로 자금난에서 벗어나고자 하였다.[101] 이 과정에서 NGO들은 내부 관리의 기업화, 정부로부터의 서비스 구매, 여타 상업적 기업들과의 협력과 경쟁 등을 추진하여 시장화를 도입하게 되었으며, 점차 공익활동을 진행하면서도 영리활동을 동시에 추진하게 되었다.[102]

---

100 罗大贵·杨红, "中国NGO的发展现状及其对策研究," 『四川理工学院学报(社会科学版)』 23-5 (2008), p.88.

101 罗湘 외, "我国非营利组织资金困境分析," 『玉溪师范学院学报』 21-11 (2005), pp.8-12.

102 张玉磊, "非营利组织市场化运作的国外经验及其对我国的启示," 『河南商业高等专科学

또한 중요한 대목은 기업의 사회적 활동 참여가 늘어나면서 사회적 경제 조직 발전이 더욱 탄력을 받은 지점이다. 기업의 사회적 책임[CSR]이 더욱 중시되었고, 그에 따라 기업의 사회적 활동이 증가한 것이다. 개혁기 이전의 중국 기업은 국가에 종속되어 국가의 지시를 받아 생산 활동을 집행하는 도구이자 사회복지를 실현하는 장소였기 때문에 기업의 사회적 책임이라는 개념은 존재하지 않았다.[103] 개혁개방 이후 1990년대 중반까지 중국 기업은 극심한 경쟁 환경 하에서 이윤의 극대화를 추구했고, 준법, 경영, 자선, 환경보호 등은 관심 밖이었다. 또한 당시 경제적 성과와 고용 창출에 더욱 집중했던 중국 정부 또한 중국 기업에 별다른 제재를 가하지 않았다.[104] 그러나 중국 당국은 1990년대 중반 이후 〈회사법〉公司法, 〈노동법〉劳动法 등을 제정하여 기업의 사회적 책임을 위한 법규범을 정비하기 시작하였고[105] 2001년 WTO 가입 이후에는 기업의 사회적 책임에 대한 국제적인 기준과 방침들이 중국에 본격적으로 도입되기 시작하였다. 이와 더불어 후진타오 정권이 들어서면서 과학적 발전관, 조화사회, 지속가능한 발전 등이 국정이념으로 부상하면서 중국 기업들의 인식 변화를 가속화했다. 중국 기업들은 점차 경영철학, 노동과 환경, 기업윤리, 지역 사회 발전에 대한 중요성을 인식하게 되었고, 윤리적, 자선적 차

校学报』20-2 (2007), p.10.

103 卢代福, 『企业社会责任研究』(北京: 法律出版社, 2014), pp.248-249.

104 정상은, "다국적 기업의 중국 내 사회적 책임(CSR) 활동 분석," 『국제지역연구』 제11권 1호 (2007), pp.288-229.

105 "中国企业社会责任的演变," 红旗文稿 2012. 3. 13. http://www.sasac.gov.cn/

원에서 기업의 사회적 책임이 더욱 중요하게 부각되었다.[106]

이러한 상황에서 먼저 중국 기업들의 사회적 책임 실천의 전반적인 수준이 향상되었다. 중국 국무원 산하의 사회과학원은 100대 국유기업, 민영기업, 외자기업 등을 대상으로 기업의 사회적 책임 보고, 재무보고, 기업의 홈페이지 등을 통해 수집한 정보로 '중국 100대 기업 사회적 책임 발전지수'를 평가하여왔다. 사회과학원의 연구에 따르면, 2009년 이래 중국 기업들의 사회적 책임 발전 지수는 매년 높아지고 있는데, 이는 중국 기업들의 사회적 책임 실천이 개선되고 있음을 의미한다.

〈표 6〉 중국 100대 국유, 민영, 외자기업들의 사회적 책임지수 변화

연도	종합지수	국유 100대 기업	민영 100대 기업	외자 100대 기업
2009	15.2	25.6	12.9	7.1
2010	17.0	28.9	13.9	8.1
2011	19.7	31.7	13.3	12.6
2012	23.1	40.9	15.2	13.2
2013	26.4	43.9	16.6	18.6

출처: 李扬 主编, 『中国企业社会责任研究报告(2013)』(北京: 社会科学院出版社, 2013), pp.31-32.

두 번째로 기업의 공익 기부금이 증가하게 되었다. 민정부 중민 자선기부 정보센터民政部中民慈善捐助信息中心에 따르면 2007년 중국 전체의 기부금액은 309억 위안이었고, 국내소재 기업의 기부금액은 191억 위안이었다. 그러나 중국의 자선 기부금액은 2012년 현재 817억 위

---

106 최병헌, "중국내 기업의 사회적 책임(CSR)의 유형과 영향에 관한 연구," 『중국학 연구』 제45권 (2007), pp.404-405.

안에 이르고, 그 중 기업의 기부금액은 474.38억 위안으로 증가하였
다. 또한 전체 기부금 총액 대비 기업의 기부 비율은 2009년 이래 계
속해서 50%를 상회하고 있는데, 이는 중국 사회 전체의 자선기부 활
동 중 기업의 공익자선활동이 더 활발한 편에 속한다는 것을 의미한
다고 볼 수 있다.

〈표 7〉 중국 자선 기부금액 증가 추이

연도	기부금 총액(억 위안)	기업 기부금액(억 위안)	기업 기부 비율(%)
2007	309	191	86
2008	1070	388	46
2009	630	357	65
2010	1032	598	66
2011	845	485.75	57.5
2012	817	474.38	58

출처: 民政部中民慈善捐助信息中心, 『中国慈善捐助报告(2010)』(2010); 新京报: 人民网[107]

특히 기업의 기금회의 설립이 증가하였다. 기업들은 기금회를 설립
하고 지원함으로 공익활동을 활발히 벌이고 있다. 기업의 기금회 설
립은 2004년 〈기금회관리조례〉가 발표되면서 가능해 졌다. 조례에
따르면 기금회는 "자연인, 법인 혹은 기타 조직이 기부한 재산을 이
용하여 공익사업에 종사하는 것을 목적으로 하여 설립된 비영리성
법인"을 지칭한다. 조례는 공개적으로 공공모금이 가능한 공모기금회

---

[107] 民政部中民慈善捐助信息中心, 『中国慈善捐助报告(2010)』(北京: 中国社会出版社, 2011), p.37; "国企慈善捐赠不到民企一半," 新京报 2012. 6. 29, http://finance.qq.com/; "民政部发布《2012中国慈善捐助报告》红会受捐同比降23.68%," 人民网 2013.9.21, http:// politics.people.com.cn/

公募基金会와 특정한 개인이나 기업이 자신의 자산을 공익사업에 사용할 목적으로 설립하여 공공모금을 할 수 없는 비공모기금회非公募基金会 두 종류로 분류한다. 즉 합법적으로 기업이 비공모기금회의 형식으로 기금회를 설립하는 것을 용인한 것이다.[108] 2004년 기업의 기금회 설립이 용인된 이래, 2011년 기업이 설립한 비공모기금회는 285개로 전체 비공모기금회의 22.3%, 자산규모는 34.6억 위안으로 전체 비공모기금회의 16.7%를 차지한다.[109] 기업의 기금회 설립은 기업과 NGO와의 협력을 증가시켰는데, 기업은 이를 통해 사회적 책임을 달성하고 자신의 이미지를 개선할 수 있다는 측면에서, 비영리단체는 고질적인 자금난에서 벗어날 수 있다는 측면에서 서로에게 이득이었기 때문이다.[110] 이처럼 비공모기금회의 일부는 영리를 추구하는 기업의 비영리 공익활동의 통로가 되고 있다. 중국 기업의 NGO와의 협력 증가는 사회서비스에 대한 자원을 지원한다는 측면에서 기업의 사회적경제 활동에 대한 지원과 참여가 늘어나고 있음을 보여준다.

---

108 "中国基金会仍处于初级阶段 公信力建设等方面存不足," 中国网 2014. 7. 28, http://news.china.com.cn/

109 2011년 전국 비공모기금회는 1,278개였으며, 비공모기금회의 발기인은 유명인사(개인), 고등교육기관, 기업 3부류로 나누어 볼 수 있다. 또한 2011년 비공모기금회 전체자산은 216.8억 위안이었다. 285개의 기업설립 기금회 중 전국 규모의 기금회는 27개였으며, 나머지 258개는 지방성 기금회였다. 明善道, 『中国企业基金会发展研究报告 2011』 (北京: CFC·CCiA, 2012).

110 Xiaomin Yu (2011), p.15.

V. 결론: 요약 및 향후 과제

이 글에서는 중국 내 사회적경제가 존재하는가? 라는 질문에 대답하고, 그 특성을 파악하자 했다. 중국에서 중국 학계가 사회적기업으로 공통적으로 지칭하는 조직인 민영비기업단위, 기금회, 농민전업합작사 외에도 사회적경제 관련 활동을 하는 조직이 존재하고 있음을 파악할 수 있다. 본 연구의 기준에 따른 특성을 검토한 데 따르면 이외에도 사회복리기업이 주요 사회적경제 조직으로 판별되며 민영기업과 주식합작기업 등은 사회성이 부족한 때문에 예비조직으로 판별되며, 정책적으로 만들어져 민주성은 배제되어 있지만 농촌신용사, 농촌자금호조사도 예비조직으로 드러난다. 특히 민영기업의 경우는 조직 설립의 자발성·민주성과 사업성·경제성 요소를 혼합적으로 가지고 있기 때문에 예비조직으로 포함할 수 있는데, 최근 적극적으로 추진되고 있는 기업의 사회공헌활동이 확실히 제도화된다면, 주요 조직으로 분류하게 될 가능성이 있다. 즉, 정부차원에서 추진되는 기업의 사회적책임활동에 대한 정책 동향은 향후 중국 사회적경제의 발전에 있어 중요한 요인이 될 것으로 전망된다.

이러한 사회적경제 관련 조직은 크게 세 가지 요인에 따라 등장한 것으로 판단된다. 특히 중국 공산당의 개혁·개방이라는 정치적 변화에 따라서 등장한 면이 더욱 두드러진다. 개혁개방 이후 과거 존재하지 않았던 실업, 서비스 부족, 도농 격차 등 각종 문제가 발생하면서 중국 정부가 민간의 역량을 동원, 활용하려는 정책을 펼치는 과정에서 사회적경제가 발전할 수 있는 환경이 만들어진 것이다. 물론 이러한 정부 주도하에 환경이 마련되었다고 하더라도 정부 정책에 조응

한·중·일 사회적경제 Mapping

하는 사회의 대응이 없었다면 현재와 같은 사회적기업의 양적, 질적 성장은 불가능했을 것이다. 정부가 적극적으로 사회 역량의 참여공간을 허용한 가운데, 빠른 속도로 민영비기업단위, 기금회 등이 생겨나고, 농민전업합작사가 증가한 현실은 중국 사회 내에서 사회적경제 조직 유형에 관심을 가지고, 이를 통해 사회문제를 해결하려는 행위자가 존재하고 있었음을 시사한다.

현재 중국의 사회적경제 관련 조직 전반이 국가가 허용한 테두리 내에서 발전했다 하더라도 새로 대두된 사회적 문제의 해결 과정에서 사회적경제 관련 조직이 등장했다는 점은, 해결책이자 대안으로써 사회적경제가 중국 내에 등장하고 있음을 시사한다. 이러한 발견은 향후 중국의 사회적경제 연구에 있어 기초가 될 수 있으리라 생각한다. 다른 한편 중국 사회적경제의 특성을 파악하기 위한 추가적인 연구의 필요성도 동시에 드러낸다. 본 연구는 법제와 조직을 기본으로 사회적경제를 파악했기에 현실과 법제의 괴리가 발생할 수 있는 각각의 경우에 대해 보다 상세한 연구를 진행하지 못한 한계를 가진다. 이를 위해서는 중국 사회적경제 관련 조직에 대한 보다 상세한 현지 조사나 인터뷰 등이 보완되어야 할 것이며 이는 현실을 보다 적극적으로 반영해 법제도를 중심으로 현황을 파악한 본 연구의 기본 접근법을 보완하는 연구가 될 것으로 예상된다.

제4장

일본 사회적경제 조직 Map[1]

연준한·이상직·미우라 히로키

I. 서론

사회적경제에 대한 관심이 증가하면서 이웃 나라인 일본의 상황에 대한 호기심 또한 커지고 있다. 이는 비영리 섹터와 제3섹터를 비롯해 소셜비즈니스ソーシャル·ビジネス, 커뮤니티 비즈니스コミュニティ·ビジネス, 마을만들기まちづくり 등의 유사개념들을 통해 광범위하게 구현되고 있는 일본의 사회적경제가 여러 측면에서 한국의 그것과 많은 관련성을 가지기 때문이다.[2] 그러나 이러한 현실에도 불구하고 기존 연구는

---

1 이 장의 I~III절은 이상직·연준한·미우라 히로키가 『한국정치연구』 제24집 2호에 발표한 "일본 사회적경제 조직 지형: 포괄적 제도 분석과 전망"을 수정, 보완한 것이다.

2 일본은 조합이나 비영리조직, 기업 체계 등 조직적 측면에서 유사할 뿐만 아니라 사회적경제와 관련된 정책적 측면에서도 중요한 비교 대상이다. 대표적으로 2008년에 도입된 노인장기요양보험제도는 일본의 개호보험(介護保険)제도를 참고해 만들어졌다. 은복주·김도훈·임

대체로 특정비영리활동법인^{特定非營利活動法人, 이하 NPO법인}의 특성과 활동에 연구범위를 한정해 왔다. 일본에서 통용되는 앞서 제시한 모든 개념들과 관련된 조직이라는 점과 더불어 한국에 이에 상응하는 조직이 없다는 점이 NPO법인을 주목하게 된 이유가 아닌가 생각된다. 특정 조직에 초점을 맞추는 시각은 일본 사회적경제의 일면을 조명한다는 측면에서 의의가 있으나 사회적경제로 직간접적으로 지칭되는 조직 및 활동을 폭넓게는 볼 수 없다는 한계를 지닌다.

이러한 점에서 이 장은 일본에서 제도화된 다양한 사회조직의 법적 성격을 분석해 일본 사회적경제의 조직 지형을 거시적 차원에서 규명해보고자 한다. 일본에서는 어떤 조직이 사회적경제에 포함되며, 어떤 조직이 제외되는가? 두 범주 가운데 어느 한쪽에 넣기가 어려운 중간 영역에는 어떤 조직이 있는가? 나아가 이들 세 범주로 구성되는 조직 지형은 어떠한 특징을 가지고 있는가? 이런 질문에 답하기 위해 우리는 먼저 일본에서 통용되고 있는 사회적경제 관련 개념을 폭넓게 살펴 분석대상이 될 '사회조직'의 모집단을 도출할 것이다. 다음으로 각종 사회조직의 법제도적 규정을 사회적경제의 세 가지 기본원리에 비추어 평가하고, 평가 결과에 따라 각종 사회조직을 재분류하여 일본 사회적경제의 조직 지형을 고찰해보고자 한다. 마지막으로는 조직 지형의 배경과 맥락을 구조적, 내부적, 정책적 측면에서 정리해 볼 것이다.

진섭, "일본의 개호보험의 개혁동향과 정책적 함의: 2차 개호보험 개혁을 중심으로," 『한국정책연구』 제12권 4호 (2012), pp.411-432. 제도의 도입, 특징, 문제, 그리고 개선방향 등에 관한 연구들은 일본의 개호보험과의 비교 속에서 그 해답을 찾고 있다. 이광재, "노인장기요양보험제도 정책과정에 관한 한·일 비교연구: 정책네트워크이론을 중심으로," 『한국사회복지학』 제62권 2호 (2010), pp.279-306; 은복주 외 (2012).

Ⅱ. 사회적경제 관련 개념과 조직의 범위

1. 소셜 비즈니스

소셜 비즈니스는 오늘날 일본에서 활발히 사용되고 있는 사회적경제 개념이다. 비단 실천적 차원에서뿐만 아니라 연구 및 정책적 차원에서도 그러하다. 경제산업성^{経済産業省} 산하 '소셜 비즈니스 연구회'^{ソーシャルビジネス研究会}의 총책임자로서 소셜 비즈니스 개념을 일본에 알리는 데 큰 역할을 수행한 다니모토 간지^{谷本寛治}는 그것을 "사업적인 방식으로 사회적 과제를 해결하는 활동"으로 정의한다. 즉 고령화, 지역 활성화, 환경 보존과 같은 사회적 과제의 해결을 목표로 하지만 동시에 일반적인 자선, 봉사 활동과는 달리 수익을 내어 사업을 지속한다는 것이다. 나아가 사회성과 사업성 외에도 새로운 사회적 가치 창출이라는 '혁신성'이 강조되기도 한다.[3]

이처럼 융합적인 성격을 지닌 소셜 비즈니스가 부상하기 시작한 시

---

3 谷本寛治, 『ソーシャル・エンタープライズ―社会的企業の台頭』(東京: 中央経済社, 2006). 새로운 사회적 가치의 창출은 혁신성에 해당하는 것으로 다니모토가 정의한 소셜 비즈니스의 주요 특징 가운데 하나다. 하지만 이견도 있다. 이를테면 호소카와의 경우, 혁신성이 희석 단계에 이를 때 비로소 조직의 수가 증가하며 이로부터 사회성이 실현되고 경쟁을 통해 사업성이 확대된다는 점에서 혁신성을 소셜 비즈니스의 요건으로 보지 않는다. 細川淳, "ソーシャル・ビジネスのデュアル・ミッション性: その概念と動態的発展過程", 『21 世紀社会デザイン研究』10号 (2011), pp.181-191. 반면 사회성과 사업성은 소셜 비즈니스의 특성으로 공통적으로 받아들여진다. 이에 관해서는 谷本寛治 (2006); Kanji, Tanimoto, "A Conceptual Framework of Social Entrepreneurship and Social Innovation Cluster: A Preliminary Study," *Hitotsubashi Journal of Commerce and Management* 42-1 (2008), pp.1-16; Laratta, Rosario, Sachiko, Nakagawa, and Masanari, Sakurai, "Japanese Social Enterprises: Major Contemporary Issues and Key Challenges," *Social Enterprise Journal* 7-1 (2011), pp.50-68 참조

점은 2000년대 중반이다. 2007년 경제산업성은 산업구조심의회 산하에 '소셜 비즈니스 연구회ソーシャルビジネス研究会'를 발족하고, 포럼 개최 및 연구보고서 발간을 통해 소셜 비즈니스라는 용어를 학계와 사회 전반에 확산시켰다. 2008년에는 소셜 비즈니스 예산으로 총 5.7억 엔을 투입하고, 사업 지원을 위해 지역 수준의 민관협동 조직인 'CB/SB 협의체CB/SB推進協議会'와 중앙정부 수준의 협의체인 '소셜 비즈니스 추진 이니셔티브ソーシャルビジネス推進イニシャティブ'를 조직했다.[4] 이와 더불어 2009년 정권교체를 이룬 민주당 정부는 사회·복지 서비스 분야에서 자율성이나 민간 주도를 강조하는 이른바 '새로운 공공新しい公共' 정책을 추진하였다.[5] 이러한 정책 기조는 2013년 정권교체에도 불구하고 크게 달라지지 않았다. 즉 새로운 공공 정책 대신 '공조사회 만들기共助社会づくり' 정책이 추진되고 있지만 여기에서도 NPO 법인, 공익법인, 주식회사, 협동조합 등이 추진하는 소셜 비즈니스가 중요시되고, 이들과 지연단체, 지역금융기관, 교육기관, 행정기관 등과의 '연계つながり' 또한 강조되고 있다.[6]

---

4 原田誠司, "ソーシャル・ビジネスへの視点: 地域におけるソーシャル・ビジネス起こしに向けて," 『長岡大学 研究論叢』 8号 (2010), pp.13-25. 2008년에서 2011년까지 운영된 소셜 비즈니스 추진 이니셔티브는 이후 일반사단법인으로 설립된 '소셜 비즈니스 네트워크(ソーシャル・ビジネス・ネットワーク)'로 계승되었다. 소셜 비즈니스 네트워크 홈페이지 참조(http://socialbusiness-net.com).

5 2010년에 발표된 '새로운 공공 선언문'은 주민들이 자발적·자립적으로 추진해 '경제적 혜택(return)'과 '사회적 혜택(return)'을 동시에 추구하는 활동을 '새로운 공공'의 핵심으로 규정하고, 노숙자가 판매하는 잡지 사업인 '빅이슈(Big Issue)'나 고령자가 장식용 나뭇잎을 생산, 유통해 수익을 창출하는 '이로도리(いろどり)'를 대표 사례로 소개했다. 内閣府, 「「新しい公共」宣言," http://www5.cao.go.jp/

6 内閣府, "共助社会づくりの推進について: 新たな「つながり」の構築について," https://www.npo-homepage.go.jp/

소셜 비즈니스는 기존에 존재하던 다양한 사회 주체들에 의해 수행된다. 〈그림 1〉에서처럼 소셜 비즈니스는 일반기업이나 공익법인, 협동조합과 같이 이미 있던 조직이나 NPO법인과 같이 1990년대에 새롭게 등장한 조직 모두를 아우른다.

그림 1. 소셜 비즈니스의 영역적 정의 및 조직의 법적 형태에 관한 실태조사 결과

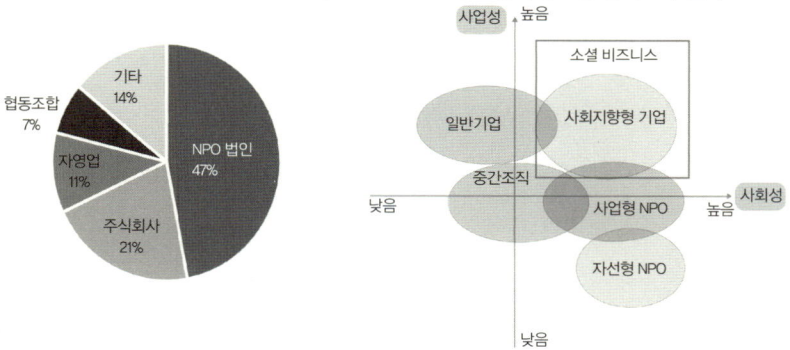

출처: ソーシャルビジネス研究会, 『ソーシャルビジネスの領域的定義及び組織の法的形態に関する実態調査結果』(2008).

소셜 비즈니스와 유사한 개념으로는 기업시민정신^{コーポレート・シチズンシップ, corporate citizenship}, 사회기업가정신^{ソーシャル・アントレプレナーシップ, social entrepreneurship}, 사회혁신^{社会イノベーション, social innovation} 등이 있다. 이들은 모두 2000년대 초기부터 활발히 사용되었으며, 활동의 성격을 강조하였다.[7] 비교적 일찍이 주목받은 기업시민정신은 1980년대에 유행한 기업 메세나^{企業メセナ, mecenat & philanthropy}, 혹은 기업 자선활동 개념에서 유래했다. 경제단체연합회^{経団連, 이하 경단련}가 1990년에 발족한

___

7 이들 개념의 유사성을 정리한 타니모토는 사회문제를 해결하기 위한 비즈니스를 실행하는 주체를 '사회적기업'으로, 이 사업체를 운영하는 사람을 '사회기업가'로, 사업의 추진 과정을 '사회혁신'으로 이해한다. Tanimoto (2008), p.2.

1%클럽이 대표적인 사례다. 기업의 사회공헌[CSR] 개념 또한 비슷한 시기에 등장했다. 경단련은 2004년 기업행동헌장을 개정해 사회와 환경에 대한 기업의 책임을 명시하고, 구체적인 행동방침까지 제시했다.[8] 사회적기업가는 사회적 가치를 적극적으로 구현하려는 예비 기업가 개인을 가리키는 말로 2000년대 초기에 등장했다. 2002년에는 NPO법인 ETIC[Entrepreneurial Training for Innovative Communities]나 주식회사 가오[花王] 등이 사회기업가를 육성하기 위한 사업을 시작해 청년들의 창업을 장려했으며, 이들 프로그램을 통해 NPO법인이나 주식회사, 개인사업체 등 다양한 형태의 조직이 설립되었다. 이러한 흐름의 연장선상에서 2000년대 중반 사회기업가정신 개념이 현장과 언론에 등장했다.

2. 커뮤니티 비즈니스와 마을만들기

커뮤니티 비즈니스 또한 소셜 비즈니스와 더불어 현대 일본의 사회적경제를 표상하는 대표적인 개념이다. 소셜 비즈니스 개념이 2000년대 초반 이후 알려진 것이라면 커뮤니티 비즈니스라는 말은 90년대 중반부터 쓰이기 시작하였으며, 특히 지역사회재생정책 영역에서 널리 보급되었다.[9]

---

8 日本経済団体連合会, "企業行動憲章," http://www.keidanren.or.jp
9 Ichiro, Tsukamoto, and Mariko, Nishimura, "Japan" in *Social Enterprise: A Global Comparison*, Janelle A. Kerlin (ed.), (Medford MA: Tufts University Press, 2009), pp.163-183.

영국의 성공사례를 참조해 1994년 이 개념을 일본에 처음 소개한 호소우치細内는 커뮤니티 비즈니스를 "지역 커뮤니티를 기점으로 주민이 친밀한 유대관계 속에서 주체적으로 운영하는 사업"으로 정의한다.[10] 97년부터 커뮤니티 비즈니스 지원활동을 전국적으로 수행해 온 '커뮤니티 비즈니스 네트워크'도 이 개념을 "지역이 직면하고 있는 문제에 대해서 지역에 거주하는 생활자가 주체가 되어 지역의 자원을 활용하여 비즈니스로 해결하는 것"으로 소개하고 있다.[11] 나아가 산업구조심의회 위원이기도 했던 가네코金子는 이 개념을 "커뮤니티에 기반을 두고 사회 문제를 해결하기 위해 벌이는 활동"으로 정의한다. 이들 정의로부터 공통적으로 발견할 수 있는 활동의 성격은 사업성, 지역성, 사회성, 시민성, 지역공헌성 등이다.[12]

한편 목적과 방식의 유사성을 들어 커뮤니티 비즈니스를 사회적기업과 같은 소셜 비즈니스의 관련 개념으로 대체하려는 움직임도 존재한다.[13] 그러나 두 개념은 강조점이 다르다. 커뮤니티 비즈니스는 소셜 비즈니스의 특징으로 언급되는 세 요소-사회성, 사업성, 혁신성-외에도 활동의 대상이자 주체로 '지역'을 강조한다.[14] 소셜 비즈니스가 서비스 일반을 제공하는 사회적기업을 염두에 둔다면 커뮤니티 비즈니스는 지역이 주체이자 대상이 되는 "지역중심의 사회적기업"[15]

---

10 細内 (2006), p.15.

11 커뮤니티 비즈니스 네트워크 홈페이지(http://www.cbn.jp/)

12 양세훈, 『(마을기업과 사회적기업의) 거버넌스: 사회적 일자리 정책의 불편한 진실』(파주: 이담Books, 2012), p.57.

13 Tsukamoto and Nishimura (2009).

14 양세훈 (2012).

15 김창규, 『지역사회를 비즈니스하다: 고령지역사회에 활력을 불어넣는 커뮤니티 비즈니스

을 염두에 둔다.

지역에 대한 강조는, "특정한 지역사회가 주체가 되고 지방자치단체와 전문가, 각종 중간섹터, 민간섹터가 연계하여 진행하는, 소프트와 하드가 일체된 거주환경의 향상을 추구하는 활동의 총체"[16]로 정의되는 마을만들기 사업과의 관계에서 뚜렷이 드러난다.[17] 시작은 70년대부터였지만 중앙하달식 지역발전정책에 대한 비판과 반성이 커진 80년대로 접어들면서 확산된 마을만들기 운동은 기존의 지역운동과 결합해 도심공동화, 농촌황폐화, 환경오염 등의 문제를 주민들이 주체적으로 해결하려는 움직임으로 자리 잡았다. 이런 움직임에 정부도 발을 맞춰 80년대에 전국 지자체별로 마을만들기 전담부서가 설치되고 조례가 제정되었으며, 90년대에 들어와서는 마을만들기 지원센터와 관련 펀드도 조성되었다. 특히 1998년에는 〈도시계획법〉都市計画法, 〈대규모소매점포입지법〉大規模小売店舗立地法, 〈중심시가지활성법〉中心市街地活性化法으로 구성된 이른바 마을 만들기 3법이, 2002년에는 〈도시재생특별법〉都市再生特別法이 제정되고, 2003년에는 지방자치법의 개정으로 지정관리자제도指定管理者制度가 도입되면서 법적 기반까지 마련되었다.

커뮤니티 비즈니스 조직들은 한편으로 정부나 일반 기업이 할 수

안내서』 (서울: 아르케, 2010), p.51; ソーシャルビジネス研究会, "ソーシャルビジネス研究会報告書," http://www.meti.go.jp

16 사토 시게루, "마치츠쿠리란 무엇인가," 『도시와 빈곤』 50호, pp.128-143, pp.128-129.

17 다무라 아키라, 강혜정(역), 『마을 만들기의 발상』 (서울: 소화, 2005); 야마모토 마사유키, 충남발전연구원(역), 『도시와 농촌이 공생하는 마을 만들기: 농업과 함께하는 지역재생』 (서울: 한울, 2007); 사토 시게루, 이왕건(역), 『마을 만들기 시민사회』 (안양: 국토연구원, 2012).

없는 사업을 하는 유형과 개호보험, 육아, 환경 분야 등에서 기업과 경쟁하면서 사업을 하는 유형, 그리고 정부와 파트너십을 형성해 사업을 하는 유형 등 정부와 기업과의 관계에 따라 유형화되기도 한다.[18] 다른 한편으로는 사업내용, 사업형태, 사업분야, 사업성격에 따라 구분되기도 한다.[19] 그러나 커뮤니티 비즈니스 또한 소셜 비즈니스와 마찬가지로 활동의 목적과 수단으로 정의되기 때문에 조직 형태나 활동 분야가 엄격히 제한되어 있는 것은 아니다. NPO법인의 비중이 비교적 크지만 기업, 조합, 지연단체 등 다양한 조직 형태가 존재하며, 활동 분야에서도 마을만들기뿐만 아니라 환경, 간호, 복지, IT, 관광, 지역자원 활용, 농업, 취업지원 등 거의 모든 분야로 확대되고 있다.

3. 비영리섹터와 제3섹터

비영리섹터나 제3섹터 개념은 일반적으로 정부와 시장 영역 이외의 잔여영역을 지칭하거나 사적영역과 구분되는 공적영역으로 이해되어 왔다. 그런 점에서 앞서 살펴본 개념들과는 강조의 지점이 조금다르다. 그러나 사회적경제의 범위와 내용에 관한 논의들은 대체로

---

18 가네코 (2010), p.33.

19 사업내용에 따라서는 개인자립지원형, 생활지원형, 지역만들기형, 중간지원형으로 구분되며, 사업형태에 따라서는 커뮤니티 완결형, 역외소비형, 내방자소비형, 크로스오버형으로 구분되고, 사업분야에 따라서는 복지, 환경, 정보서비스, 마을만들기 등 10개 내외의 분야별 유형으로 구분된다. 마지막으로 공익성-수익성의 정도, 지역의 범위에 따라 구분되는 사업성격에 따라서는 도시공공형, 농촌공공형, 지역산업진흥형, 지역자원활용형으로 구분된다. 각 유형별 상세내용은 김창규 (2010) 참조.

비영리섹터, 제3섹터 개념과의 관련성을 전제하고 있다.

비영리섹터는 일반적으로 국가, 시장이 아닌 제3의 시민활동공간으로, "국가의 비영리성과 민간 시장의 비공공성이 부분 조합된 민간 공익활동 영역"[20]으로 인식된다. 제도적으로는 1998년 〈특정비영리활동촉진법〉特定非營利活動促進法, 이하 NPO법의 제정과 2004년에서 2007년에 걸쳐 추진된 공익법인제도 개혁으로 인해 오늘날 비영리섹터의 윤곽이 그려졌다. 이 영역에 속하는 대표 조직은 다양한 NPO법인[21]이나 자치회 등의 지연조직이지만 비영리섹터의 범위는 1990년대 이후 진행된 제도 개혁에 맞춰 지속적으로 수정되었다. NPO법인 제도가 도입된 시점에 내각부가 조사대상범위를 설정하기 위해 고안한 틀과 일본 NPO 연구에서 권위 있는 야마우치山內의 분류 방식을 종합하면 〈그림 2〉와 같다.[22]

---

20 이혜경, "일본의 비영리부문: 역사적 배경과 구조적 특성," 『동서연구』 제13권 1호 (2001), pp.5-49, p.6.

21 辻中豊·坂本治也·山本英弘, 『現代市民社会叢書4 : 現代日本のNPO政治—市民社会の新局面』 (東京: 木鐸社, 2012)에 따르면 NPO에 대한 일본 내에서의 정의는 협의에서 광의까지 매우 다양하다. 그러나 이 글에서는 논의를 명확하게 하기 위해 정부가 공식적으로 설정한 정의를 따른다. 내각부 국민생활국 홈페이지(内閣府国民生活局ホームページ)에 따르면 NPO는 "다양한 사회 공헌 활동을 실시하며, 구성원들에게 수익을 분배하는 것을 목적으로 하지 않는 단체"이다. 한편 NPO법인은 "특정비영리활동촉진법에 따라 법인격을 취득한 법인"을 의미한다. 이 글에서는 두 용어를 엄격하게 구분해서 사용한다.

22 山內 (2004).

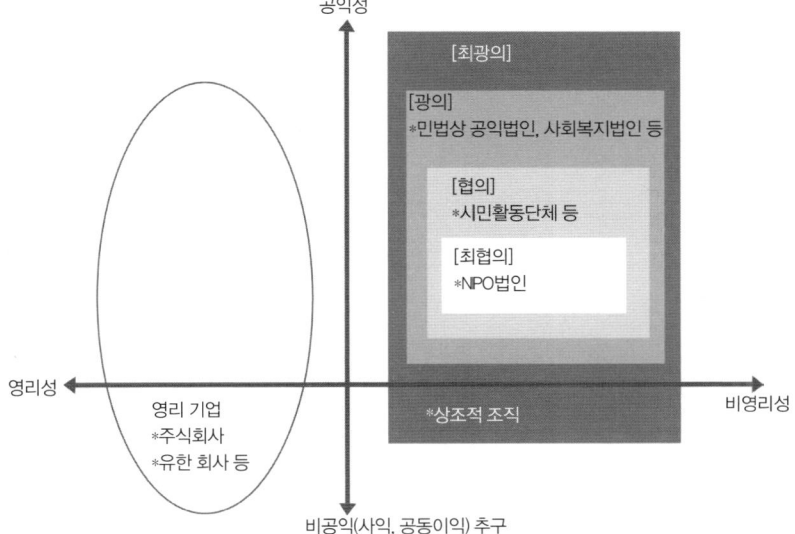
■■ 그림 2. 비영리섹터의 범위와 조직분류

공익성

[최광의]

[광의]
*민법상 공익법인, 사회복지법인 등

[협의]
*시민활동단체 등

[최협의]
*NPO법인

영리성 ◄──────────────────────────────► 비영리성

영리 기업
*주식회사
*유한 회사 등

*상조적 조직

비공익(사익, 공동이익) 추구

출처: 內閣府, 『非営利セクターの範囲と組織分類』(2001).

위 그림에서 비영리섹터를 구획하는 핵심기준은 비영리성이다. 그 중에서도 NPO법인이나 공익법인과 같이 공익을 추구하는 조직이 비영리섹터의 의미에 가장 부합하는 것으로 보인다. 그러나 최근 영리- 비영리의 혼종적 조직이 늘어나고 영리기업의 사회공헌활동이 활발해지는 등 국가, 시장과의 경계가 흐려지면서 비영리섹터의 경계도 예전만큼 분명하지는 않다.

이러한 추이는 제3섹터 개념에서도 발견된다. 일본에서 이 개념은 두 가지 용례로 쓰이는데, 하나는 1980년대 이후 사용된 것으로 국가 혹은 지방공공단체[제1섹터]와 민간기업[제2섹터]이 공동출자로 설립한 사단 및 재단 법인 혹은 사업체를 의미하고,[23] 다른 하나는 유럽에

23 1980년대 이후 '민간 활력의 도입'이라는 슬로건 하에서 도입되었으며, 사회적 편의가 넓

서 사용되는 비영리섹터로서의 제3섹터를 뜻한다. 전자는 때때로 제3섹터기관^{第3セクター機関} 혹은 3섹^{3セク}이라고 불리며 이와의 구별을 위해 후자는 third sector^{サード・セクター}로 표기되기도 한다. 일본의 third sector에 속하는 조직을 도출한 연구는 관련 조직을 〈표 1〉과 같이 정리하고 있다. 이 표를 기준으로 보면 주요 조직들은 크게 법인격이 있는 조직과 그렇지 않은 조직으로 구분되며, 전자에는 비영리 또는 공익법인과 협동조합이, 후자에는 지연단체가 주를 이룬다. 경우에 따라서는 공공법인, 기업법인 등 영리를 추구하는 조직들이 포함되기도 한다. 이렇게 정리하면 third sector는 비영리섹터보다 넓다고 볼 수 있다.

〈표 1〉 일본 제3섹터(third sector)의 조직 유형

	後 (2011)	辻中 外 (2013)	세법상 분류
조직 유형	1. 법인격 있는 단체 (1) 비영리 또는 공익법인 *특례민법법인(사단, 재단) *일반사단법인, 일반재단법인 *공익사단법인, 공익재단법인 *사회복지법인 *학교법인 *의료법인	1. 이익단체, NPO, NGO의 영역 (1) 특정공익증진법인 *공익사단법인, 공익재단법인 *사회복지법인 *학교법인 *의료법인 *갱생보호법인 (2) 공익법인 등 *종교법인 *노동조합	[법인세법상 분류] 1. 공공법인 *독립행정법인 등 25개 유형 2. 공익법인 등 *각종 법인 등 110개 유형 3. 협동조합 등 *각종 조합 등 34개 유형 [소득세법상 분류] 1. 특정공익증진법인 *공익사단법인, 공익재단법인 *사회복지법인

은 지역에 적용되는 사업, 사업수입이 어느 정도 지역사회에 환원된다고 판단되는 사업, 민간자본 중심이지만 지자체가 자본참여를 할 필요가 있다고 판단되는 사업이 대상이 된다. 제3섹터기관은 특히 사회성의 확대 측면에서 이해할 수 있는 지역 및 도시 개발에 있어 중요한 역할을 수행해 왔다.

*특정비영리활동법인	*상공조합	*학교법인
*직업훈련법인	*일반사단법인, 일반재단	*의료법인
*갱생보호법인	법인	*갱생보호법인
(2) 협동조합	(3) 협동조합 등	*독립행정법인
*노동자협동조합	*소비자협동조합	*지방독립행정법인
*소비자협동조합	*중소기업사업협동조합	*자동차안전운전센터, 일본사
*중소기업사업협동조합	*농업협동조합	법지원센터, 일본사립학교진
*농업협동조합	*신용조합	흥공제사업단, 일본적십자사
(3) 기타 단체	*기타 조합	*기타 특례민법법인의 일부
2. 법인격 없는 단체	(4) 인격 없는 사단 등	
(1) 지연단체	(5) 특정비영리활동법인	
(2) 기타 임의단체	(6) 지연단체	
	*지연단체	
	*인가지연단체	
	(7) 기타 법인	
	2. 기업법인(일부)	
	3. 공공법인(일부)	
	(1) 특수법인	
	(2) 공공법인	

4. 시민사회

시민사회의 위상과 의미하는 바는 학자에 따라 차이를 보인다.[24]
시민사회를 '비정부성, 비영리성, 그리고 인간관계에 있어 비공식성
의 논리가 지배하는 공간'이라고 규정하는 것[25]은 시민사회를 국가와
도, 그리고 시장과도 분리해서 이해하는 경우이다. 이에 반해 대상이

---

24 岡本仁宏, "民社会論の諸論点について," 『法と政治』 48巻 2号 (1997), pp.423-452; 山口
定, 『市民社会論: 歴史的遺産と新展開』 (東京: 有斐閣, 2004).

25 辻中 外 (2012), pp.23-25.

갖는 정치적인 측면을 보다 부각시켜 정의하는 흐름도 있다. 이를테면 시민사회의 등장을 60년대 안보조약개정 반대 투쟁으로부터 보는 견해가 그것이다. 이는 일본의 시민사회가 패전 이후 밑으로부터의 변화 요구가 민주화 과정을 통해 대중사회와 파시즘이라는 구시대적 상황을 뛰어넘어 발현된 것이라는 주장이다. '시민사회파市民社會派' 혹은 '시민파市民派'로 알려진 마루야마 마사오丸山眞男, 쿠노 오사무久野収, 쓰루미 슌스케鶴見俊輔와 같은 당대의 사회 참여적 지식인들을 필두로 등장한 이러한 '정치적'인 시민사회론은 개혁의 주체로 '시민'을 부각시켰으며, 비일상적·일상적 참여를 동시에 강조하는 방향으로 발전하였다. 이와는 다른 한 축을 형성하며 시민사회를 비판적으로 바라보는 시각도 있다.[26] 이는 시민사회를 국가와 시장 간의 관계 속에서 이해하는 경우이다. 이 때 시민사회는 사적인 욕망을 추구하는 시민들로 구성된 헤겔적 의미의 시민사회, 즉 뷔르거리헤 게르겔샤프트Bürgerliche Gesellschaft, 혹은 시장경제사회이다. 이러한 중산계급bourgeois이 중심이 되는 시민사회에 대한 비판은 특히 일본의 고도경제발전과 관련해서 제기되었다. 혹자는 맑시즘적 입장에 서서 물질적 풍요 속에서 자본과 국가의 논리가 점차 확대되는 가운데 시민의 논리가 사라지고 있다고 비판했다.[27] 이처럼 일본의 시민사회는, 국가와 시장과의 관계 속에서, 논자에 따라 정치적인 것, 경제적인 것, 혹은 그 둘의 영역 밖에 있거나 서로의 경계를 침범해 섞인 것 등으로 다양하게 해석된다.[28]

---

26 岡本 (1997).

27 岡本 (1997).

28 川原彰, 『現代市民社会論の新地平 - アレント的モメントの再発見』(東京: 有信堂高文社,

사회적경제의 조직 지형을 그려본다는 이 글의 목적에 비추어 볼때 시민사회를 국가 및 시장과의 관계에서 새로운 의미의 공익을 구현하는 장이자 주체로 자리 매길 수 있다. 이때 여기에 속한 조직들은 시장과 달리 맹목적으로 영리를 추구하지 않으며, 정부처럼 권력을 추구하지도 않고, 그렇다고 해서 전적으로 사적인 관계로 구성되어 있지도 않다는 특징을 지닌다.[29] 이러한 맥락에서 시민사회는 NPO법인을 비롯한 비정부·비영리적 성격을 지닌 다양한 조직의 활동 영역이라고 할 수 있다. 일본 시민사회조직에 대한 제도적 틀을 제시한 대표적 연구자인 페카넨에 따르면 일본 시민사회에는 NPO법인, 사회복지법인, 공익법인^{사단, 재단}, 경제단체^{협동조합 등}, 종교단체, 지연단체 등이 포함된다.[30] 즉 포함되는 조직유형의 범위에서는 앞서 살펴본 제3섹터와 유사하다고 볼 수 있다.

Ⅲ. 일본 사회적경제 조직 Map

1. 각 사회조직의 사회적경제 관련성

지금까지 사회적경제와 관련된 개념들을 정리하고 각 영역에 포함되는 조직 유형을 광범위하게 개관했다. 이 예비조사를 바탕으로 현

2006).

29 辻中 外 (2012).

30 Robert, Pekkanen, *Japan's Dual Civil Society: Members Without Advocacy* (California: Stanford University Press, 2006).

재 일본에서 제도화된 '사회조직' 또는 사회적경제와 관련해 분석할만한 조직을 정리하면 총 28개가 도출된다.[31] 여기에는 공익법인, NPO법인뿐만 아니라 사회복지법인이나 의료법인, 학교법인, 종교법인, 갱생보호법인 등의 비영리법인과 노동조합, 소비자생활협동조합, 공제조합 등의 조합조직, 그리고 지연단체가 포함된다. 또 관민협력조직인 독립행정법인, 특별민간법인, 특수법인, 제3섹터기관 등이 포함되며, 주식회사나 합동회사 형태의 기업도 포함된다. 마지막으로 지역활성화를 목표로 네트워크를 이룬 조직체인 TMO^Town Management Organization나 중심시가지활성화협의회中心市街地活性化協議會도 포함될 수 있다. 이처럼 포괄적으로 도출한 사회조직들을 이 책의 1장에서 제시된 분석틀에 따라 평가한 결과가 〈표 2〉이다.

〈표 2〉 각종 사회조직의 사회적경제 관련성 평가: 일본

	조직/제도 명		민주성		경제성		사회성		비고: 조직 분류
			민주적 소유·자율성	결사의 자유·자발성	사업성	분배·수익 제한	규범성	문제 해결 기능	
1	NPO법인	인증NPO 법인	○	○	△	○	○	○	주요조직
2		인정NPO 법인	○	△	△	○	○	○	주요조직
3	일반법인	일반사단 법인	○	○	-	△	-	-	기타II
4		일반재단 법인	○	○	-	△	-	-	기타II

31 특정 법제도를 근거로 한 법인격을 기준으로 조직 유형을 정리한 결과이다. 다만 개별 법제도로 유사한 법인격을 부여하는 경우, 이를 예외적으로 정리했다. 일례로 협동조합법인은 법 구조와 사업 내용에 따라 '각종 협동조합(농업협동조합, 어업협동조합 삼림협동조합 등)'과 소비자생활협동조합으로 구분했다. 각종 개별법으로 설립되는 개별 공제조합법인은 '각종 공제조합'으로 유형화했다.

No.	분류		1	2	3	4	5	6	구분
5	공익법인	공익사단법인	○	△	△	○	○	△	주요조직
6		공익재단법인	○	△	△	○	○	△	주요조직
7	사회복지법인		△	△	○	△	△	○	예비조직
8	의료법인	의료법인	△	△	○	△	△	-	기타I
9		사회의료법인	△	△	○	△	△	○	예비조직
10	학교법인		△	△	○	△	△	-	기타I
11	종교법인		△	○	-	-	△	-	기타II
12	갱생보호법인		△	○	-	-	△	-	기타I
13	노동조합		○	○	-	-	△	△	기타I
14	협동조합	소비자생활협동조합	○	△	○	△	△	○	주요조직
15		각종협동조합	△	△	○	-	△	○	예비조직
16	각종 공제조합		△	△	○	-	△	△	기타I
17	지연단체	지연단체	-	-	-	-	-	△	기타I
18		인가지연단체	○	△	△	△	△	△	기타II
19	독립행정법인	특정독립행정법인	-	-	△	-	○	△	기타II
20		일반독립행정법인	-	-	△	-	○	△	기타II
21		지방독립행정법인	-	-	△	-	○	△	기타II
22	특수법인		-	-	△	-	○	△	기타II
23	특별민간법인		-	-	△	-	△	△	기타II
24	제3섹터기관		-	-	○	-	△	○	예비조직
25	TMO		-	-	○	-	△	○	예비조직
26	중심시가지 활성화협의회		-	△	○	-	△	○	예비조직
27	기업	주식회사	-	○	○	-	-	-	예비조직
28		합동회사	△	○	○	-	-	-	예비조직

민주성은 조직 설립이 얼마나 자유롭고 자발적인지와 조직의 소유와 운영이 얼마나 민주적인지로 구분해 평가된다. 경제성은 해당조직이 얼마나 사업성이 있는지와 이익 배당이 어느 정도 제한되는지로 구분해 평가된다. 마지막으로 사회성은 해당조직이 어느 정도로 사회적 가치를 지향하고 있는지와 실제로 사회문제 해결에 어느 정도 기여하는지로 구분해 평가된다. 각 항목별 평가 값의 범주는 크게 세 수준(○, △, -)으로 구성된다. 이 값들을 각 조직별로 종합해 세 요소에 걸쳐 ○가 있는 경우 '주요 사회적경제 조직'으로, 두 요소에 걸쳐 ○가 있는 경우 '예비 사회경제적 조직'으로, ○ 또는 △의 합이 4개 이상인 경우 '기타 사회조직Ⅰ'으로, 앞의 세 조건에 해당하지 않은 경우 '기타 사회조직Ⅱ'로 분류하였다.

먼저 각 평가요소를 기준으로 평가분포를 살펴보자. 설립의 자발성과 소유 및 운영의 민주성으로 구성되는 '민주성'에서는 대부분 두 하위요소가 같이 간다. 수준별로 보면 NPO법인, 공익법인, 일반법인 등 민간비영리단체나 각종 조합 조직이 높은 수준의 민주성을, 사회복지법인이나 의료법인, 학교법인, 종교법인 등 중간단체의 성격을 가진 조직들이 중간 수준의 민주성을, 마지막으로 특별법에 근거해 주로 정부 주도로 설립된 특별 법인들이 낮은 수준의 민주성을 가지고 있다. 여기에서 설립의 자유는 있지만 공식적인 조직운영 체계가 민주적이지는 않은 주식회사는 예외적인 자리에 속한다. 즉 설립에서는 민주성이 담보되지만 소유 및 운영에서는 주주가 중심적인 역할을 수행한다는 점에서 민주성의 일부 요소만 가지고 있는 경우이다.

수익을 내지만 수익 자체가 목적은 아니라는 의미로 정의되는 경제성에서는 앞서 민주성에서 볼 수 있는 것과 같은 결합 수준이 약하다. 즉 경제성의 하위 요소 중 하나인 사업성 수준이 높으면 또 다른 하위 요소인 수익분배제한의 수준은 낮고, 반대로 일부 사례이긴 하지만, 수익분배제한 수준이 높으면 수익성 수준이 낮다. 사업성에서는 대부분의 조직이 중간 수준 이상이지만, 수익분배제한 요소에서는 비영리조직으로 알려진 NPO법인과 공익법인을 제외하면 수준이 낮다. 이 영역에서 비교적 균형을 갖추고 있는 조직은 공익법인, 사회복지법인, 의료법인, 학교법인 등 중간단체 성격의 조직들이다.

마지막으로 사회성은 가장 고른 분포를 보인다. 일반법인과 기업, 학교법인, 종교법인, 갱생보호법인을 제외한 조직들 모두가 두 하위 요소에서 중간 수준 이상의 사회성을 보이고 있다.

다음으로는 각 조직을 기준으로 분포를 살펴보자. 이 책의 1장에서 제시한 사회적경제에 대한 분석적 정의에 따라 민주성, 경제성, 사회성이라는 세 요소가 어떤 식으로, 또 어떤 수준으로 결합되는가에 따라 해당 조직의 사회적경제 관련성을 평가해 볼 수 있을 것이다.[32] 먼저 세 요소가 높은 수준으로 결합되어 있는 조직은 NPO법인과 공익법인, 소비자생활협동조합이다. 기업은 민주성과 경제성이 높은 수준으로 결합되어 있다. 민주성과 사회성이 높은 수준으로 결합되어 있는 조직은 없다. 마지막으로 사회복지법인과 사회의료법인, 각종 협동조합, 제3섹터기관 등은 경제성과 사회성이 높은 수준으로 결합되어 있다.

---

32 각 요소가 결합할 수 있는 네 가지 경우의 수(민주성-경제성, 민주성-사회성, 경제성-사회성, 민주성-경제성-사회성)를 생각해 볼 수 있고, 이에 따라 조직을 묶어볼 수 있다. 이를 통해 각 요소의 선택적 친화성을 살필 수 있고, 그에 따라 분류되는 조직군의 특성을 살펴볼 수 있다.

NPO법인이나 공익법인, 소비자생활협동조합은 일본 사회적경제를 말할 때 대표적으로 언급되는 조직이다. 경제성이 없는 조직은 민간 비영리조직으로 분류되어 대개는 사회적경제 영역에서 제외된다. 사회복지법인 등 중간단체 성격의 조직들은 경제성과 사회성은 있으나 민주성이 약한 경우가 많다. 정부 주도로 설립되는 각종 특별 법인들도 마찬가지이다. 반대로 기업은 경제성과 부분적인 민주성은 갖고 있으나 사회성은 약하다. 정리하면, 조직수준에서 볼 때 국가가 주도하는 조직은 사회성은 강하나 경제성은 중간수준, 민주성은 약한 수준인 경우가 많다. 시장이 주도하는 조직은 경제성은 강하나 민주성이나 사회성이 약한 경우가 많다. 반면 시민사회 영역이 주도하는 조직은 민주성과 사회성은 강하나 경제성이 약한 경우가 많다.

⟨표 3⟩ 혼합성 수준에 따른 사회조직 재분류

유형	조직
주요 사회적경제 조직 (5개 유형)	인증·인정NPO법인, 공익사단·재단법인, 소비자생활협동조합
예비 사회적경제 조직 (8개 유형)	사회복지법인, 사회의료법인, 각종 협동조합, 제3섹터기관, TMO, 중심시가지활성화협의회, 주식회사, 합동회사
기타 사회조직 I (6개 유형)	의료법인, 학교법인, 갱생보호법인, 노동조합, 각종 공제조합, 인가지연단체
기타 사회조직 II (9개 유형)	일반사단·재단법인, 종교법인, 지연단체, 특수법인, 특별민간법인, 특정독립행정법인, 일반독립행정법인, 지방독립행정법인

⟨표 2⟩의 평가 결과에 기초해 사회적경제와의 관련성이라는 관점에서 세 요소의 결합 수준에 따라 각 조직을 네 집단으로 재분류할 수 있다. '주요 사회적경제 조직'은 혼종성의 영역도 넓고 수준도 높

다. 내부의사결정에 있어 높은 민주성을 보이며, 다양한 분야에서의 수익사업을 통해 공익을 추구한다.

'예비 사회적경제 조직'은 일부 요소에서만 수준이 높아 혼종성의 영역이 제한적이다. 주요 사회적경제 조직과 비교했을 때 예비 사회적경제 조직은 대체로 조직을 설립하기가 더 어려우며, 여러 분야에서 공익 활동을 하기 보다는 특정 분야-대표적으로 의료·복지 분야-에 국한해 활동한다. 주식회사는 조직 지위로만 보면 영리를 추구하는 조직이지만 구성원들의 의지에 따라 수익을 여러 목적에 쓸 수 있다. 때로는 그 목적이 사회적 가치, 또는 공공성 확대에 있을 수도 있다. 민관출자회사인 제3섹터기관도 활동 면에서 보면 비슷하게 평가할 수 있다. 제3섹터기관은 주로 재개발 사업, 공공시설 정비사업, 교통시스템 정비사업과 같은 대규모 자본이 투입되는 프로젝트에 참여한다. TMO나 중심시가지활성화협의회와 같은 네트워크 조직들도 설립은 자유롭지 않지만 활동의 내용이나 목적에서 경제성과 사회성을 두루 갖추고 있다. 이런 점에서 주식회사나 제3섹터기관은 제한된 법적지위에도 불구하고 '활동'의 측면에서 볼 때 사회적경제 조직이 될 가능성을 가지고 있다. 마지막으로 '기타 사회조직'은 각 요소별 수준이 낮아 사회적경제와의 관련성이 그리 크지 않다고 판단되는 조직들이다. 기타 사회조직 I에 속하는 조직들은 요소별 수준은 낮지만 어느 정도 혼합성이 있으며, II에 속하는 조직은 혼합성이 없다.

2. 일본 사회적경제 조직 Map

〈그림 3〉은 조직의 구성 원리와 사업의 기본 방향이라는 두 축으로 구성된 공간에 각 조직을 위치시켜 본 것이다.

■■ 그림 3. 사회경제 조직 Map: 일본

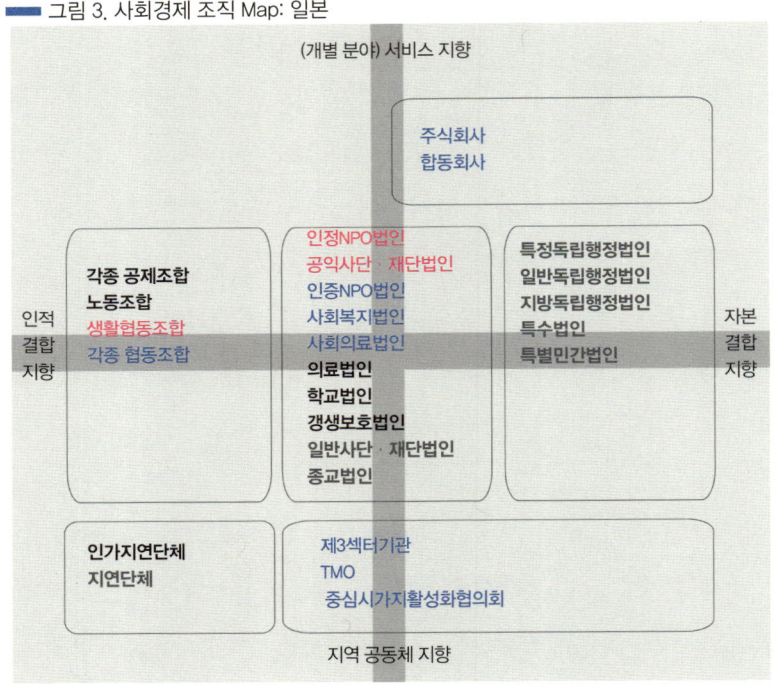

먼저 가로축인 조직구성 원리 축에서 각 조직은 크게 인적결합 원리에 기초하는지, 자본결합 원리에 기초하는지에 따라 자리매겨진다. 주식회사나 합자회사와 같은 기업과 특수 법인, 제3섹터기관 등은 자본결합의 성격이 강하고, 각종 조합 조직들은 인적결합의 성격이 강하다. 그 사이에는 어느 한쪽에 가깝다고 보기 어려운 여러 조직들이 자리한다. 공익사단/재단법인이나 사회복지법인, 일반사단/재단법인 등은 자본결합에 기초해 있을 수도 있고, 인적결합에 기초해 있을 수도 있다. 세로축인 사업의 기본방향 면에서 보면, 각 조직은 지역 단위로 활동^{territorial}하는 조직과 지역보다는 특정 서비스를 일반적으로 제공^{sectoral}하는 데 초점을 둔 조직으로 구분된다. 지연단체는 지역단위로 결성된 조직이며, 제3섹터기관이나 TMO, 중심시가지활성화협의회는 지역단위의 사업을 펼치는 조직이다. 반면 기업은 일반적으로 일반 재화나 서비스를 제공한다. 그 사이의 조직들은 사례에 따라 지역에 기초해 활동하는 조직도 있고, 일반 서비스 제공에 초점을 둔 조직도 있다. 노동조합은 지역보다는 산업단위나 기업단위로 활동하는 조직이지만 지역 조직들과 연대해 활동을 펼치기도 한다. 소비자생활협동조합도 지역기반을 중시하지만 제공하는 재화는 식료품이나 생활용품 등 일반적인 성격을 갖는다. NPO법인도 지역단위의 조직이 있는 반면, 전국단위의 활동을 펼치는 조직들도 있다. 즉 가운데 영역에는 여러 수준에서 활동하는 개별조직들이 모여 있다.

두 축을 함께 보면, 가로축과 세로축이 만나는 지점을 중심으로 포괄적 영역을 형성하고 있는 조직에는 규모나 성격, 목적 등에서 다양한 일반법인과 공익법인, NPO법인 등이 있다. 다음으로는 주로 인적결합의 성격을 갖되 지역 단위로 활동하지는 않는 각종 조합들이 있다. 서비스 대상은 유사하지만 상대적으로 자본결합의 성격을 갖는 조직으로는 사회복지법인, 의료법인, 학교법인, 종교법인, 공익법인 등이 있다. 이들은 자본규모가 비교적 큰 조직으로 전후에 비교적 일찌감치 법적 지위를 획득했다. 반면 지역에 기반을 두고 인적결합을 주된 조직 원리로 삼은 조직으로 지연단체를 들 수 있다. 상당수의 협동조합도 여기에 포함된다. 마지막으로 지역에 기반을 두면서도 자본결합의 성격을 갖고 있는 조직으로 제3섹터기관이 있다.

정리하면 이 그림에서 상대적으로 자본결합의 성격을 갖는 조직들은 대체로 지역단위보다는 특정 서비스 영역에 초점을 둔다. 반대로 인적결합의 성격을 강하게 갖는 조직은 지역민들을 대상으로 한 활동에 초점을 둔다. 물론 일종의 공기업 형태를 띠는 제3섹터 기관과 같이 자본결합지향의 조직구성원리를 가지면서도 지역사업을 하는 조직이 있고, 반대로 노동조합과 같이 인적결합지향 조직이지만 기업이나 산업단위의 조직도 있다. 그럼에도 그림의 전반적인 양상은 자본결합지향-서비스영역지향이 결합되어 있는 1사분면과 인적결합지향-지역공동체지향이 결합되어 있는 3사분면에 상당수의 조직들이 자리 잡고 있다는 것이다.

앞서 〈표 2〉에서 제시한 조직별 평가결과와 이 그림에서 각 조직이 차지하고 있는 위치도 어느 정도는 연결되어 있다. 특징적인 것은 주요 사회적경제 조직인 NPO법인, 공익사단/재단법인은 사분면의 가운데에 위치해 있다는 점이다. 소비자생활협동조합도 조직 구성 원리에서는 인적결합 쪽에 가깝지만 사업의 목적에서는 가운데에 자리한다. 이런 위치는 사회적경제의 세 요소가 높은 수준으로 결합되어 있는 것과 관련이 있다. 반면 조직 구성 원리에서 자본결합에 가까운 특별민간법인, 독립행정법인, 특정독립행정법인은 민주성과 사회성이 낮다.[33] 기업이 위치한 자본결합과 특정 서비스 제공이 맞물린 자리는

---

33 이런 점에서 국가 혹은 지방공공단체(제1섹터)와 민간기업(제2섹터)이 공동출자로 설립

경제성은 매우 높지만 사회성과 민주성이 상대적으로 낮은 특성과 관련 있다. 인적결합에 기초한 각종 조합들은 소비자생활협동조합을 제외하면 상대적으로 경제성이 없거나 사회성이 낮다. 그러나 각종 협동조합은 간접적으로 지역사회의 복지에 이바지할 수 있다.[34] 국가 주도로 설립된 제3섹터기관이나 TMO, 중심시가지활성화협의회도 자본결합원리에 기초해 있다는 점에서 경제성이 높고, 또 사회성도 일정부분 있지만, 민주성은 낮다. 그럼에도 지역을 단위로 다른 유형의 조직과 협업하는 과정에서 지역사회의 복지에 이바지할 수 있다.

요약하면, 〈그림 3〉은 일본의 사회적경제와 관련된 조직들을 한눈에 조망할 수 있는 시각을 제공한다. 즉 일본의 사회적경제 조직 Map은 전체 Map 내에서 주요 사회경제적 조직으로 알려진 조직들이 어디쯤에 자리하고 있는지, 이들과 다른 예비조직 및 일반조직들과의 관계는 어떠한지를 보여준다. 이어서 우리는 각 조직이 어떤 성격을 갖는지를 유형별로 소개하고자 한다.

3. 유형별 특성

지금까지는 Map상에서 각 조직의 위치를 파악하는 데 초점을 두었다면 이 절에서는 Map에서 묶이는 조직들이 구체적으로 어떤 성

한 사단 및 재단 법인 혹은 사업체를 의미하는 '제3섹터'는 일본의 사회적경제 지형에서 독특한 지위에 있다.

34 일정 수준 사업성을 추구한다는 점에서 지연단체 또한 사회적경제 지형에서 독특한 지위를 갖는다.

격을 갖는지, 또 그들 간에는 어떤 공통점이 있는지를 유형별로 상세히 소개하고자 한다.

(1) 주요 사회적경제 조직의 특성

주요 사회적경제 조직으로 분류된 NPO법인은 1998년 제정된 NPO법을 제도적 기반으로 하는 조직으로, 시민이 주체가 되어 마을 만들기에서부터 복지, 관광에 이르기까지 다양한 분야에서 사회공헌활동을 수행한다. NPO법인에 대한 법인격의 부여는 등록기준 및 절차가 상대적으로 까다롭지 않은 인증^{認証} 제도를 통해 이루어진다. 인증을 받은 NPO법인을 인증NPO법인이라 부르는데, 〈그림 4〉에서 보듯이, 1998년 관련법이 처음 제정되었을 당시 스무 개 남짓에서 2014년 현재 50,090개에 이르는 거대한 규모로 성장하였다.[35] 인증 NPO가 되기 위한 조건은 다음과 같다.

〈표 4〉 인증NPO법인 자격 요건

> 1. 특정비영리활동을 목적으로 할 것
> 2. 영리의 목적을 가지지 않을 것
> 3. 사원 자격의 득실에 관해서는 부당한 조건이 없을 것
> 4. 임원으로서 보수를 받는 자의 수가 임원 수의 1/3 이하일 것
> 5. 종교 활동 및 정치활동을 주된 목적으로 하지 않을 것
> 6. 특정 공직자나 정당을 추천, 지지 혹은 반대하는 것을 목적으로 하지 않을 것
> 7. 폭력단이 아닐 것, 폭력단 또는 폭력단의 구성원 등의 통제 하의 단체가 아닐 것
> 8. 10인 이상의 사원으로 구성할 것

출처: 内閣府, "認定·仮認定ＮＰＯ法人名簿"(2014).

---

35 内閣府, "NPOについて," https://www.npo-homepage.go.jp/.

 그림 4. NPO법인 설립 추이

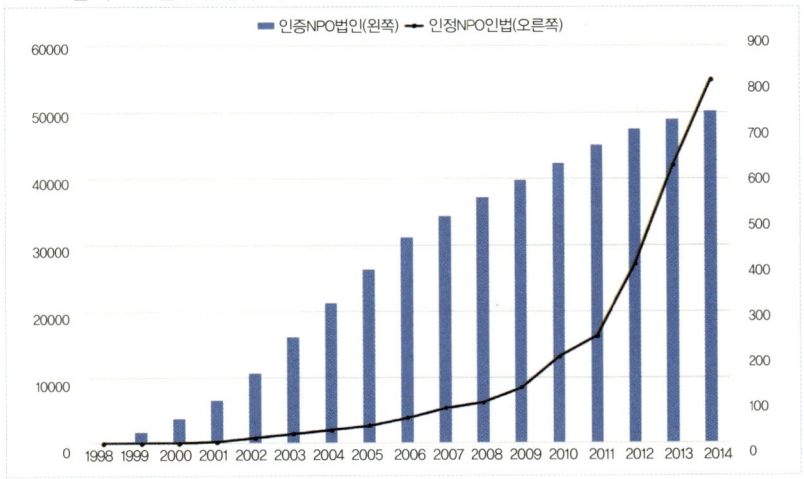

출처: 内閣府, "認定·仮認定NPO法人数等"(2014).

인정^{認定}NPO법인은 인증NPO법인 중 특정 요건을 충족한 조직을 말한다. 즉 PST^{Public Support Test}를 통해 조직이 공익 증진에 기여하는 바가 크다는 것을 증명할 시 인정NPO으로 승격되어 보다 광범위한 정부 지원을 받을 수 있다.[36] 인증NPO법인은 설립 5년 이내 1회에 한해 인정NPO법인이 받는 세제상의 우대 조치를 받을 수 있다. 〈그림 4〉가 보여주듯이 2001년에 처음 등장한 인정NPO는 2014년 현재 823개로 가파른 성장 추이를 보이고 있다. 이와 같은 조직의 양적 증대는 공공성의 확장에 있어 NPO법인에 대한 일본 정부와 시민사회의 높은 기대감을 상징적으로 보여준다.

---

36 PST란 대중으로부터의 지지도를 의미하여 인정NPO법인으로서의 필수요건 중 하나이다. 구체적으로 다음 세가지 기준 중 하나를 선택하여 통과해야 한다. 1. 상대적(실적판정기간의단체의 총수익에 대한 기부금의 비율이 20%를 넘는다). 2. 절대적 기준(실적 판정기간에서 연간 3000엔 이상 기부한 인원 수가 연평균 100명을 넘는다). 3. 개별조례기준(단체가 속하는 각 지자체가 정한 기준을 충족한다).

나아가 소셜 비즈니스를 위시한 사회적경제 담론의 부상 이후 NPO법인은 비단 정치 행정영역에서뿐 아니라 경제적인 영역에서도 주목받기 시작하였다.[37] 〈그림 5〉는 2014년에 실시한 NPO법인 실태 조사 결과로 단체의 주요 활동분야 분포를 나타낸다. 보건·복지를 비롯해 청소년육성, 문화예술, 마을만들기, 환경보전 분야 등의 영역에서 높은 활동 비율을 보이고 있다는 점은 NPO법인이 효과적인 정책 서비스 전달을 위한 국가의 파트너로 인식되는 동시에 시민자치의 도구로 평가받고 있음을 보여준다.[38]

---

[37] 모든 NPO법인이 소셜 비즈니스 수행주체는 아니다. NPO법인은 원칙상 그것의 주된 목적으로서 영리추구가 불가능하다. 하지만 활동에 필요한 자금과 운영비용을 충당하기 위해 본래 취지에 맞는 활동에 지장이 없는 한에서 부분적 영리활동이 가능하다. 따라서 수익성이 높은 사업에 종사하는 법인과 그렇지 않은 단체들이 구분되고, 사업형 NPO로 불리는, 자체적인 사업 수입을 통해 조직을 유지하는 단체들 외에도 자원봉사 활동 촉진의 연장선상에 있는 단체들이 다수 있다. 정재욱 (2010), p.214. 따라서 소셜 비즈니스의 특성을 현장에서 구현하는 NPO는 모든 형태의 NPO가 아닌, 그보다 좁은 범주의 사업형 NPO로 보아야 할 것이다. 2013년도 기준으로 사업 수익이 조직 운영비의 90%이상이 되는 NPO법인은 전체(인정/인증 모두 포함) NPO법인 가운데 약 55%를 차지한다. 内閣府, "特定非営利活動促進法のあつまり," https://www.npo-homepage.go.jp/pdf/201204_pamphlet.pdf (검색일: 2014/12/20).

[38] 하루히토는 NPO를 재화와 서비스의 주체라는 점에서 영리기업과 공통점이 큰 조직으로 본다. 하루히토 다케다, 강성우(역), 『일본 속의 NPO』 (서울: 제이앤씨, 2014). 그러나 다른 한편으로 NPO의 사회적 역할 및 기능, 그것이 가진 파급력 그리고 조직에 대한 대중적 인식이 커져가고 있음에도 불구하고 NPO법인은 '정부의 하청기관으로서의 동원 대상'이라는 비판에서 여전히 자유롭지 못하다. 정미애 (2002); Akihiro. Ogawa, *The Failure of Civil Society?: The Third Sector and the State in Contemporary Japan.* (Albany: State University of New York Press, 2009). 따라서 일본사회 내에서의 이러한 NPO법인의 입지가 사회적경제의 확대와 더불어 앞으로 어떻게 변화해 나아갈 것인지 지켜볼 필요가 있다.

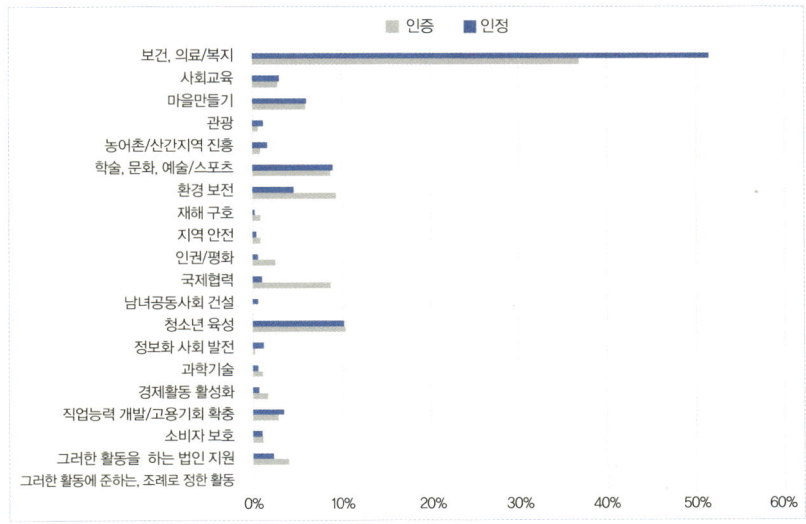

출처: '2014년 특정비영리활동법인에 관한 실태조사(特定非営利活動法人に関する実態調査)' 주요활동분야 조사결과(인증: 971개, 인정: 352개), 정부통계사이트(http://www.e-stat.go.jp)

    공익사업을 수행하는 공익법인^{재단 혹은 사단} 또한 오늘날 일본의 사회적경제를 논할 때 빼놓을 수 없는 유형의 단체이다. 여기서 공익성이란 불특정 다수의 이익에 기여함을 의미하며, 정부는 이에 대한 세부항목을 제시하고 있다. 2013년 기준 8,628개로 추산되는 공익법인은 2008년 시행된 공익법인제도 관련 3법[39]을 통해 발전하였다. 이전에는 공익판단의 기준이 명확하지 않고 주무관청의 허가를 얻어야

---

39 3법은 〈공익사단법인 및 공익재단법인의 인증절차 등에 관한 법률〉(公益社団法人及び公益財団法人の認定等に関する法律), 〈일반사단법인 및 일반재단법인에 관한 법률〉(一般社団法人及び一般財団法人に関する法律), 〈일반사단법인 및 일반재단법인에 관한 법률, 그리고 공익사단법인 및 공익재단법인의 인증절차 등에 관한 법률의 시행에 따른 관계 법률의 정비 등에 관한 법률〉(一般社団法人及び一般財団法人に関する法律及び公益社団法人及び公益財団法人の認定等に関する法律の施行に伴う関係法律の整備等に関する法律)을 뜻한다.

했기 때문에 설립이 쉽지 않았다. 오늘날 공익법인이 되려는 단체는 우선 공익성 추구 여부와 관계없이 잉여금의 분배를 목적으로 하지 않는 일반 법인으로 등록할 수 있다. 이후에 공익성 심사를 통해 국가나 지자체로부터 공익법인으로 인정받는다.

NPO법인과 공익법인은 공익을 추구하면서도 이것에 방해가 되지 않는 선에서 이익추구활동도 할 수 있다. 둘 모두 세제상의 혜택이 주어진다. 구체적인 내용은 아래와 같다.

〈표 5〉 단체 유형별 세제 혜택

	공익법인	인정NPO 법인	인증NPO 법인
법인의 직접 활동에 관한 세제			
수익 사업 과세	O	O	O
이자·배당 등에 관한 원천 소득세의 비과세	O	X	X
간주 기부*	O	O	X
기부금 세제			
개인 소득 공제	O	O	X
개인 세액 공제	O	O	X
개인의 재산 기부 시 양도 소득세의 비과세	O	O	O
유산 기부 시 상속세 비과세	O	O	X

출처: 内閣府, 『公益法人制度とNPO法人制度の税制上の優遇措置の比較について』(2014).
*간주 기부(みなし寄附)란 단체의 수익 사업에 속하는 자산 중 비수익 사업을 위해 지출한 금액이 있을 경우, 이를 수익 사업에 대한 기부금으로 간주해 손금 산입, 즉 세법상 인정되는 비용으로 처리할 수 있음을 의미한다.

한편 이들은 기존의 법인제도가 포괄하지 못한 비영리 영역을 규정하기 위해 도입된 법률에 기초하고 있다는 점에서도 같다.[40] 물론

---

40 최성경, "일본의 공익법인제도 개혁:「공익사단법인 및 공익재단법인의 인정 등에 관한 법

한·중·일 사회적경제 Mapping

NPO법인과 공익법인 간에는 차이도 있다. 우선 설립에 있어서 공익법인은 300만 엔 이상의 출자금이 있어야 하는 반면 NPO법인은 그러한 기준이 없다. 운영에 있어서도 공익법인은 공익사업 비율이 50%를 넘어야 하나 NPO법인은 사업비의 80% 이상이 특정비영리활동에 쓰이는지에 따라 인정 혹은 비인정이 결정된다.

마지막으로 소비자생활협동조합을 살펴보자. 협동조합은 조직설립의 자율성과 조직운영에서의 민주성이 다른 어떤 조직보다 강조된다. 그와 함께 경제성을 추구하고, 일부는 사회적 문제 해결에 기여하기도 한다. 그러나 협동조합 활동 일반은 기본적으로 조합원의 이해를 추구한다는 점에서 사회성이 높다고 판단하지 않아 예비 조직으로 분류했다. 농협이나 수협 등은 중앙조직의 지배력이 압도적이기에 민주적 소유 수준이 낮다. 그럼에도 소비자생활협동조합은 다른 협동조합과는 달리 중앙조직이 분산되어 있기 때문에 민주적 소유 수준이 높은 편이며, 조합원의 이해를 넘어 지역사회 전반의 복지에 기여하려 한다는 점에서 주요 사회적경제 조직으로 분류하였다. 생활클럽소비자협동조합이 대표적인 예이다. 이들은 도쿄생활클럽을 중심으로 80년대부터 지역의원선거에 후보를 내는 정치 운동을 펼쳤으며, 90년대에 와서는 생태적, 사회적 가치를 구현하는 사회적기업 및

률」을 중심으로,"『민사법학』 41호 (2008), pp.535-573; 최성경, "일본의 법인정비법,"『한양법학』 제20집 2호 (2009), pp.213-236; 배원기, "일본의 비영리법인(공익법인) 제도의 개혁과 시사점: 우리나라 제도와의 비교를 중심으로,"『한국비영리연구』 제11권 1호 (2012), pp.3-47. 한편 NPO법인을 인증법인과 인정법인으로 구분한 것이나 일반재단/사단 법인 중 공익성이 뚜렷한 법인을 공익재단/사단 법인으로 인정하는 것에서 준칙주의와 인가주의의 병행을 확인할 수 있다. 여기서의 인가는 규제의 의미로도 지원의 의미로도 읽힐 수 있다.

워커스콜렉티브와 같은 조직을 설립·지원해왔다.[41] 홋카이도 생활클럽조합의 지원을 받아 2000년에 설립된 NPO법인 홋카이도녹색기금Hokkaido Green Fund은 시민단체의 환경운동을 지원하고, 2001년에는 합자회사인 커뮤니티풍력발전소를 설립해 시민들이 소유·운영하는 풍력발전소를 지원했다.[42] 일본의 노인복지, 아동복지 및 지역사회카페 분야에는 400개가 넘는 워커스콜렉티브가 있다.[43] 소비자생활협동조합은 1990년 1,082개에서 2000년 860개, 2013년에는 577개로, 조직의 수는 점차 줄었지만 조합원 수나 판매규모는 꾸준히 증가하고 있다.[44]

(2) 예비 사회적경제 조직 특성

사회적경제와의 관련성을 고려했을 때 예비 조직들 가운데 가장 먼저 주목해야 할 대상은 사회복지법인이다. 1951년에 제정된 〈사회복지법社會福祉法〉에 근거한 사회복지법인은 전국에 약 6,000개가 있으며, 생계유지가 어려운 이들에 대한 생활보호, 아동복지, 노인복지, 장애인 지원 등의 사업을 수행한다. 특히 이용자들의 입소가 이루어지는 1종 사회복지사업은 NPO법인이나 일반 공익법인이 할 수 없는 분야로, 사업 수행 권한을 가진 사회복지법인의 역할이 크게 부각되

---

41 이시재. "현대 일본의 새로운 사회운동의 '새로움'이란 무엇인가?: 생활클럽 소비자생활협동조합의 얼터너티브 운동을 중심으로," 『경제와 사회』 26호 (1995), pp.208-226.

42 Tsukamoto and Nishimura (2009).

43 박현숙. "일본 복지클럽 소비자생활협동조합의 발전과 워커즈 콜렉티브의 역할," 『한국협동조합연구』 제25권 2호 (2007), pp.271-295.

44 日本生活協同組合聯合會, "全国生協の総合概況," http://jccu.coop/

는 영역이다. 개호분야에서 사회복지법인이 차지하는 비중도 크다. NPO법인이 이 분야에서 활동을 확대하고 있다고는 하나 그 비율은 전체의 10%에 미치지 못하며, 대부분이 사회복지법인으로 이루어져 있다. 이를테면 2013년 기준 전국 46,380개소에 달하는 고령자대상 사업소 중 절반 이상에 해당하는 26,778개의 조직이 사회복지법인이다. 사회복지법인은 정부 규제의 대상이면서 지원의 대상이다. 사회복지법인에 부과되는 잔여 재산의 국고 귀속, 자산요건 규정, 자금용도제한 등의 규칙은 평가표에 제시된 경제성 부문에서 앞서 설명한 주요 사회적경제 조직과 차이를 보이는 부분이다. 하지만 이러한 제약에도 불구하고 사회복지법인은 국가로부터 이용자의 안전한 서비스 이용 명목으로 시설 정비비, 민간시설 및 급여 개선비, 세제상 특혜, 퇴직수당공제 등의 혜택을 받는다.[45]

다음으로 사회의료법인은 의료법인 중 공익성이 높은 의료를 담당하는 조직이다. 1948년에 제정된 의료법에 따르면 의료법인이란 병원, 의사 혹은 치과 의사가 상시 근무하는 진료소 또는 개호노인보건시설을 개설하려는 사단이나 재단을 의미한다. 2014년 전국적으로 49,889개소 일본 내 전체 병원의 67%에 이르는 의료법인 중 사회의료법인은 2009년에 제도가 신설된 이래 꾸준히 증가하여 2014년 기준 215개

---

45 全国社会福祉施設経営者協議会. "地域から信頼される社会福祉法人になるために," http://www.keieikyo.gr.jp/. 활동 영역이 복지 분야로 한정되어 있다는 사실을 제외하면 사회복지법인과 NPO법인은 성격이 크게 다르지 않다. 전국사회복지시설경영자협의회는 사회복지법인이 공공성, 비영리성, 안정성 면에서 NPO법인과 구분된다고 주장하지만 이 둘 모두 비영리조직으로 공공성 추구를 주된 목적으로 하며 자체 수입을 창출하고 있다는 점에서 안정성, 즉 사업의 지속성에서도 크게 다르지 않다. 최근 복지부문 진입장벽 철폐 움직임이 커지면서 사회복지법인이 주도해오던 이 분야의 경계가 앞으로 불명확해질 가능성이 크다. 따라서 이에 따른 사회적경제 조직 Map의 변화 또한 눈여겨보아야 할 것이다.

에 이르고 있다.[46] 의료법인과 사회의료법인은 사업범위가 다르다. 의료법인은 비영리성이 강조되어 기타 수익사업에 대한 규제가 있는 반면 사회의료법인은 공익법인처럼 공익사업을 위한 수익사업이 허용된다. 사업범위에서의 이러한 차이는 '문제해결기능' 수준을 나누는 근거가 된다. 이에 따라 우리는 사회의료법인을 예비 조직으로, 의료법인을 기타 조직 I로 분류했다. 중앙 및 지방정부의 재정 악화로 공공섹터의 의료서비스 제공이 어려워지면서 사회의료법인의 역할은 점차 확대될 전망이다.

한편 TMO는 2006년 이전까지 중심시가지활성화 사업에서 중심역할을 수행한 단체로 2014년 현재 151개가 활동하고 있다. 그러나 정부의 사회서비스사업 하청화와 그에 따른 사업 효율성 하락에 따라 TMO를 대체할 새로운 지역개발 플랫폼이 모색되었다. 그 결과 2006년의 〈중심시가지활성화에 관한 법률〉中心市街地の活性化に関する法律 개정으로 중심시가지활성화협의회가 탄생했다.[47] 협의회는 지역 활성화의 종합적 추진이라는 목표 하에 지역 실정에 정통한 주민, NPO 및 기타 비영리 법인, 기업, 그리고 지자체 등 다양한 행위자들 간의 연계의 장을 제공한다.[48]

지역 활성화사업과 연관하여 제3섹터기관 또한 중요한 역할을 수행하고 있다. 제3섹터기관이란 사단법인, 재단법인 및 특례민법법인

---

46 厚生労働省, "種類別医療法人数の年次推移," http://www.mhlw.go.jp/.

47 법 개정으로 지역개발에 있어 관으로부터 민으로의 권한 이양이 가속화되었다. 정부는 지역의 경제적, 사회적 자립이라는 목표를 달성하기 위해 직접 사업을 계획하고 추진하기보다 지역 실정에 정통한 주민, NPO, 기업 등이 공공단체와 제휴해 만든 계획을 지원해 주는 쪽으로 방향을 잡았다.

48 経済産業省, "中心市街地活性化政策の見直しの方向性," http://www.meti.go.jp/.

중 지방공공단체가 출자하는 법인, 그리고 주식회사, 합명회사, 합자회사, 합동회사 및 특례유한회사 중 지방공공단체가 출자하는 법인을 의미한다. 제3섹터기관은 사회적 편의가 넓은 지역에 적용되는 사업, 사업수입이 어느 정도 지역사회에 환원된다고 판단되는 사업, 민간자본 중심이지만 지자체가 자본참여를 할 필요가 있다고 판단되는 사업을 대상으로 형성되는데, 이들 사업은 지역 활성화와 밀접하게 관련된다. 그러나 제3섹터기관이 지역 활성화 분야에만 치중하는 것은 아니다. 활동분야는 지역 및 도시 개발로부터 시작해 수도사업, 관광레저, 농림수산, 교통, 상공, 방송, 프로세싱^{공동컴퓨터 사무처리}, 스포츠팀 운영에 이르기까지 다양하다. 그 규모도 2013년 현재 7,000개에 육박한다. 이처럼 TMO를 전신으로 하는 중심시가지활성화협의회나 제3섹터기관과 같이 정부가 일정 부분 운영에 개입하고 있는 조직들이 사회적경제 영역에서 수행하는 역할이 점차 커지고 있다는 점이 일본 사회적경제의 중요한 특징이다.

마지막으로 사회적경제의 주체로서 기업의 역할 및 비중 또한 점차 커지고 있다. 정부는 기업의 사회적경제 참여를 장려하기 위해 세제 해택을 제공하는 한편 회사법 개정을 통해 회사 설립을 비교적 수월하게 만들었다. 2006년 5월 〈신회사법〉新會社法이 시행되면서 기존에 주식회사, 합명회사, 합자회사, 그리고 유한회사로 구분되어 있던 체제가 주식회사와 합동회사로 간소화되었다. 사회적기업에 준하는 위상을 지닌 마을만들기 기업 및 다양한 소셜 비즈니스 조직들은 이로써 합동회사라는 형태를 빌어 사회적경제 활동을 수행할 수 있게 되었다.

(3) 기타 사회조직(I, II)의 특성

기타 사회조직 I에는 의료법인, 학교법인, 갱생보호법인과 같이 민주성은 있으나 경제성이나 사회성이 부족한 법인과 경제성이 없는 노동조합, 경제성과 사회성이 낮은 인가지연단체가 포함되며, 기타 사회조직 II에는 경제성이 거의 없는 일반사단/재단법인, 종교법인과 특수한 목적으로 설립되어 민주성이 매우 낮은 독립행정법인, 특별민간법인, 특수법인이 포함된다. 이 가운데 일본의 특수성을 보여주는 조직은 지연단체와 특수법인이다.

일본의 시민사회에서 지연단체가 갖는 위상은 매우 크다.[49] 지연단체로는 정내회町內會, 자치회自治會 등이 있는데, 특정 지역에 주소를 두고 지역사회 전반의 유지와 발전을 위한 지역협력 활동을 하는 단체들을 지칭한다. 지방행정기구상의 법적지위는 없지만 90% 이상의 주민들이 참가하고 있으며, 2008년 기준 294,357개에 달한다. 지연단체의 조직특성으로는 첫째, 가입단위가 개인이 아니라 가구라는 점, 둘째, 자동적·강제적 가입이라는 점, 셋째, 활동목적이 포괄적이라는 점, 넷째, 행정의 말단보완기능을 수행한다는 점이 꼽힌다.[50] 이런 특성에 따라 우리는 일반 지연단체를 기타 사회조직 II로 분류하였다. 이들 중 1991년 지방자치법 개정에 따라 법인격을 부여받은 단체들을 인가지연단체라고 한다. 그 수는 2000년 22,050개, 2008년에는 35,564개로 증가 추세에 있다. 인가지연단체는 부동산 등기를

---

49 Pekkanen (2006).

50 이런 점에서 그동안 지연단체에 대해서는 '자치'를 강조하는지, '행정보조기능'을 강조하는지에 따라 두 가지 상반된 평가가 공존해왔다. 이시재, "일본의 지역생활조직 연구: 町內會 활동을 중심으로," 『지역연구』 제2권 3호 (1993), pp.95-108.

단체 명의로 할 수 있다.[51] 이들의 활동은 청소, 미화, 방재, 집회소 관리와 같은 일상적 활동에서부터 다른 형태의 조직들과 연계하여 지역 행사와 같은 이벤트를 조직하는 활동까지 다양한 영역에 걸쳐 있다. 이런 점에서 인가지연단체는 경제성과 사회성을 얼마나 적극적으로 추구하느냐에 따라 사회적경제에 기여할 가능성을 가지고 있다.

특수법인은 "법률에 따라 직접 설립된 법인 또는 법률에 의한 특별한 설립목적을 가지고 설립된 법인"으로 영리목적의 시장의 원리에 따른 운영이 불가능하거나 어려운 사업의 수행을 목적으로 설립된 조직이다. 특수법인에는 공단, 공사, 사업단, 특수은행, 금고, 특수회사 등이 있다.[52] 독립행정법인은 이 중 일부가 2001년 행정개혁계획의 일환으로 전환된 조직이다.[53] 특수법인은 설립의 자유가 없고 조직의 운영원리도 민주적이지 않다. "공공상의 이유로" 사업성이 낮은 경우도 많다. 이런 이유로 우리는 이들 조직을 기타 사회조직으로 분류하였다.

기타 사회조직 I에 속하는 조직들은 인가지연단체를 제외하고는 모두 전후 비교적 일찌감치 법인격을 획득한 조직으로, 의료법인의 수가 조금 늘어난 것을 제외하고는 전반적으로 변화의 폭이 크지 않다. 일찌감치 제도화된 노동조합이나 각종 조합조직도 규모면에서

---

51 이시재 (1993).

52 오승은, "일본의 특수법인 개혁에 관한 연구," 『한국지방자치학회보』 제16권 4호 (2004), pp.135-158.

53 법에서 특수법인은 "국민생활과 사회경제의 안정 등 공공상의 이유로 반드시 실현되어야 할 필요가 있는 업무 또는 사업과 관련하여 국가가 스스로 주체가 되어 직접 시행할 필요는 없으나, 민간에 맡기면 꼭 시행된다고 보장하기 어려운 것 또는 다수기업의 경쟁체제에 맡기기보다는 하나의 조직에서 독점적으로 수행하는 것이 더 효율적인 경우 독립행정법인통칙법과 개별 법률이 정하는 바에 따라 설립된 법인"으로 정의된다.

큰 변화가 없다. 기타 사회조직 Ⅱ에 속하는 조직도 2000년대 초반 이래 등장한 특수 법인들을 제외하면 상대적으로 전통적인 조직들이다. 지난 30년 간 수와 규모가 일정했던 지연단체가 대표적이다. 이러한 양상은 앞서 살핀 주요 사회적경제 조직들의 가파른 성장 추이와 대조된다.[54]

후자의 성장 추이는 비영리 또는 공익과 사업성의 결합이라는 목적을 달성하기 위해 그동안 중간적 형태의 조직으로 알려져 있던 여러 형태의 조직들이 제도화되고 있는 것과 관련 있다. 전통적으로 민법에 의해 인정되지 않았던 여러 사단 및 재단들이 중간법인격을 획득하는 한편, 비교적 소규모로 비공식적으로 활동해왔던 여러 NPO 조직 및 지연단체들이 NPO법인, 인가지연단체라는 법인격을 부여받게 되었다. 이들 조직들은 복합적인 조직구성 원리와 목적을 갖고 있다는 점에서 기존의 전통적 조직들과는 다르다. 한편 새로운 조직의 등장은 개별 조직수준에서의 변화로 그치지 않는다. 새로운 성격의 조직이 등장함에 따라 기존의 조직들과의 조정 문제가 발생하고, 이들이 서로 관계 맺는 과정에서 기존의 조직들도 조직구성 원리나 활동목표에서 일정부분 변화를 모색하게 된다. 이러한 추세로 본다면 기존의 비영리섹터·제3섹터·시민사회 지형은 앞으로 큰 변화를 겪을 것으로 예상된다.

---

54 자세한 수치는 부록을 참조.

Ⅳ. 사회적경제 발전의 배경과 맥락

1. 구조적 요인: 경기침체와 인구구조의 변화

　많은 연구가 사회적경제 영역이 등장한 배경으로 1980년대 이래 계속된 경기침체와 국가의 역할 약화를 꼽는다.[55] 일본은 제2차 세계대전 이래 호의적인 국제환경과 일본 특유의 경제체제를 활용해 80년대 초반까지 괄목할만한 경제성장을 이루었다. 전쟁 직후 형성된 국제적 냉전기류는 일본의 전략적 위치를 고려한 미국의 적극적 후원을 낳았고, 이에 힘입어 일본은 국제사회에 빠르게 재진입할 수 있었다. 대내적으로는 특유의 노사관계와 노동시장 및 금융시장제도, 산업정책을 통해 장기적이고 안정적인 고용관행을 정립하고, 현장중심의 기술개발을 장려하였으며, 안정적인 자본 확보 경로를 확보했다. 이러한 제도적 틀은 중앙집권적 산업정책을 통해 긴밀하게 조율되었고, 이를 통해 안정적이고 장기적인 기업 간, 기업-정부 간 관계가 확립되었다. 더불어 높은 저축률은 안정적인 자금조달의 토대가 되었다.[56]

---

55 이숙종, "공공서비스 제공자로서 일본 시민단체의 대두," 이숙종(편), 『작은 정부와 일본 시민사회의 발흥』 (파주: 한울아카데미, 2004); Kerlin (2009). 1980년대에 미국과 서유럽이 사회적경제에 주목한 시기는 재정위기와 실업문제가 커졌던 1980년대이다. 이에 비하면 동아시아 국가들은 비교적 최근에 관심을 가지기 시작했는데, 아마도 이들 국가가 그만큼 늦게 경기침체를 경험했기 때문일 것이다. Jarque, Defourny, and Kim, Sinyang, "Emerging Models of social enterprise in East Asia: a cross-country analysis," *Social Enterprise Journal* 7-1 (2011), pp.86-111.

56 박경숙, "세계화와 일본 사회정책의 변화," 송호근 외(편). 『세계화와 복지국가』 (서울: 나남출판, 2001).

일본식 고용관행의 특성은 종신고용과 연공임금체계, 기업복지로 알려져 있다. 경제성장이 본격화되었던 70년대에 일본에서는 노동과 자본의 타협이 기업 내에서 이루어졌고, 그 결과 서구와는 달리 국가복지가 아니라 기업복지가 상대적으로 발달했다. 일본 노동시장은 대기업과 공공부문의 남성노동자를 중심으로 한 내부노동시장과 여성·노령층 등 취약계층을 중심으로 한 외부노동시장으로 분절화되어 있다. 특히 대기업의 정규직 노동자들은 안정적인 고용과 가족임금을 보장받고, 다양한 형태의 비임금 서비스-건강보험, 연금, 주거 지원, 자녀교육지원, 여가 서비스 등-도 제공받았다.[57] 그런 가운데 시민생활에 대한 국가의 개입은 최소화되었기 때문에 일본 시민들은 자신의 가족과 노후생활을 스스로 돌보는 개인주의에 익숙해졌고, 이런 성향이 높은 수준의 저축률과 민영보험의 발달을 낳았다.[58]

따라서 일본의 사회복지체계는 낮은 수준의 국가복지, 가족과 기업 중심의 복지로 특징지을 수 있다. 그에 따라 일본이 불평등을 조절한 방식도 누진성이 강한 조세와 사회보장제도를 활용한 서구와는 달리 시장소득을 평등화시키는 방법에 의존했다.[59] 시장의 복지기능은 결국 실업률과 노동시장 내 소득불평등과 관련 있기 때문에, 고도 성장기에는 비교적 잘 작동할 수 있다. 〈그림 6〉에서 볼 수 있듯이 1980년까지만 해도 일본의 실업률은 2.0%로 매우 낮았으며, 이런

57 정이환, 『경제위기와 고용체제: 한국과 일본의 비교』 (파주: 한울, 2011).

58 조영훈, 『일본 복지국가의 어제와 오늘: 복지국가 이론들의 비교와 평가』 (파주: 한울 아카데미, 2006); 오사와 마리, 김영(역), 『현대 일본의 생활보장체계』 (서울: 후마니타스, 2009).

59 조영훈 (2006), p.335.

가운데 일본의 종신고용관행은 정규직 규모 유지를 통해 임금압축을 가져왔다. 이는 임금소득자 간 소득불평등을 줄이는 효과가 있었다. 그런 점에서 풍요롭고 평등한 사회라는 일본에 대한 전통적 이미지도 실은 경제성장이 정점에 달했던 70년대에 만들어진 것이다. 그러나 낮은 실업률, 종신고용 및 연공임금체계 등의 불평등 완화 요인이 모두 고용과 관련되어 있다는 점은 곧 고도성장이 뒷받침되지 않으면 불평등이 쉽사리 확대될 수 있다는 것을 뜻한다.[60]

그림 6. 일본의 주요 경제 · 사회 지표

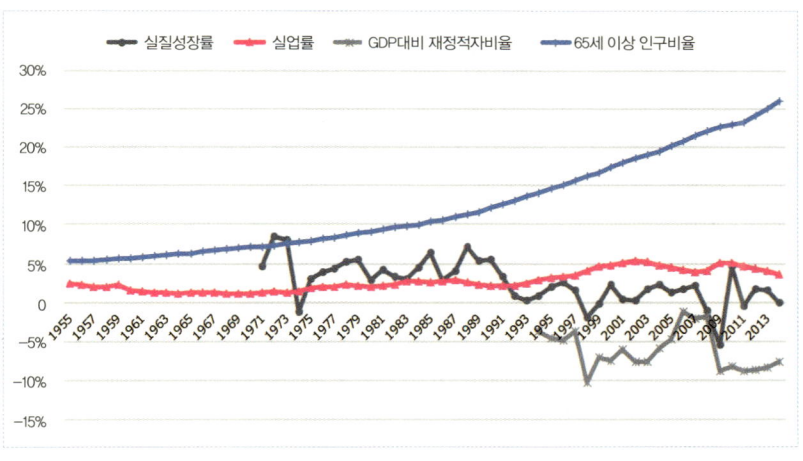

출처: OECD.Stat

80년대 중반 이후 일본경제체계는 대내외적으로 큰 도전에 직면했다. 경제규모가 확대되면서 수출규제, 환율조정 압력, 시장개방 압력 등 국제적 압력이 강화되었다. 1985년 플라자 합의Plaza Agreement 이후 지속된 장기 엔고 상황에서 기업들은 해외로 생산시설을 이전하는

---

60 조영훈 (2006), p.341.

등 해외투자를 확대하였고, 국내 생산·고용기회를 감소시켰다. 대내적으로는 80년대 후반 버블경기에 이은 90년대 초 버블붕괴에 따라 장기적 관계에 기초한 시스템이 동요하기 시작했다. 버블붕괴는 지가 地價 하락, 불량채권 발생, 주식가격 하락 등 금융 불안을 초래하였으며, 일본 국가신인도의 하락을 야기했다. 이런 요인들의 결합은 결국 일본의 장기적 기업·노사관계, 금융제도에 균열을 가져왔다.[61]

이렇게 시작된 경기침체가 장기화되면서 실업률 증가와 정부재정적자 확대가 시급한 문제로 떠올랐다. 〈그림 6〉과 〈그림 7〉은 그 추이를 잘 보여준다. 몇 차례 등락은 있었으나 약 4%를 유지했던 실질 GDP성장률은 80년대 후반 치솟았다가 90년대 초에 급락했고, 급기야 1997년 2분기 이후에는 2년간 마이너스 성장을 기록했다. 실업률과 정부부채 및 재정적자의 수준도 심각해졌다. 70년대 거의 완전고용에 가깝던 실업률은 80년대부터 조금씩 상승해 2000년대 초에는 5%를 넘겼으며, 약간의 등락은 있었지만 오늘날까지 이 수준을 유지하고 있다. 정부는 대규모 경기부양대책을 잇달아 내놓았다. 그리고 그 결과 GDP대비 국가채무비율이나 재정적자비율이 급격히 악화되었다. 정부의 재정수지 악화는 세출에서 부채 이자나 상환비의 비중을 늘렸으며, 그에 따른 사회보장비 삭감을 불가피하게 만들었다.[62]

---

61 박경숙 (2001).
62 하루히토 (2014), pp.14-15.

한·중·일 사회적경제 Mapping

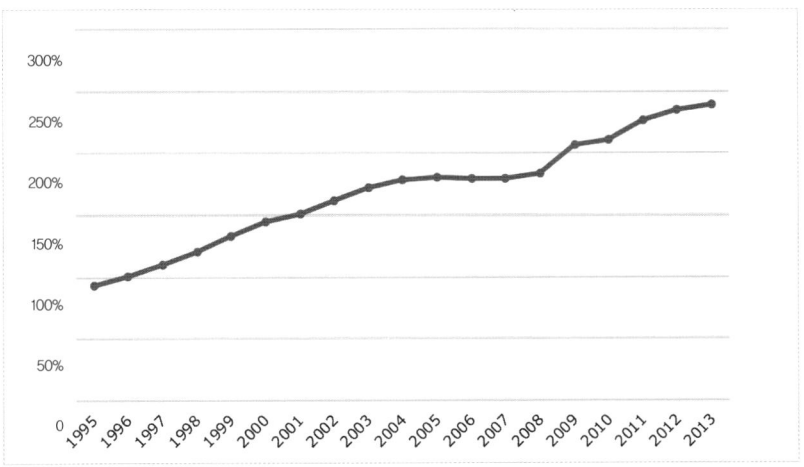

출처: OECD.Stat

　이러한 배경에서 오늘날 일본 국민들의 사회보장 요구는 급격히 커지고 있다. 1970년에 65세 이상 고령자 인구가 7%인 고령자사회로 접어든 일본은, 1994년에는 14%인 고령사회로, 2005년에는 20%인 초고령사회로 진입하였다. 그에 따라 고령자 인구 대비 경제활동 규모 인구비율은 1980년에 7.4배, 1990년 5.8배, 2009년 2.8배로 빠른 속도로 하락하고 있다.[63] 고령인구의 급증은 고령자들의 고용과 복지 문제를 낳고 있으나 완전고용체계가 붕괴되고 재정적자가 커지는 가운데 가족 구조도 재편을 겪으면서 누가 고령자의 복지를 담당할 것인가가 핵심 이슈로 떠올랐다.

---

63 박명희 (2011), p.330.

2. 내부적 요인: 정부-기업-시민사회 관계의 재편

이 같은 대외적인 사회경제적 변화에 대응해 먼저 정부는 크게 세 가지 방식으로 대응했다. 첫째, 정부는 관료기구의 슬림화와 효율화를 기조로 한 일련의 행정개혁을 추진했다.[64] 중앙정부의 많은 업무가 지방으로 이양되는 한편, 행정조직 개편으로 공무원 수가 줄었으며, 여러 공공기관이 민영화되었다. 앞서 소개한 독립행정법인도 이러한 맥락에서 등장한 것이다.[65] 둘째, 사회서비스에서 정부의 역할을 축소하는 방향으로 복지제도를 재편하였다. 일본은 80년대 '일본형 사회복지제도'를 선언했는데, 이는 기본적으로 "서구의 고비용·저효율성의 복지제도를 답습하지 않고, 일본전통의 미덕인 가족, 지역연대, 노동윤리에 기초한 일본식 복지체계를 구현해야 한다는 이념"[66]에 토대를 둔 것이었다. 이런 기조에 따라 일본정부는 연금제도, 의료보험제도, 사회보장제도 등 사회복지제도 전반에 대한 구조개혁에 착수해 복지급여를 축소하고, 본인부담을 높이며, 복지서비스 전달체계를 민영화하고 사회복지서비스를 상품화하는 정책을 지속적으로 추진해왔다. 더불어 정부는 '민간 활력의 활용'이라는 슬로건 하에 제3섹터기관과 같은 민관합작 형태의 조직 유형을 확대·발전시켰다. 이러한 노력들은 국가가 정부 권한을 민간에 이양하고 민간의 공동 참여와 사회적 책임을 요구하는 것이었다.

---

64 이숙종 (2004).

65 진창수, "일본 정당정치의 변동과 정책변화: 2001년 성청 개혁을 중심으로," 『일본연구논총』 24호 (2006), pp.39-80.

66 Campbell (1992), 박경숙 (2001), p.294에서 재인용

사회서비스 전달에 있어 기업의 역할도 80년대부터 한계에 부딪혔다. 경기가 침체되자 기업들은 자본 및 기술제휴를 통한 경영혁신을 추진하고, 기술·정보 부문을 중심으로 설비투자를 강화하는 한편, 구조조정 감행과 더불어 비정규직 확대를 통해 종신고용제 및 연봉제를 약화시켜 나갔다. 이중적 노동시장구조는 유지되었지만, 70년대 후반 이래 가속화된 기업의 이윤율 회복노력은 핵심 제조업부문에서 내부 노동시장 노동자들의 지위를 약화시켰다. 1979년 2차 오일쇼크는 이런 추세를 더욱 강화했고, 외부 노동시장 노동자들에게도 심대한 영향을 주었다. 특히 대기업들의 해외투자 및 사업이전은 제조업에서 서비스업으로의 전환을 가속화시키면서 서비스부문에서의 비정규직화와 저임금 일자리를 낳았다.[67] 90년대 후반에 와서는 금융위기의 여파로 대폭적인 법인세 인하에도 불구하고 투자를 줄이기 시작했다.[68]

기업의 사회적 책임이 강조된 맥락도 이와 같은 위기에 대한 반응으로 볼 수 있다. 기업 입장에서는 기업의 복지 부담을 줄이고 새로운 경쟁력을 강화하기 위해, 또 악화된 여론을 달래기 위해 사회적 책임CSR을 강조하고 민간시민단체 및 지역사회와의 협업을 강조하는 경향이 생겨났다. 1985년 플라자 합의Plaza Agreement를 계기로 엔고현상이 지속되면서 국외로 이전한 기업들 상당수가 현지에서 인정받기 위해 유럽과 미국의 기업의 사회적 책임에 관한 규범을 수용했다. 이러한 규범은 일본 국내에도 전파되었다. 또한 1990년대 거품경제가

67 Miki. Hasegawa, "Economic Globalization and Homeless in Japan," *American Behavioral Scientist* 48-8 (2005), pp.989-1012.

68 하루히토 (2014).

붕괴하는 과정에서 증권회사와 은행의 파산, 건설업계의 담합사건 등이 사회적 이슈가 되면서 기업 불신이 확산됨에 따라 일본의 경단련은 '기업행동헌장'을 마련하기에 이른다.[69]

CSR 활동의 대표 사례로 일본 거대 의류기업인 '유니클로^{UNIQLO}'는 2011년부터 그라민 은행과 함께 합작회사를 설립하고 개발도상국 내부에서 상품의 제작 및 개발을 비롯한 상품 판매의 전 과정을 수행함으로써 현지 일자리 창출과 지역 경제 활성화를 도모하고 있다.[70] 아사히 맥주는 1989년 재단법인 아사히 맥주 예술문화재단을 설립해 다양한 메세나 활동을 추진하고 있다. 또 다른 예로, 오사카에 위치한 치시마 토지주식회사는 2004년부터 '키타카가야 크리에이티브 빌리지 구상'이라는 프로젝트를 진행하고 있다. 이들 사례의 특징은 기업, 지역주민, 지역 NPO가 파트너십을 구축하여 지역의 유휴자원을 활용하는 장기적인 계획을 세워 사업을 추진하고 있다는 것이다.[71] 또 다른 예로 야마토 운송회사의 전 회장인 오구라 마사오^{小倉昌男}는 야마토 복지재단과의 합작투자로 1998년 '스완 베이커리 & 카페'라는 이름의 합자회사를 설립해 취약계층의 사회통합과 노동통합을 도모하고 있다. 이는 주요 대기업의 기업가가 사회적기업을 설립한 경우에 해당한다.[72] 이와 함께 기업은 사회적기업가 양성에도 적극

69 김명중, "일본기업의 사회적 책임: 동향과 과제,"『국제노동브리프』제4권 4호 (2006), pp.19-27.

70 Grameen UNIQLO, "Social Buisness Framework," http://www.grameenuniqlo.com/.

71 송애정·김예성, "지역활성화 측면에서 본 일본기업메세나활동 연구,"『한국지역경제연구』22호 (2012), pp.175-195.

72 Tsukamoto and Nishimura (2009).

적인 모습을 보이고 있다. 2010년 사회적기업가 양성 민간 기관인 사회적기업 대학의 설립과 지원 기관인 '아쇼카재팬'의 설립 등이 그 예이다.

사회적경제가 부상한 원인의 한편에 정부실패와 기업실패가 있었다면, 다른 한편에는 시민사회의 요구가 있었다. 일본은 시민사회의 풀뿌리 조직들이 지역을 기반으로 자생적인 활동을 펴나간 오랜 역사가 있다. 고도 성장기였던 60년대 후반에서 70년대에는 고도경제성장에 따른 사회문제와 공해문제를 이슈로 한 주민운동이 활발하게 전개되었고, 이것이 80년대에는 혁신지자체 운동이나 마을만들기 사업으로 이어졌다. 이러한 조직적 토대를 바탕으로 90년에는 새로운 형태의 조직과 활동이 등장하기 시작했다. 특히 정부의 행정개혁 움직임에 맞추어 행정을 감시하고 행정개혁에 참여하는 주체로서 NPO 법인을 위시한 시민단체 행위자의 중요성이 부각되었다. 2000년대에는 고령화 사회에 대처하기 위해 복지정책을 재편하는 과정에서 지역공동체 단위로 정부와 기업, 시민사회 간의 협력이 강조되었다. 그 결과 다양한 유형의 지역 단체들이 도시계획, 마을만들기, 복지, 환경, 의료 등의 공공서비스 영역에 참여하게 되었다.

소셜 비즈니스가 오늘날 일본의 주된 사회적경제 플랫폼으로 자리잡게 된 것도 이러한 맥락에서 이해될 필요가 있다. 1986년 설립되어 현재까지 그 명맥을 유지하고 있는 주식회사 이로도리 いろどり 가 대표적인 예이다. 이 회사는 노인들이 사업의 주체가 되어 요리 장식에 쓰이는 잎이나 꽃을 재배해 인터넷으로 전국에 판매하는 사업을 한다. 고령자 비율이 약 50%에 육박할 정도로 심각한 수준의 고령화가 이루어지고 있는 도쿠시마현 카미카즈쵸의 노인들은 80년대 초에 지역을 덮친 한파와 수입자유화라는 위기로부터 스스로 참여할 수 있는 사업 모델을 구상하기에 이르렀다. 그렇게 시작한 것이 '잎 비즈니스^{葉っぱビジネス}'로서 이는 현재 연매출 2억 6천만 엔에 이르는 사업으로 확대되었다. 이 단체는 1999년 시가 출자한 제3섹터기관으로 성격을 바꿔 보다 본격적인 지역활성화 활동을 수행하고 있다.[73] 1987년 처음 문을 연 NPO법인 개호센터 야와라기^{NPO法人 ケア・センターやわらぎ}도 주목할 만한 사례다. 유료와 무료를 조합한 형태로 재택 및 시설 개호 서비스를 제공하는 이 단체는 비영리 민간단체로 시작해 2000년 NPO 법인격을 취득하였고, 이듬해 방문 개호, 방문 간호, 시설 간호, 간호 계획의 4개 개호 영역에서 ISO9001^{품질경영시스템}을 획득하였다. 이후 본부 확대, 교육시설 확충, 위탁사업 실시 등 지속적으로 사업을 늘리며 오늘날에 이르고 있다.[74]

2000년대 이르러 소셜 비즈니스에 대한 논의가 이루어지기 시작하면서 새롭게 등장한 사업형태도 있다. 앞서 언급한 ETIC의 경우 2002년 이후 사회기업가 육성코스를 개설하고 매년 소셜 비즈니스 경연대회를 개최해 양질의 사업을 발굴·확대하는 장을 마련하고 있다. 2004년 설립된 소셜벤처파트너즈 도쿄^{SVP東京} 또한 "사회적 과제의 해결에 임하는 혁신적 사업에 대한 자금 지원과 경영 지원을 실시"하는 것을 기조로 지원 사업들이 장기적으로 발전하고 유지될 수 있도록 돕는 데 주력하고 있다. 그 외에도 2004년에 설립된 NPO법인 플로렌스^{NPO法人 フローレンス}는 감염 등의 이유로 일반 보육시설에서

73 いろどり, "いろどりストーリー," http://www.irodori.co.jp/.

74 やわらぎ, "やわらぎのご紹介," http://www.yawaragi.or.jp/.

받아주지 않는 아동들에게 보육 서비스를 제공하고 있다.[75]

3. 정책적 요인: 재편의 결과

구조적 변화에 대한 국가, 기업, 시민사회 세 주체의 대응은 법이나 제도, 정책으로 구현된다. 90년대 이후 도입된 일련의 시민사회 활성화 법률 중 가장 주목할 만한 것은 1998년에 제정된 NPO법이다. 90년대에 들어 복지와 문화, 국제 활동, 환경, 지역 활동 등 비영리 분야 활동들에 대한 관심이 커지면서 그러한 활동을 하는 단체들에게 어떤 법적 지위를 부여할 것인가를 두고 여러 논의가 시작되었다. 이런 상황 속에서 1995년의 한신·이와이 대지진의 경험을 촉매로 만들어진 NPO법은 특정 비영리 활동을 주된 목적으로 하는 단체에 법인격을 부여하는 것을 골자로 한다. 구성원이 최소 10인 이상 단체일 경우 해당 지방정부의 인증을 받아 법인격을 등기할 수 있다는 내용 등[제10조], 이 법은 시민들의 사회적 영역 참여 요건을 대폭 완화하였다. 내각부는 산하에 NPO 정책총괄 부서를 만들어 NPO 활성화에 이바지했으며, 산업경제성, 후생노동성 등 정부 부처들과 더불어 NPO 지원 및 자격요건완화 방침들을 제시해왔다.

2001년에 제정된 〈중간법인법〉中間法人法과 2006년에 제정되어 2008년에 시행된 '공익법인제도 개혁 관련 3법'도 시민사회단체의 역할을 강화하려는 목적으로 도입되었다. NPO법 제정 이후에도 해당

---

75 フローレンス, "フローレンスについて," http://www.florence.or.jp/.

되지 않는 조직들이 광범위하게 존재해[76] 헌법상의 '결사의 자유'가 침해된다는 이유로 도입된 중간법인법은 "사원에 공통된 이익을 도모하는 것을 목적으로 하고 또 잉여금을 사원에 분배하는 것을 목적으로 하지 않는 사단"에 법인격을 부여할 수 있게 했다[제2조]. 그러나 NPO법과 중간법인법이 제정되면서 법인체계가 복잡해지자 민법상의 법인체제에 대한 근본적인 개혁이 시작되었다. '공익법인 개혁', 또는 '법인법 개혁'으로 불렸던 일련의 조치는 2007년에 완료되는데, 그 결과 중간법인법이 폐지되었으며 중간법인과 기존의 사단법인 및 재단법인을 '일반법인'과 '공익법인'으로 재분류하는 이중체계가 도입되었다. 이러한 가운데 NPO법은 상징적 중요성을 고려해 유지되었다.

기업의 사회적경제 참여를 장려하기 위해 세제 혜택을 제공하는 한편 회사 설립을 비교적 수월하게 한 회사법 개정도 법인제도 재편의 맥락에서 주목할 만한 변화이다. 앞서 소개한 신회사법이 제정되면서 기존에 주식회사, 합명회사, 합자회사, 그리고 유한회사로 구분되어 있던 체제가 주식회사와 합동회사로 간소화되어 기업설립이 쉬워졌다. 사회적기업에 준하는 위상을 지닌 마을만들기 기업 및 다양한 소셜 비즈니스 조직들은 이 법에 근거해 합자회사라는 형태를 빌어 사회적경제 활동을 하고 있다.

일련의 법률 변화가 민간 조직 생태계에 미친 영향은 크게 세 가지이다. 첫째, 공익, 또는 비영리를 목적으로 하면서 법인격을 부여받지 못했던 중간성격의 광범위한 조직들이 법인격을 획득할 수 있게 되었

---

76 비영리활동을 함에도 불구하고 NPO법으로 정해진 '특정비영리활동'에 속하지 않는 단체-예를 들어 학교 동창회나 아파트 주민모임 등의 단체-는 NPO법인이 될 수 없었다.

다. 둘째, 공익/중간단체마다 각기 달리 부여된 법적 지위가 통합됨으로써 지원 체계가 정비되었다. 셋째, 그에 따라 기존의 조직과 이들 새로운 유형의 조직들을 한 데 아우르기 위한 거버넌스 기반 또한 마련되었다.

법인제도가 개편되면서 조직의 법인격과 관계없이 사회서비스 제공에 있어서 민관협동을 지원하는 제도 또한 도입되었다. 대표적인 예로 2001년에 도입된 개호보험제도와 2004년에 시작된 지정관리자 제도를 들 수 있다. 개호보험제도는 고령화가 급속도로 진전[77]되면서 노인 간병 요구가 커지고, 다양해지면서 도입되었다. 가족 형태의 갑작스런 변화도 개호보험제도의 도입을 추동한 중요한 요인으로 꼽힌다. 개호보험제도가 도입되면서 서비스 이용자는 직접 복지서비스를 고를 수 있게 되었을 뿐만 아니라 서비스 플랜을 통해 종합적인 서비스를 이용할 수 있게 되었다. 서비스 제공자는 기존의 사회복지법인에서 영리기업, NPO, 공익법인, 협동조합 등을 포함하는 범주로 확대되었다.[78] 서비스 인력의 부족, 서비스의 지역별 편차 등이 개호보험제도의 고질적인 문제로 지적되자 정부는 2005년에 중앙정부의 권한을 축소하고 지자체 및 민간의 주체적인 참여를 더욱 독려하는 방향으로 제도를 개편하였다. 2006년에 도입된 '지역밀착형서비스'나 2012년에 도입된 '정기순환, 상시대응형 방문개호서비스' 등이 대표적

---

77 후생노동성에 따르면 2012년 기준 일본 국민 전체의 약 1/4, 혹은 3,000만 명 이상이 65세 이상 노인 인구이며 그 중 약 533만 명이 개호보험에 등록되어 서비스를 이용하고 있다. 厚生労働省, "地域包括ケアシステムの実現へ向けて," http://www.mhlw.go.jp/.

78 厚生労働省 (2013).

인 권한 이전 정책이다.[79]

지정관리자제도 또한 대표적인 민관협동 제도이다. 공공시설 관리자 자격요건을 없애고 지자체가 지정하는 자로 하여금 시설을 관리할 수 있게 한 이 제도는 2003년 지방자치법 개정으로 도입되었다. 이 제도로 공공단체가 출자한 법인이나 공공단체가 도맡아 해오던 사업 영역에 영리기업뿐만 아니라 NPO법인과 공익법인 등 다양한 행위자들이 대거 진출할 수 있는 계기가 마련되었다.[80] 지자체의 결정에 따라 관리자 자격을 부여받은 자는 지자체의 감독 하에 정해진 기간 동안 시설 이용자들에게 이용료를 부과하고 이를 수입으로 삼을 수 있다. 개호보험제도와 마찬가지로 지정관리자제도도 기본적으로는 서비스의 향상을 도모하고 효율성을 높이며, 관리주체 선정 절차를 투명화하기 위한 방안으로 시행되었다. 2012년 기준으로 전국에 73,476개의 시설이 지정관리자제도 하에서 운영되고 있으며, 그 중 약 30% 정도인 24,384개 시설이 민간 사업자^{주식회사, NPO법인, 학교법인, 의료법인}에 의해 위탁 운영되고 있다.

---

79 민간의 개호보험 서비스에 대한 적극적인 진출, 즉 시장원리의 도입은 서비스 제공에 있어 효율성과 서비스 질을 높였다고 평가 받지만 그에 못지않게 경쟁의 과열로 많은 부작용을 야기하였다는 비판도 존재한다. 오세웅, "일본의 개호보험제도 관련시책의 변화내용에 관한 분석 - 입소시설의 서비스 및 인력관리를 중심으로," 『노인복지연구』 제59권 (2013), pp.209-236. 다른 한편에서는 개호보험제도 영역에 민간조직이 참여하면서 정부의 공적책임이 약화될 수 있다는 지적도 있다. 정미애 (2002); 하루히토 (2014).

80 総務省, "指定管理者制度について," http://www.soumu.go.jp/.

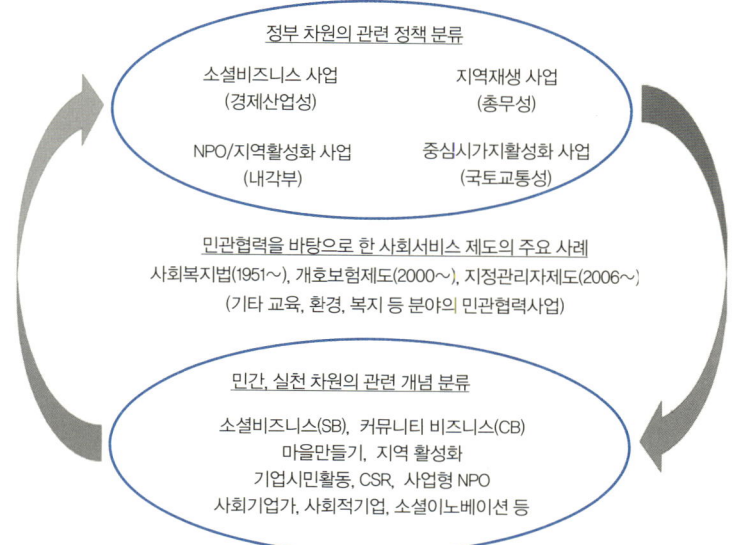

■■ 그림 8. 사회적경제와 관련된 정책체계와 활동의 흐름

정부 차원의 관련 정책 분류

소셜비즈니스 사업   지역재생 사업
(경제산업성)   (총무성)

NPO/지역활성화 사업   중심시가지활성화 사업
(내각부)   (국토교통성)

민관협력을 바탕으로 한 사회서비스 제도의 주요 사례
사회복지법(1951~), 개호보험제도(2000~), 지정관리자제도(2006~)
(기타 교육, 환경, 복지 등 분야의 민관협력사업)

민간, 실천 차원의 관련 개념 분류

소셜비즈니스(SB), 커뮤니티 비즈니스(CB)
마을만들기, 지역 활성화
기업시민활동, CSR, 사업형 NPO
사회기업가, 사회적기업, 소셜이노베이션 등

출처: 필자작성.

마지막으로 살펴 볼 것은 정책적 수준이다. '소셜 비즈니스'가 경제
산업성이 중심이 되어 추진된 사회적경제 정책이라면 내각부는 '이
노베이션 25'이란 이름으로, 국토교통성은 '중심시가지 활성화 사업'
이라는 이름으로 관련 정책을 추진하고 있다. 내각부는 2025년을 목
표로, 새로운 가치를 창출하고 사회적으로 큰 변화를 일으킨다는 것
을 골자로 하는 이노베이션 25イノベーション25[81]을 2005년에 발표하고,
그 연장선상에서 지역활성화 정책을 추진하고 있다. 국토교통성 또
한 '중심시가지 활성화 사업'을 통해 사회적경제 활동을 독려하고 있
다. 지역경제 활성화, 중심시가지의 도시 기능 증진, 시가지 정비 및

---

81 内閣府, "イノベーション25とは?," http://www.cao.go.jp/

상업 활성화를 목표로 하는 이 사업은 1998년 〈중심시가지 활성화에 관한 법률〉을 바탕으로 시작되었고 2006년 법 개정을 통해 한층 심화되었다. 이 외에도 주요 정부부처는 개별적으로 자금을 지원하거나 홍보를 돕는 등 다양한 수준의 정책을 추진하고 있다. 내각부는 '민관 파트너십 확립을 위한 지원사업'을 통해, 총무성은 '커뮤니티·펀드 형성지원' 정책을 통해 자금을 지원한다. 후생성의 '지역공헌활동 지원사업'이나 환경성의 '순환형사회지역 지원사업'은 예산지원 사업은 아니지만 소셜 비즈니스, 커뮤니티 비즈니스 활동의 인지도 제고를 위해 홍보활동을 돕거나 물적 인프라를 제공한다.[82] 같은 맥락에서 경제산업성은 2009년 '소셜 비즈니스 55선'을 발간해 모범 사례를 홍보하였으며, 농림수산성부는 2004년부터 2009년까지 '일어서는 농산어촌立ち上がる農山漁村'이라는 농산어촌 경영체 인증 프로그램을 통해 모범 사례를 소개하기도 했다.[83]

V. 소결

이 장에서 우리는 일본의 사회적경제 관련 개념과 제도 분석에 기초해 일본의 사회적경제 조직의 지형을 제시하였다. 조직의 구성 원리 및 운영방식에서 영리/비영리, 공익/사익으로 분명하게 구분되기 어려운 성격을 가진 조직들이 등장하고 있다. 기존에 순수한 비영리

---

82 김진범·정윤희·이승욱·진영환, 『도시재생을 위한 커뮤니티 비즈니스 지원방안 연구』 (서울: 국토연구원, 2009).

83 정윤성, 『마을기업에서 희망을 보다』 (서울: 씽크스마트, 2013).

조직으로 인식되었던 조직들이 재화 및 서비스의 생산이라는 경제활동을 수행하고, 반대로 영리조직으로 인식되었던 조직들이 비영리재단을 설립하거나 공익사업을 함으로써 '사회적 목적'을 추구하는 사례가 늘고 있다. 기존에 국가의 역할로 인식되었던 영역에서 여러 민간 조직들이 공공 서비스 전달 역할을 수행하는가 하면 정부가 반민반관 형태로 설립, 운영하는 조직 또한 늘고 있다. 그런 점에서 사회적경제 영역은 여전히 형성 중이며, 그런 점에서 영역을 구획하는 선을 긋기는 쉽지 않다.

80-90년대의 세계화 국면에서 국가-시장-시민사회 간의 관계가 변화하고 있다는 데에는 여러 학자들이 합의하고 있는 것으로 보인다. 이러한 변화의 배경에는, 어느 한 쪽이 주도했다고 말할 수는 없는, 국가, 기업, 시민사회단체 각 주체들의 인식 및 전략의 변화가 자리 잡고 있다. 오늘날 일본사회는 외부적으로 세계화의 압력과 그에 따른 생산체제의 재편을, 내부적으로 인구 및 가족 구조의 변화에 따른 복지체제의 재편을 경험하고 있다. 이러한 상황에서 민주성과 경제성, 사회성을 두루 갖춘 조직이나 활동에 주목하는 것은 자연스러운 일일 것이다.

그러나 변화의 성격과 함의를 설명하고 해석하는 문제는 남아있다. 현재는, 우려와 기대가, 설명과 전망이 혼재되어 있는 것으로 보인다. 일부에서는 이런 변화가 세 주체 모두를 이롭게 하는 방향으로 진행되고 있다고 전망하는 반면,[84] 또 다른 일부에서는 세 주체 가운데

---

84 Jeff, Kingston, *Japan's Quiet Transformation: Social Change and Civil Society in the Twenty-first Century* (London and New York: Routledge, 2004); Gesine, Foljanty-Jost, "Bringing the Citizen Back In: Democratic Dimensions of Local

권력과 자원 면에서 가장 허약한 주체, 즉 시민단체가 국가의 하청기
관이나 또 다른 기업으로 전락, 동화될 가능성에 무게를 둔다.[85] 그럼
에도 어느 한쪽도 다른 시각을 배제하지는 않고 있는 만큼 "보다 섬
세한 읽기"[86]가 필요할 것이다. 이를 위해서는 크게 두 방향에서 노력
이 필요해 보인다. 첫째는 보다 넓은 시야를 확보하려는 노력이다. 둘
째는 구체적인 맥락을 드러낼 수 있는 사례를 연구하는 것이다. 이
글은 첫 번째 방향의 작업의 출발로, 최대한 폭넓은 기준으로 사회조
직의 영역을 그려보고, 그 내에 포함되는 조직들을 자리 매겼다. 이
틀을 통해 일국에서의 변화와 함께 국가 간 차이를 비교하는 틀을
제시하고자 하였다. 물론 이 Map은 아직 평면이다. 단순히 수로만
환산될 수 없는 조직의 실질적인 역할이나, 법제나 정책, 프로그램만
으로는 설명될 수 없는 실질적인 활동이 규명될 때에야 입체감이 더
해진 사회적경제 조직 Map이 될 수 있을 것이다.

Reforms in Germany and Japan," *East Asia* 28 (2011), pp.313-328.

85 정미애 (2002); Ogawa (2009).

86 Simon, Avenell, "Civil Society and the New Civic Movements in Contemporary
Japan: Convergence, Collaboration, and Transformation," *The Journal of Japanese
Studies* 35-2 (2009), pp.247-283, p.247.

제5장

한중일 사회적경제 조직 Map의 비교와 함의

김의영·미우라 히로키

Ⅰ. 비교·분석의 방향성

이 장에서는 각 국가별 연구결과를 재정리하여 한중일 사회적경제를 비교·분석한다. 구체적으로는 서론에서 지적한 한중일 비교의 연구 의의에 유의하면서 다음 세 가지 방향으로 논의를 구성한다. 첫째, 3국의 사회적경제에 대한 가장 기본적인 이해로서 한중일 각국에서 사용되는 관련 개념을 비교하여 각국 및 동북아의 지역적 특징을 논의한다. 둘째, 국가별 챕터에서 분석 및 도출한 각국의 사회적경제 조직 Map을 비교하여 이것이 가지는 전체적 특징을 논의한다. 즉, 개념적 차원을 넘어 제도분석에 기반을 둔 경험적 차원에서 동북아 사회적경제의 조직 모델에 관한 함의를 도출한다. 셋째, Map에 나타난 각종 사회적경제 관련 조직의 성격을 개별적으로 살펴봄으로써 한중일 사이에서 동질성과 이질성이 발생하는 세부 요인에 대해 보다 심층적 차원에서 논의한다.

특히 동북아의 지역적 특징을 부각시키기 위해서 단순히 3국에 대한 연구결과만을 개관하는 것이 아니라 이를 유럽 국가들에 대한 기존 연구의 결과와 결합시킴으로써 보다 분석적인 비교 작업을 시도할 것이다.

Ⅱ. 사회적경제의 개념 현황

한중일 각국의 사회적경제를 이해하는데 우선 유의해야 하는 것은 각국에서 사용되는 개념의 차이이다. 특히 국가별 분석에서 중국과 일본은 사회적경제 개념이 아닌 기타 유사 개념을 사용하는 경향이 있는 것으로 지적되었다. 이러한 유사 개념을 포함한 넓은 관점에서 접근하는 것이 사회적경제의 현실적 범위나 특징을 도출하는 데 우선적으로 중요할 것이다. 국가별의 개념적 차이는 사회적경제 담론의 세계적 흐름 혹은 이론적 차원에서 이미 널리 지적된 것이기도 한다. 즉, 사회적경제의 기반이 되는 제3섹터, 비영리섹터 그리고 시민사회 등에 대해 이해나 위상에 있어 각국에서 차이가 존재하며 나아가 이러한 영역의 현실적 범위나 제도적 형태자체가 변화하고 있기 때문에 결과적으로 사회적경제에 대한 이해는 각국마다 또한 보는 사람마다 달라진 것으로 설명할 수 있다.

국가별 조사를 바탕으로 사회적경제 개념과 기타 이론적 개념에 대한 사용 현황 또는 일반적 인지도를 재정리하면 〈표 1〉과 같은 평

한·중·일 사회적경제 Mapping

가를 할 수 있다. 또한 〈표 1〉은 관련 개념의 인지도에 관해서 유럽
에서 이미 이루어진 연구 결과를 바탕으로, 유럽 각국의 수준에 유
의하며 한중일의 현황을 평가한 것이다.

〈표 1〉 관련 개념에 대한 인지도 비교: 동북아, 서유럽, 동유럽

지역	국가	사회적 경제	사회적 기업	제3섹터	비영리 섹터	시민 사회	기타
동북아	한국	**	**	*	***	***	-
	중국	*	*	*	***	**	합작경제, 집체경제 등
	일본	*	*	**	***	***	소셜비즈니스 등
서유럽	프랑스	***	**	**	**	-	-
	독일	*	**	***	**	-	-
	아일랜드	***	**	**	***	-	-
	이태리	**	**	**	***	-	-
	스페인	***	*	**	*	-	-
	영국	**	**	***	**	-	-
동유럽	체코	*	*	**	***	-	-
	헝가리	*	*	*	***	-	-
	폴란드	**	***	***	**	-	-
	루마니아	*	*	*	**	-	-

보기: *인지도가 낮거나 없다. **어느 정도 인지도가 있다. ***널리 인지되고 있다.
출처: 한중일은 국가별 조사를 바탕으로 저자에 의해 평가된 것임. 유럽 국가에 대한 평가는
EU, *The Social Economy in the European Union*, Brussel: EU, 2012, pp.28-30에서 인
용. 유럽의 평가는 각국의 전문가를 대상으로 한 설문조사의 결과이며 시민사회 및 기타 개
념에 대한 설문은 포함되지 않았다.

한국에서는 최근 사회적경제 개념에 대한 사회적, 정책적 및 학술
적 인지도는 비교적 높은 편이라고 할 수 있다. 다만, 이런 현상이 최
근 들어 붐을 타고 있다는 점 그리고 사회적경제의 전통이 강한 유

렵 각국들^{프랑스 등}과 중간 수준의 국가들^{이태리 등}을 고려해 중간 수준
(**)으로 평가하는 것이 타당할 것이다. 마찬가지로 사회적기업 개념
에 대해서도 2007년의 제도화를 통해 공식적인 용어로 정착하고 있
으나, 기타 개념 그리고 제도화의 모델이 된 영국과 이태리의 수준과
비교했을 때 중간적 수준으로 평가된다. 이와 달리 비영리나 시민사
회 개념에 대해서는 한국에서도 사회적 혹은 제도적으로 사용 된지
오래되었다.

이와 비교해 중국에서는 사회적경제 개념 대신 사회적기업 개념이
주로 논의되고 있다는 담론 동향이 지적되었다. 다만, 중국에서 사회
적기업 개념은 한국과 달리 법제도적 용어가 아닌 학술적 용어의 수
준에 머물고 있으며 사회적 측면에서도 기타 개념과 비교하면 상대
적으로 낮은 수준의 인지도로 평가된다. 대신, 중국에서 제도적으로
정비되고 활발하게 실천되는 개념으로서 사회조직, 민간조직 혹은 공
익조직 등을 지적할 수 있다. 이 개념들은 실질적으로 비영리섹터나
비영리 개념과 관련성이 높은 것으로 볼 수 있다. 시민사회를 의미하
는 공민사회 개념 또한 사회조직이나 민간조직과 깊이 관련되지만 이
것 또한 제도적 실천보다 학술적 사용의 측면이 강하다. 이 밖에 중
국에서는 합작경제나 집체경제 개념이 헌법에서도 규정되며 80년대
의 개혁개방 이후 정치경제 개혁의 중요한 주제가 되었다.

일본 또한 사회적경제 및 사회적기업에 대한 인지도는 낮으며, 대
신, 소셜 비즈니스와 커뮤니티 비즈니스 개념이 자주 사용된다. 비영
리섹터와 시민사회 개념에 대한 인지도는 한국과 비슷하다고 할 수
있으며 제3섹터에 대해서는 80년대 이후 독특한 제도를 실천해 왔다.

동북아 각국의 개념 인지도 현황을 유럽 각국과 비교하면 다음과

같은 특징을 지적할 수 있으며 이로 인해 한중일의 동질성과 이질성이 보다 선명하게 나타난다. 첫째, 지역별 현황을 개관하면 동북아 3국은 관련 개념 중 비영리 개념에 대한 인지도가 가장 높다는 면에서 동질성이 있다. 이는 사회적경제나 제3섹터, 비영리가 동등한 수준으로 인지된 서유럽 지역보다 동유럽 지역의 현황에 가깝다. 본 연구의 서론에서 드푸르니와 김^{Defourny and Kim}의 주장 즉, 동아시아의 '사회적기업' 모델이 서유럽 모델에 다가가고 있다는 지적을 소개했으나,[1] '사회적경제'의 개념 현황을 자세히 보면 '서유럽'에 도달하기 전인 '동유럽'을 거치고 있다고 해석된다.

둘째, 세부 현황에 주목하면 한중일 사이의 이질성은 특히 사회적경제와 사회적기업 개념의 인지도에 나타나며, 중간 수준인 한국과 이 모두가 낮은 수준인 중국·일본으로 크게 분류된다. 이 현황을 유럽 국가들과 비교해 각국에서의 각종 개념 인지도의 상대적 차이에 주목한다면 한국은 아일랜드나 이태리의 현황과 유사하며 중국·일본은 체코나 헝가리 등 동유럽 국가들의 상황과 유사하다. 또한 중국·일본의 경우, 사회적경제 개념의 유입에 대해서 각국에서 전통적으로 존재해온 개념과의 결합 현상이 나타나고 있는 점에서 공통적이다. 중국의 합작경제, 집체경제 그리고 사회주의 시장경제에 대한 재조명이나 재해석의 시도, 일본에서 마을 만들기의 진화된 형태로 볼 수 있는 커뮤니티 비즈니스 개념이나 '사업형 NPO'의 세련된 형태로 볼 수 있는 소셜 비즈니스 개념의 발전 등이다. 이와 같은 각국의 상

---

1 Jarque Defourny and Kim Sinyang, "Emerging Models of Social Enterprise in East Asia: a Cross-country Analysis," *Social Enterprise in Eastern Asia, Social Enterprise Journal* 7-1 (2011), p.103.

황과 유사한 유럽 국가를 고려한다면 한국은 동북아 지역에서 독자적 위치에 있다고 요약된다.

셋째, 사회적경제 개념의 인지도 수준이 과연 기타 개념 중 어떤 것의 수준과 상관관계가 있는지를 규명해 본다. 데이터의 성격상 엄격한 통계분석은 적합하지 않으며 표면적 분석이 되겠으나 사회적경제 개념의 인지도가 높은 국가들^{프랑스, 아일랜드, 스페인} 사이에서 기타 개념의 인지도 수준에 관한 확실한 공통점은 찾기 어렵다. 이는 다음과 같은 시사점을 준다. 유럽 국가에서도 사회적경제 개념의 정착에 관해서 일반적 경로가 존재하지 않으며, 동북아에서도 중국·일본의 사례처럼 독자적인 개념 발전의 경로를 볼 수 있다. 즉, 사회적경제 개념의 정착이나 발전에 관해서는 기반 개념인 시민사회나 비영리, 제3섹터 개념의 전체적 발전도 중요하지만, 각 국마다 적용되는 독자적 방식 또한 무시할 수 없는 것이다.

Ⅲ. 한중일 사회적경제 조직 Map

1. 한중일 사회조직의 기본 유형

개념 사용이나 인지도에 관해서 한중일 사이에서 차이가 있다는 점을 충분히 고려하여 본 연구는 우선 넓은 관점에서 '사회조직'의 기본적 제도 현황을 도출하기로 했다. 이론적으로 다시 정리하면 한중일에서 사회적경제와 관련된 중요한 개념들 즉, 제3섹터, 비영리섹터, 시민사회 개념과 각국에서 사용되는 독자적 개념에 속하는 조직들을 포괄적으로 도출하여 이 모집단 중에서 사회적경제와 실질적으로 관련되는 조직 형태를 선별하는 것이다. 또한 여기서 말하는 사회조직이란 모두 각국에서 사회서비스의 제공과 관련된 조직의 집합이며 공식적 정부조직을 제외한 것이다. 예를 들어 이 모집단에는 기업법인도 포함된다. 중국의 사회적기업이나 시민사회 개념에서는 제도상의 문제로 인해 민영 기업법인으로 등기하면서 비영리적 사업을 수행하는 '기업 등록 NGO'가 포함된다. 일본의 소셜 비즈니스 개념의 실천 현황에서도 일반 기업법인의 비영리적 활동이 그 절반 수준을 자치하고 있다. 마찬가지로 한국의 인증사회적기업들의 개별적 법적 유형을 보면 주식회사 형태가 다수를 자치한다. 즉, 기업법인은 사회서비스의 제공과 관련된 중요한 사회조직의 하나로 볼 수 있는 것이다.

이와 같이 각 개념의 내용과 이에 대한 제도적 이해를 정리한 결과 각국의 주요 사회조직으로서 한국 30개, 중국 21개, 일본 28개의 유형이 도출되었다.[2] 이 모두에 대해서 조직의 구성원리^{자본 결합 지향과 인적 결합 지향}와 주요 서비스 대상^{지역 공동체 지향과 특정 분야 서비스 지향}을 기준으로 하여 복합적 성격을 고려하면서 분류한 결과, 한중일 사회조직의 기본적 유형은 다음 7가지로 정리할 수 있다^{그림 1}.

① 특수 기업형: WISE(사회통합형 사회적기업)나 특수 목적 조직이
나 소규모 벤처 조직이며 주로 특정 분야의 서비스 사업을 수행하

---

2 몇 개의 유사한 조직을 실질적으로 동일하게 평가할 수 있는 경우 이들을 하나의 유형으로서 통합했기 때문에 실질적인 조직 수는 이보다 더 많다. 예를 들어 농협, 수협, 중소기업 협동조합 등을 묶어서 '각종 협동조합'으로 분류한 것이다. 법적 규정(사업 분야)이나 운영 상황(중앙조직에 의한 통제 등)에서 중요한 차이가 나는 소비자생활협동조합에 관해서는 이와 달리 독립적 조직 형태로 분류했다.

는 조직.

② **조합조직형**: 인적 결합체로서 다양한 서비스 사업을 수행하는 조직.

③ **다목적 복합조직형**: 다양한 서비스 사업을 수행하며 다양한 원리로 구성되는 조직.

④ **지역 복합조직형**: 특정 지역에 대한 서비스 사업을 수행하여 다양한 원리로 구성되는 조직.

⑤ **주민조직형**: 인적 결합체로서 특정 지역에 대한 서비스 사업을 수행하는 조직.

⑥ **공공기관 및 민관협동기구형**: 재원의 대부분이 정부투자로 구성되거나 특별법이나 조례에 의해 설립되며 다양한 서비스 사업을 수행하는 조직.

⑦ **기업법인형**: 자본 결합체로서 특정 분야의 서비스 사업을 수행하는 조직.

━━ 그림 1. 한중일 사회조직의 기본 유형

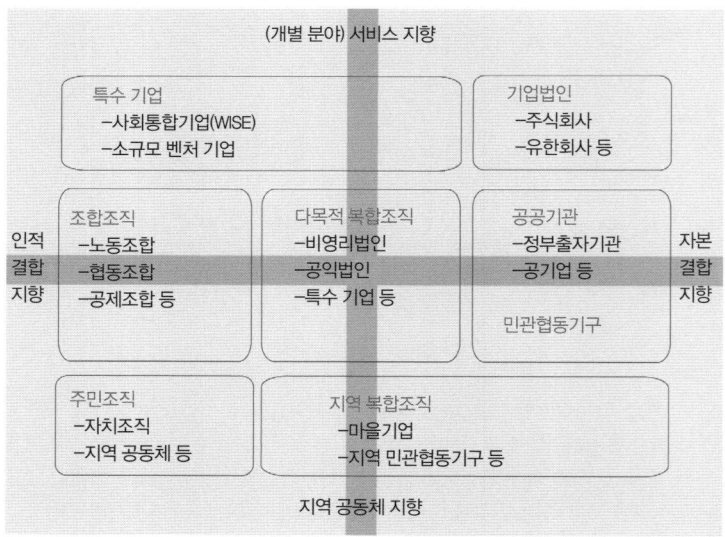

한·중·일 사회적경제 Mapping

2. 한중일 사회적경제 조직 Map

한중일의 총 79개 사회조직에 대해 본 연구의 서론에서 소개한 분석 방법을 적용하여 '사회적경제와의 관련성'이라는 관점에서 네 가지 수준으로 재분류한 것이 〈표 2〉이다. 서론에서 지적한 바와 같이 기존 연구의 대부분이 '질적 분류 기준'에 따라 몇 개의 특정 조직을 선별한 것과 달리, 본 연구는 '양적 분류 기준'을 구체화 시켜, 각종 조직의 서열 관계를 전체적으로 제시한 점에서 독자적이라고 할 수 있다.

한중일의 사회조직을 네 단계로 분류하면 '예비 사회적경제 조직'이 가장 많은 것으로 나타났으며 국가별로 봤을 때도 이 단계의 조직이 차지하는 비중이 공통적으로 크다. 이러한 결과는 역시 다양한 제도가 발전한 현대적 사회적경제를 이해하기 위해서는 단순한 질적 혹은 규범적 관점뿐만 아니라 양적 관점이나 제도적 관점을 동시에 중요시하면서 조직 형태의 다양성 혹은 사회적경제 조직의 잠재적 다양성을 포괄적으로 이해해야 하는 필요성을 시사한다.

〈표 2〉 각종 사회조직의 사회적경제 관련성 평가 결과

	한국(30)	중국(21)	일본(28)
주요 사회적 경제 조직 (12)	인증사회적기업 예비사회적기업 생활협동조합 사회적협동조합 일반협동조합 자활기업 마을기업	농민전업합작사 사회복리기업	인정NPO법인 인증NPO법인 공익사단법인 공익재단법인 생활협동조합

예비 사회적 경제 조직 (25)	비영리민간단체 사회복지법인 각종 협동조합 주식회사 유한회사 합명·합자회사 유한책임회사 농어촌공동체회사 지역신용보증재단	민영비기업단위 공모기금회와 비공모 기금회 민영기업 주식합작기업 사구복무기구 농촌신용사 농촌자금호조사	사회복지법인 사회의료법인 각종 협동조합 주식회사 합동회사 제3섹터기관 TMO 중심시가지활성화협의회
기타 사회 조직I (19)	의료법인 사단법인 재단법인 공익법인 학교법인 각종 공제회 노동조합 주민자치위원회 주민자치회	사회단체 공소합작사 공업합작사 수공업합작사 성진집체소유체기업 향진집체소유체기업 사구거민위원회 촌민위원회	학교법인 의료법인 경생보호법인 각종 공제조합 노동조합 인가지연단체
가타 사회 조직II (16)	향교재단 공기업 준정부기관 기타 공공기관 지방공사, 공단	공회 국유기업 사업단위	일반사단·재단법인 종교법인 지연단체 특정독립행정법인 일반독립행정법인 지방독립행정법인 특수법인 특별민간법인

다음으로, 네 단계 중에서 상위로 분류된 두 가지 유형 즉, 주요 사회적경제 조직과 예비 사회적경제 조직에 주목하여 이 조직들을 앞에서 소개한 사회조직 Map상에 재배치한 것이 〈그림 2〉이다. 본 연구의 중요한 목적인 '한중일 사회적경제 조직 Map'이다.

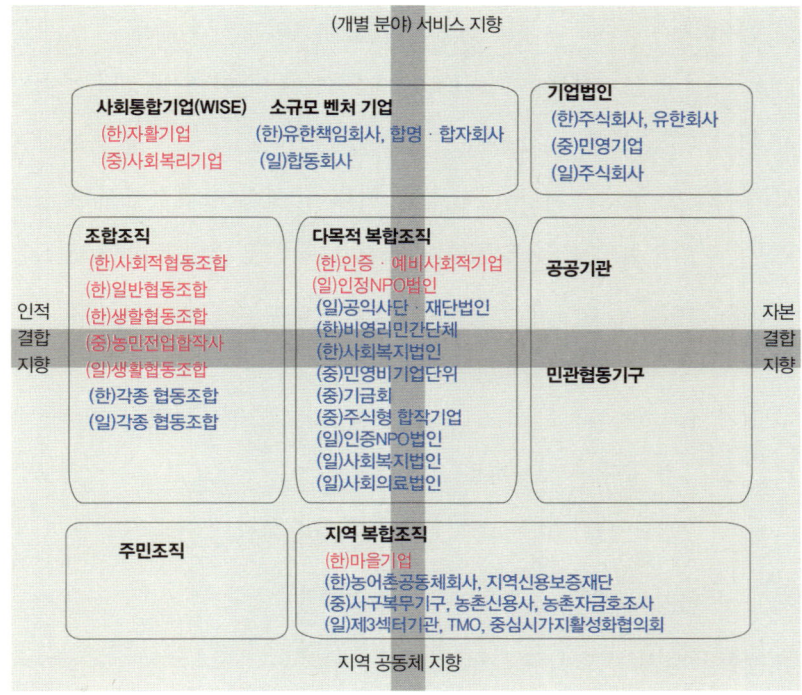

보기: 주요 사회적경제 조직   예비 사회적경제 조직

　위 그림에서 표면적 혹은 인상적으로 알 수 있는 것은 사회적경제 관련 조직과 사회조직의 기본 유형과의 관계이다. 주요 사회적경제 조직은 7가지 사회조직 유형 중 특수기업한국, 중국과 조합조직한중일, 다목적 복합조직한국, 일본 그리고 지역 복합조직한국의 네 가지 유형 중에서 나타나며 예비 사회적경제적 조직은 이에 기업법인한중일을 추가한 형태로 나타난다. 기타 사회조직의 유형인 주민조직과 공공기관 및 민관협동기구 유형에서는 사회적경제 관련 조직의 유형을 볼 수 없다.

　주요 사회적경제 조직만을 제한적으로 본다면 각 영역에 각국의 조직이 존재하느냐 않으냐에 따라 한중일의 이질성을 볼 수 있다. 예를 들어 특수 기업 중 사회통합형 사회적기업[WISE]에 관해서는 한국과 중국에서 조직이 제도화되고 있으며 일본은 이에 해당되는 제도가 없다.[3] 한중일에서 공통적으로 주요 사회적경제 조직이 존재하는 것은 조합조직의 영역이다. 관점을 확대해 예비 사회적경제 조직을 포함한다면 5가지 모든 영역이 관련됨을 확인할 수 있다. 이 중에는 기업법인의 영역이 새로 추가되며, 지역 복합조직의 중요성은 더 증가한다.

이와 같이 동북아에서 주요 및 예비조직으로 구성된 사회적경제 관련 조직의 유형은 5가지로 정리되는데 이를 대표적 기존 연구인 드프르니와 김이 지적한 동아시아 '사회적기업'의 5가지 모델과 비교하면 〈표 3〉과 같다.

〈표 3〉 동아시아 사회적경제 조직 모델의 비교

한중일 주요 및 예비 사회적경제 조직 (세부 조직 수)	동아시아 사회적기업 모델 (Defourny & Kim)
다목적 복합조직형(13)	사업형 NPO(Trading NPO)
특수 기업형(6)	사회통합형 사회적기업(WISE)
조합조직형(7)	비영리지향의 조합(Non-profit Cooperative)
지역 복합조직형(9)	지역공동체 지향기업(Community Development Enterprise)
기업법인형(4)	비영리-영리 혼종조직(NPO-FPO Partnership)

출처: Defourny and Kim (2011), pp.101-102.

---

3 일본의 경우 '조직'을 제도화하는 대신, 일정 수준의 기업 중 법으로 정한 장애인 고용율에 미달 한 기업에 대해서 강제적으로 분담금을 징수하는 '정책'을 실시하고 있다. 이와 같이 조직만을 주목해 사회적경제의 모습이나 발전 방향을 논의하는 것은 분명히 한계가 있다. 본 연구는 한중일 사회적경제에 대한 기초적 이해를 도모하는 것을 의도로 했기 때문에 우선적으로 조직적 현황을 분석한 것이다.

두 연구 결과가 상당히 유사한 점은 주목할 만하다. 즉, 한중일을 포함한 동아시아에서 사회적경제 조직의 모델을 유형화하는 것은 어느 정도 가능할 것이며, 본 연구는 이 과제에 대해서 체계적인 분류 기준이나 Mapping 방법을 통해 접근한 것이며 결과적으로 기존 연구와의 상호 보완적 관계가 성립한 것으로 볼 수 있다.

이 연구 결과는 다음과 같은 발전적 연구과제나 실천적 함의를 시사한다. 첫째, 본 연구에서 수행한 Mapping 분석 결과 사회적경제 조직이든 사회적기업이든 각종 관련 조직이 속한 사회조직의 대분류가 나타나며, 이에 따라 각 유형 내에 존재하는 각종 유사 조직에 대한 상세한 국제적 비교연구가 향후 중요한 과제로 지적된다. 유형 간의 비교연구 또한 의미 있는 과제일 것이다. 둘째, 사회적경제 조직이나 사회적기업의 제도화나 제도 개선에 있어서는 서비스 대상의 성격 그리고 조직의 구성원리가 각종 조직의 정체성을 결정하는 중요한 요인이며 동시에 이들의 복합성에도 유의할 필요가 있다. 사회적경제의 제도 디자인은 근본적으로 다원적이며 복합적인 접근 방법이 필요하다. 셋째, 한중일의 사회적경제 개념에 큰 변화나 도전이 일어난다면 그것은 아직 관련 조직이 존재하지 않은 '주민조직형'과 '공공기관형'과 관련 될 것이다. 특히 주민조직에 관해서 이미 흥미로운 징조가 나타나고 있다. 중국의 거민위원회의 발전과 사구 서비스와의 결합형상, 일본에서 인가지연단체의 증가와 이를 포함한 협동사회의 정책적 추진, 그리고 한국에서 주민자치회의 시범적 도입과 마을기업 등과의 결합 현상이다. 이러한 조직 개혁이 더 추진되며 활동 내용이 다양화되면 민주성, 경제성, 사회성을 모두 갖춘 새로운 종류의 조직으로 인식될 가능성이 있다. 특히 주민조직은 그 규모가 상당히 크며

'민주성'면에서 기타 조직과 다른 장점을 가지기 때문에 중요하다.

3. 주요 사회적경제 조직의 지역 간 비교

　한중일 사회적경제 관련 조직의 중심인 주요 조직에 대해서 더 자세히 알아본다. 개념적 인지도와 마찬가지로 주요 조직의 제도적 현황에 대해서도 한중일과 유럽 국가들을 비교해 본다. 유럽 국가에 대한 기존 연구에서는 Map을 그리는 것이 아니라 각국에서 사회적경제와 깊이 관련된 대표적 조직에 대한 전문가 평가의 결과를 정리하고 있다. 이 조사 결과와 본 연구에서 도출된 한중일의 '주요 사회적경제 조직'을 비교해 보면 지역 간의 동질성·이질성을 알 수 있다[표 4]. 구체적으로 유럽의 기존 연구에서는 네 가지 조직 유형 즉, 협동조합, 공제회, 결사체, 재단이 각국에서 제도화되고 있는지 그리고 해당 제도는 각국에서 중요한 사회적경제 조직으로서 인지되고 있는지, 나아가 각국에서 이에 포함되지 않은 기타 중요한 조직 유형이 있는지에 관해서 정리하고 있다. 이에 본 연구 결과를 결합해 본다.

〈표 4〉 주요 사회적경제 조직의 지역 간 비교: 동북아, 서유럽, 동유럽

지역	국가	협동조합 (제도/평가)	공제회 (제도/평가)	결사체 (제도/평가)	재단 (제도/평가)	기타 주요 조직
동북아	한국	○/○	○/×	○/×	○/×	사회적기업, 자활기업, 마을기업
	중국	○/○	×/×	○/×	○/×	사회복리기업
	일본	○/○	○/×	○/○	○/○	-

지역	국가					주요 조직
서유럽	프랑스	○/○	○/○	○/○	○/○	기업위원회, 자발적 사회보장
	독일	○/○	○/×	○/○	○/○	자원봉사기구, 장애인고용기업, 여성·환경기업, 자활기관, 사회통합기업, 사회문화센터, 지역통화시스템, 마을기업
	아일랜드	△/○	×/×	×/×	×/×	신용조합
	이태리	○/○	○/○	○/○	○/○	자원봉사조직, 지역재단, NGO, 공공자선사업기관(IPAB), 사회적기업
	스페인	○/○	○/○	○/○	○/○	노동자주식회사, 사회통합기업, 장애인특별고용센터, 농업발전협회 맹인협의(ONCE) 등.
	영국	△/○	△/○	○/○	○/○	커뮤니티 이익기업(CIC)
동유럽	체코	△/○	×/×	○/×	○/×	공익협회
	헝가리	○/○	×/○	○/○	○/○	비영리기업
	폴란드	○/○	○/×	○/○	○/○	사회경제통합센터
	루마니아	○/○	○/○	○/○	○/○	인증기업단위

보기: 1) 제도: ○ 해당 조직이 제도화되어 있다. △ 단일 제도는 없으나 해당 조직은 법적으로 존재한다. × 해당 조직의 법적 근거가 없다.
2) 평가(유럽): ○ 해당 조직은 해당 국가의 기준에서 사회적경제 영역에 포함된다. × 제외된다.
3) 평가(동북아): ○ 해당 조직은 주요 사회적경제 조직에 포함된다. × 제외된다.
출처: 유럽 국가에 대해서는 EU(2012), pp.32-33, 44-46에서 인용.

<표 4>에서는 다음과 같은 특징을 볼 수 있다. 첫째, 동북아와 유럽 공통적으로 협동조합이 중요한 사회적경제 조직으로서 평가 받은

반면, 공제회에 대한 평가는 양 지역 간 차이가 나타난다. 한중일에서는 공통점으로서 공제회가 중요한 조직에 포함되지 않는 반면, 서유럽에서는 독일을 제외하면 이에 대한 평가가 높지만 동유럽 지역에서는 내부적으로 다양하게 평가된다. 둘째, 결사체와 재단에 관해서는 지역 간의 차이 이전에 한중일 간의 차이가 나타난다. 일본의 경우, NPO법인, 공익사단법인 그리고 공익재단법인이 주요 조직에 포함됨으로써 결사체와 재단의 항목에서 제도화와 인지도를 평가할 수 있다. 반면, 한국과 중국의 경우, 일반적 의미로서의 결사체와 재단에 해당되는 각종 조직이 주요 사회적경제 조직에 포함되지 않았다.[4] 대부분의 유럽 국가의 경우 결사체와 재단 모두 대표적인 사회적경제 조직으로 평가하고 있기 때문에 한국과 중국의 제도적 현황이 특수성을 가진 것으로 해석된다. 셋째, 기타 조직의 유형에도 유의할 필요가 있으며 이에 대해서도 한중일 내부에서 차이가 나타난다. 특히 서유럽에서는 네 가지 대표적 조직을 제도화한 이외에 다양한 특수 조직을 제도화하고 있다. 유럽 사회적경제는 이와 같이 일정 수준의 조건을 만족시킨 각종 조직이 존재하는 '제도적 다양성'이라는 성격을 가지고 있다. 즉, 협동조합 등 네 가지 기본 형태를 제도화하는 것은 물론, 이밖에 다양한 조직으로 보완되는 것이 특히 사회적경제가 발달한 서유럽 국가들의 특징이다. 이러한 관점에서 한중일을 본다면 한국에서는 어느 정도 제도적 다양성을 달성한 반면, 일본은 부

---

4 한국의 사회적기업에 대해서 다목적 복합조직이라는 성격을 중요시해 이를 '기업'이 아닌 '결사체'로 해석할 수 있는 여지는 있다. 다만 이러한 해석을 하더라도 한국에서 일반적으로 인식되는 '결사체'로서 비영리민간단체 혹은 각종 비영리법인을 주요 사회적경제 조직으로 보기 힘들며 결국 유럽과 달리 한국의 제도적 현황에서는 '결사체'가 사회적경제의 중요한 주체에서 빠져 있다는 해석이 타당할 것이다.

족한 상황이다. 결국 두 번째와 세 번째의 특징을 종합적으로 고려한다면 한중일 각국은, 유럽국가와 비교해, 사회적경제와 관련된 조직제도의 마련에 있어 제도적 다양화에 관한 각각 상이한 과제를 가지고 있는 것으로 지적할 수 있다.

이러한 맥락에서 한중일에서 운영되고 있는 다양한 민관협동기구나 정책의 사회적경제 관련성을 분석하는 것은 사실 아주 중요한 과제다. 현실적으로 한중일에서는 고령화, 복지, 빈곤, 환경, 교육 등 다양한 사회문제에 있어 정부와 민간이 협력하는 형태로 여러 정책이 수행되고 있다. 이에는 민관 공동출자나 민간지원, 민간위탁, 행정대행, 행정허가 등 다양한 형태의 정책이 포함되며 설립된 기구나 등록, 인증된 민간조직의 유형 또한 상당히 다양하게 나타날 것으로 전망된다. 기존 연구 그리고 본 연구 또한 주로 공식적으로 제도화된 조직에 주목한 부작용으로, 이와 같이 유동적 혹은 복합적 형태로 설립·등록되는 조직을 경시하는 결과를 낳으리라 본다. 유럽 국가에 대한 기존 연구에서도 독일의 자원봉사기구나 사회문화센터, 스페인의 장애인고용특별센터 등이 각국에서 대표적인 사회적경제 조직으로 인지된 점에 유의할 필요가 있다.

조직 분석의 이러한 한계를 보완하는 의미에서 각 국가별 챕터에서는 대표적인 민관협동기구나 정책 혹은 기타 중요한 조직에 대한 간단한 소개를 했다. 주로 정책이나 지방 조례를 근거로 설립되는 다양한 유형의 조직이나 '센터', '협의회', '인증 업체', '회원 조직' 등이 각국의 사회적경제에 있어 어떠한 역할을 하고 있는지에 대해서 자세히 조사·분석하는 것은 상기한 한중일의 과제인 '제도적 다양성'을 현실적으로 논의하기 위해서 우선 필요할 것으로 생각된다.

Ⅳ. 한중일 사회적경제의 제도적 특징
: 동질성과 이질성의 발생원인

1. 제도 디자인의 전체적 경향성

한중일 간 그리고 지역 간의 제도적 차이에 관한 표면적 해석을 넘어 좀 더 심층적 분석을 통해 한중일 사이에 존재하는 동질성과 이질성의 발생원인을 규명해 본다. 우선, 본 연구의 분석도구인 각종 사회조직에 대한 평가 기준의 적용 결과를 다각적으로 검토한다. 6가지 세부 기준을 다시 정리하면 민주성①민주적 소유·자율성, ②결사의 자유·자발성, 경제성③사업성, ④분배·수익 제한, 사회성⑤규범성, ⑥문제 해결 기능이다. 각항목에 있어 한중일의 각종 사회조직이 구체적으로 어떻게 평가되며 어떤 부분에서 동질성·이질성이 발생하는 것인지 고찰해 본다.

첫째, 사회조직 전체에 대한 분석 결과를 보면 〈표 5〉와 같다. 총 79개 제도에 대해서 세부 항목별로 O 혹은 △로 평가되는 조직의 수와 비율을 나타낸 것이다. 사회조직의 도출 과정에서 특히 사회서비스의 제공을 중요한 기준으로 했기 때문에 '사업성'이 가장 높은 비율로 나타나는 것은 당연한 결과일 것이다. 기타 5가지의 세부 요소에 관해서 국가별로 현저한 특징이 나타날 것인지가 검토의 초점이 된다.

사회조직 전체에 관해서는 한중일에서 거의 동일한 경향성을 볼수 있다. 사회조직에 대한 제도 디자인은 크게 사업성과 규범성이 다수의 조직에서 규정되고 있으며, 문제 해결 기능, 결사의 자유, 민주적 소유가 3분의 2 수준의 조직에서 규정되고 있다. 분배·수익 제한

이 규정된 조직은 한중일 공통적으로 절반 이하의 사회조직이 해당
된다.

〈표 5〉 각종 사회조직의 제도적 성격 비교: O/△ 평가 해당 조직의 수와 비율

	사회조직	민주성		경제성		사회성	
		민주적소유	결사의자유	사업성	분배·수익제한	규범성	문제해결기능
한국	30	19(63.3%)	21(70.0%)	29(96.7%)	15(50.0%)	25(83.3%)	22(73.3%)
중국	21	10(47.6%)	13(61.9%)	19(90.5%)	4(19.0%)	18(85.7%)	16(76.1%)
일본	28	18(64.2%)	20(71.4%)	23(82.1%)	12(42.9%)	23(82.1%)	20(71.4%)

■ 80% 이상   ■ 60-79%

한중일의 이질성을 찾기 위한 분석 대상으로 주요 및 예비 조직으
로 제한해보면, 주요 조직에 관해서는 동질성이 강하게 나타나는 반
면[표 6], 예비 조직에 관해서는 어느 정도 이질성을 볼 수 있다[표 7].

〈표 6〉 주요 사회적경제 조직의 제도적 성격 비교: O/△평가 해당 조직의 수와 비율

	관련조직	민주성		경제성		사회성	
		민주적소유	결사의자유	사업성	분배·수익제한	규범성	문제해결기능
한국	7	4(57.1%)	7(100%)	7(100%)	5(71.4%)	7(100%)	7(100%)
중국	2	1(50.0%)	2(100%)	2(100%)	1(50.0%)	2(100%)	2(100%)
일본	5	5(100%)	5(100%)	5(100%)	5(100%)	5(100%)	5(100%)

〈표 7〉 예비 사회적경제 조직의 제도적 성격 비교: O/△평가 해당 조직의 수와 비율

	관련조직	민주성		경제성		사회성	
		민주적소유	결사의자유	사업성	분배·수익제한	규범성	문제해결기능
한국	9	5(55.6%)	8(88.9%)	9(100%)	3(33.3%)	5(55.6%)	5(55.6%)
중국	8	2(25.0%)	5(62.5%)	8(100%)	4(50.0%)	6(75.0%)	6(75.0%)
일본	8	4(50.0%)	6(75.0%)	8(100%)	2(25.0%)	6(75.0%)	7(75.0%)

예비 조직이란 분류 기준상 두 가지 기본 영역의 혼합성이 인정되는 조직이다. 따라서 구체적으로는 사업성을 중심으로 하되, 기타 어떤 세부 요인으로 인해 사회적경제 관련성을 평가받았는가라는 점이 분석의 초점이 된다. 비교 결과를 보면 한국은 결사의 자유가 높은 반면, 규범성과 문제해결 기능은 낮은 수준이며, 반대로 중국은 규범성과 문제해결 기능이 높고 결사의 자유는 낮은 수준이다. 일본은 세 가지 요소가 동일한 수준으로 나타났다. 이 결과로부터 한중일 사회적경제의 조직적 특징에 관해서 특히 예비 조직의 제도화 방식에 있어 이질성이 발생하는 것으로 지적할 수 있다. 구체적으로는 사구복무센터나 제3섹터기관 등 특별한 설립절차를 필요로 하는 지역복합조직이 포함된 중국과 일본에서는 결사의 자유가 비교적 낮은 수준으로 나타나며, 반면 이 조직들은 공익성이 규정되거나 사회문제와의 구체적 관련성이 높기 때문에 예비 조직으로 평가받게 된 것이다. 예비 조직들의 제도적 성격 차이는 다음 논의하는 각 조직 유형의 규모에 관한 검토에서 보다 중요하게 부각된다.

2. 주요 및 예비 사회적경제 조직의 역동적 관계

제도적 분석에서 한 걸음 더 나아가서 각국의 제도 실천 현황을 비교해 본다. 특히 주요 조직에 해당되는 각 사회조직의 규모에 대해서 절대적 수준과 각국의 인구를 고려한 상대적 수준으로 나누어 비교해 본다[표 8].

<표 8> 주요 사회적경제 조직의 규모

	조직 유형	단위 조직 수 (조사 연도)	총 조직 규모	인구 만 명당 조직 규모
한국	인증사회적기업	1,251(2014)	11,683 (2013-2014)	2.33
	예비사회적기업	1,328(2013)		
	자활기업	1,340(2014)		
	마을기업	1,162(2013)		
	(일반)협동조합	6,220(2014)		
	사회적협동조합	239(2014)		
	생활협동조합	143(2013)		
중국	농민전업합작사	1,288,800(2014)	1,307,027 (2013-2014)	9.63
	사회복리기업	18,227(2013)		
일본	생활협동조합	1,209(2013)	61,088 (2013-2014)	4.80
	인정NPO법인	592(2014)		
	인증NPO법인	49970(2014)		
	공익사단법인	4,095(2014)		
	공익재단법인	5,222(2014)		

출처: 한국: 한국사회적기업진흥원, 한국지역자활센터협회, 안전행정부, 한국협동조합연구소. 중국: 国家统计局, 国家工商行政管理总局. 일본: 内閣府, 公益法人協会, 厚生労働省. 인구는 UN Demographic Yearbook 2013(2013년도 각국 인구 수)를 이용.

이 결과 조직 유형의 수에서 많았던 한국은 조직의 절대 및 상대적 규모의 측면에서 낮은 수준인 것으로 나타난다. 반대로 중국은 인구 대비 주요 조직의 상대적 규모가 가장 높다. 일본은 두 나라의 중간 수준이다. 예비 조직의 규모는 다양한 비영리조직과 기업법인이 포함되고 있기 때문에 한중일 공통적으로 주요 조직보다 훨씬 많을 것으로 추정된다. 이러한 개념의 성격상 예비 조직의 규모자체를 주요 조직과 비교하는 것은 의미가 없으나, 주요 조직의 양적 측면에 주목한 결과 각국에서 주요 조직과 예비 조직의 관계에 있어 큰 차이가 있을 것이라는 시사점을 도출할 수 있다. 즉, 한국에서는 소규모의 다양한 주요 조직이 사회적경제의 핵심 부분을 구성하지만, 전체 조직 규모가 작은 만큼, 결과적으로 예비 조직의 위상이나 역할, 예비 조직과 주요 조직의 협력의 중요성이 상대적으로 증가하게 된다. 다시 말해 주요 조직과 예비 조직의 역동적 관계 속에서 한국 사회적경제의 중요한 특징이나 모델이 나타날 것으로 예상된다. 반대로 주요 조직인 농민전업합작사가 약 100만 개 이상 존재하는 중국에서는 이 조직의 활동자체가 사회적경제의 핵심 부분을 차지하게 됨에 따라 예비 조직의 중요성은 한국 보다 상대적으로 낮아진다. 중국의 과거 농업집단화의 경험과 약 9억 명의 농촌 인구 그리고 약 2억 6천만 개의 농촌 가구를 고려한다면,[5] 최소 5명으로 설립할 수 있는 농민전업합작사는 아직 증가할 것으로 예상되며, 이들이 만드는 '합작경제'는 중국 사회적경제의 중요한 이슈가 될 것이다. 각국의 주요 조직과 예비 조직의 상대적 관계를 이미지로 정리하면 〈그림 3〉과 같다.

■■ 그림 3. 주요 조직 - 예비 조직 간의 상대적 관계

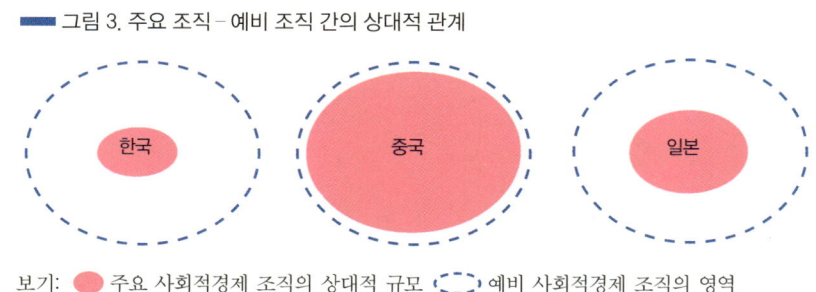

보기: ● 주요 사회적경제 조직의 상대적 규모 (⬭) 예비 사회적경제 조직의 영역

5 中华人民共和国国家统计局, "年度数据." http://data.stats.gov.cn

3. 제도 개혁의 시기와 연속성

　마지막으로 주요 및 예비 사회적경제 조직이 도입된 시기에 주목하여 한중일 간의 동질성·이질성을 고찰한다. 각국에서의 정치경제적 개혁의 맥락을 고려해 관련 제도의 변천과정을 정리하면 〈표 9〉과 같다. 이 표에서는 특히 1990년대 초기 중국에서 집체경제와 합작경제를 개혁하기 시작하는 시점에서 제도가 정비된 집체소유체기업과 각종 농촌 합작사는 중요한 문제 해결 기능을 가진 조직이었다고 보아 예비 조직으로 추가했다. 또한 일본의 사회의료법인의 전신인 특별의료법인과 회사법 개혁 이전에 존재했던 유한회사 등도 추가했다.

　관련 제도의 변천과정을 개관한 결과 현재의 제도 디자인이 만들어진 시점에 관해서 한중일 사이 동질성과 이질성을 찾을 수 있다. 우선, 한중일 공통적으로 제도 개혁이 이루어진 시기로서 1990년대 후반과 20004-2007년 사이를 들 수 있다. 1998년에서 99년에 걸쳐 각국에서 시민사회나 비영리섹터의 기반이 되는 제도 개혁이 이루어졌으며, 이어서 2005년을 전후하여 각국에서 기업법인, 조합법인, 지역 복합조직 등의 개혁이 동시적으로 이루어졌다. 차이점은 각 시기에 이루어진 개혁의 규모나 내용에 나타나는 것을 지적할 수 있다. 한국의 경우 2000년대 중반 이후의 개혁으로 인해 현재의 제도 디자인의 대부분이 만들어졌다고 할 수 있으며, 반면 중국과 일본의 경우, 중요한 개혁은 90년대 혹은 그 이전에 이루어진 것으로 볼 수 있다. 중국의 농민전업합작사의 경우, 2006년에 제도가 도입된 것은 사실이며 이 제도로 인해 조합조직에 대한 법규정의 내용 또한 혁신적으로 바뀐 것은 사실이다. 그러나 매월 1-2만개가 증가하여 도입 후

8년 만에 100만 개를 넘는 규모로 급성장하게 된 배경에는 기존에 존재했던 각종 농업 합작사나 기타 경영 조직을 개편하는 현상이 있는 것을 무시할 수 없다. 중국과 일본의 사회적경제는 비교적 장기간에 걸쳐 발전한 것으로 해석할 수 있는 반면, 한국은 급속한 제도 도입을 특징으로 지적할 수 있다.

〈표 9〉 한중일 사회적경제 관련 조직의 변천 과정

	−1990	1991–2000	2001–2010	2011–
한국	각종 협동조합 (1950s) 사회복지법인 (1970) 주식회사 유한회사 합명·합자회사	생활협동조합(1999) 자활공동체(2000) 각종 협동조합 사회복지법인 주식회사 유한회사 합명·합자회사 비영리민간단체 (1999) 지역신용보증재단 (1999)	생활협동조합 자활기업(2004) 인증사회적기업 (2007) 예비사회적기업 (2007) 마을기업 각종 협동조합 사회복지법인 주식회사 유한회사 합명·합자회사 비영리민간단체 지역신용보증재단	생활협동조합 자활기업 인증사회적기업 예비사회적기업 마을기업 사회적협동조합 (2012) 일반협동조합 (2012) 각종 협동조합 사회복지법인 주식회사 유한회사 합명·합자회사 비영리민간단체 지역신용보증재단 유한책임회사(2011) 농어촌공동체회사 (2011)
중국	사회복리기업 (1980s)	사회복리기업	사회복리기업 농민전업합작사 (2006)	사회복리기업 농민전업합작사

농촌신용사 (1950s) 기금회(1988) 민영기업 주식합작기업 (1980s) 집체소유체기업 *각종 농업합작사*	농촌신용사 기금회 민영기업 주식합작기업 사구복무기구 (1990s) 민영비기업단위 (1999) 집체소유체기업 *각종 농업합작사*	농촌신용사 기금회 민영기업 주식합작기업 사구복무기구 민영비기업단위 농촌자금호조사 (2007)	농촌신용사 기금회 민영기업 주식합작기업 사구복무기구 민영비기업단위 농촌자금호조사
생활협동조합 (1948)	생활협동조합 인정NPO법인(1998) 인증NPO법인(1998)	생활협동조합 인정NPO법인 인증NPO법인 공익사단 · 재단법인 (2007)	생활협동조합 인정NPO법인 인증NPO법인 공익사단 · 재단법인
각종 협동조합 (1940s) 사회복지법인 (1951) 제3섹터기관 (1980s) 주식회사 유한회사 합명 · 합자회사	각종 협동조합 사회복지법인 제3섹터기관 주식회사 유한회사 합명 · 합자회사 특별의료법인(1997) TMO(1998)	각종 협동조합 사회복지법인 제3섹터기관 주식회사 TMO 합동회사(2006) 사회의료법인 (2006) 중심시가지활성화협 의회(2006)	각종 협동조합 사회복지법인 제3섹터기관 주식회사 TMO 합동회사 사회의료법인 중심시가지활성화 협의회

(좌측 세로 레이블: 일 본)

V. 결론

사회적경제가 세계적으로 각광을 받고 있는 가운데 한중일 각국에서도 이와 관련된 사업이나 활동, 제도, 정책 등을 자주 접하게 된다.

그러나 같은 동북아에 속하는 서로 다른 나라들에서 어떤 현상이 일어나고 있으며 어떠한 차이가 있는지에 대해서는 적절한 설명이 필요하다. 나아가 동북아 각국에서 발전하고 있는 사회적경제의 현주소가 국제적 차원에서 어느 정도의 수준이나 위치에 있는지에 대해서 근거를 제시해 설명하는 것도 필요하다. 그러나 학술연구 차원에서 아직 동북아 각국의 사회적경제를 비교 가능한 형태로 정리하지 못하고 있으며 체계적인 비교연구가 부족한 실정이다. 본 연구는 이러한 학술적 및 현실적 수요에 응하기 위해서 체계적 틀을 설정하여 한중일 각국의 사회적경제를 비교하고 그 특징을 도출했다.

특히 본 연구는 계속해서 변화·확대해 가는 각국 사회적경제의 기본적 현황과 특징을 이해하기 위해서 한중일 각국의 사회적경제 조직 Map을 그리는 것에 초점을 두었다. 즉, 국가적 차원에서 사회적경제를 이해하기 위해서 가장 기본적이며 중요한 측면으로서 조직과 제도에 주목해 한중일의 현황과 특징을 비교 가능한 형태로 정리한 것이다. 이러한 연구 의도에 따라 국가별 챕터에서 관련 제도를 자세히 분석하는 방법으로 한중일 각국의 사회적경제 조직 Map을 제시했다. 또한 마지막 챕터에서는 3국의 연구 결과에 대한 다각적 비교를 통해 국가 간의 차이와 동북아의 지역적 특징을 도출했다. 이 결과 한중일 사회적경제의 동질성과 이질성은 단순하게 정리하기 어렵고, 개념의 사용 현황과 이에 따른 조직 제도의 전체적 디자인, 주요 조직과 예비 조직 간의 관계, 제도 개혁의 시기와 내용 등 다양한 요인이 작용된 것으로 나타났다. 각국이 가지는 장·단점이나 향후 제도 개혁 과제 또한 이와 같은 다양한 측면이 관련됨으로서 복합적 관점에서 고려하는 것이 중요하다.

본 연구의 한계로서 사회적경제가 가지는 보다 역동적 측면 즉, 다양한 사업 모델이나 활동 방식, 사회적기업가정신 그리고 지역차원에서 나타나고 있는 흥미로운 사례나 시스템 등에 관해서 정리하지 못하였다. 나아가 실천적 측면과 제도적 발전의 관계도 효과적으로 분석하지 못한 점을 지적할 수 있다. 한중일의 비교를 통해 보다 유익한 실천적 함의를 제공하기 위해서는 이러한 영역에 관한 추가적이며 심층적 연구가 향후 보완되어야 할 것이다. 동북아 사회적경제의 비교연구에 관해서 기초적 연구가 상당히 부족한 상황에서 이 분야의 향후 발전을 도모하기 위해서 본 연구가 발판의 역할을 하는 것을 기하며 글을 마친다.

부록

1. 한국 관련 통계

1-1. 사회적기업(인증 및 예비사회적기업 수: 2007-2015)

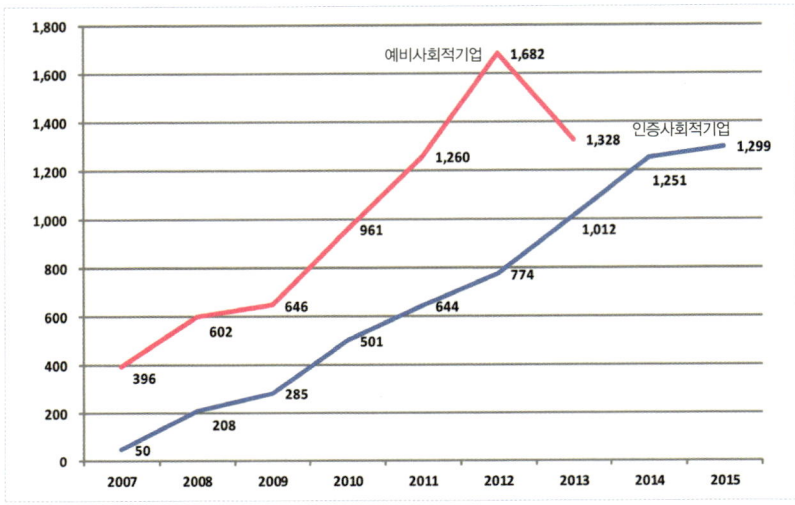

*2015년은 3월 기준임. 출처: 2007년-2012년은 고용노동부, 『제2차 사회적기업 육성계획』(2013); 2013년-2015년은 한국사회적기업진흥원, "사회적기업 인증 현황"(각 년).

1-2. 협동조합(일반 및 사회적협동조합 수: 2013년 6월-2015년 6월)

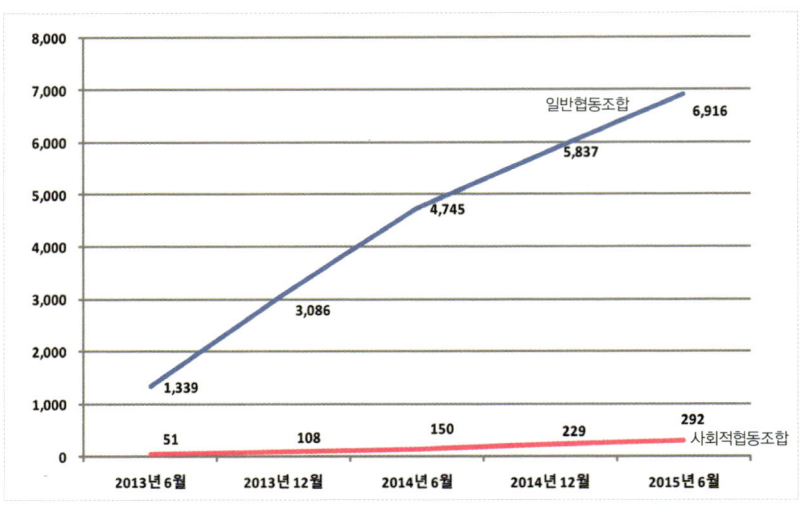

출처: 한국사회적기업진흥원, "협동조합 설립현황."

한·중·일 사회적경제 Mapping

1-3. 소비자생활협동조합(조합원 수: 1998-2013)

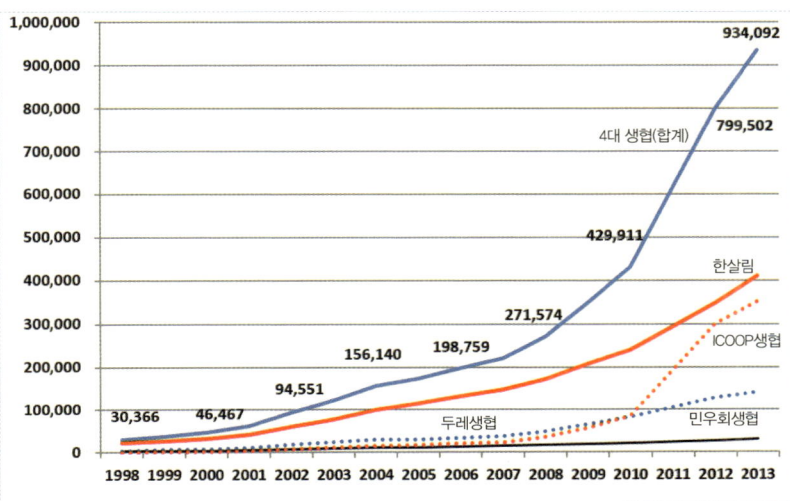

*iCOOP생협은 조합비 조합원임. 출처: 한국협동조합연구소. 『한국 협동조합 섹터의 발전방향과 사회적기업과의 연계 가능성』(2011년); "2013년 한국 협동조합 현황". 『협동조합네트워크』 제66호 (2014년).

1-4. 새마을금고 및 신용협동조합(1990-2013)

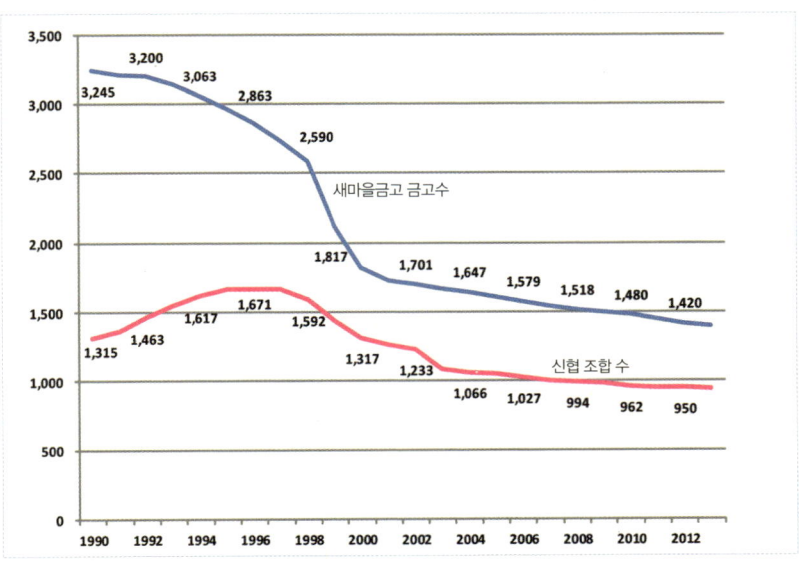

출처: 1990년-1992년은 신용협동조합. "신협통계"(각 년); 1993년-2003년은 행정자치부, 『행정자치통계연보』(각 년); 2004년-2013년은 안전행정부, 『안전행정통계연보』(각 년).

1-5. 자활기업(2004-2014)

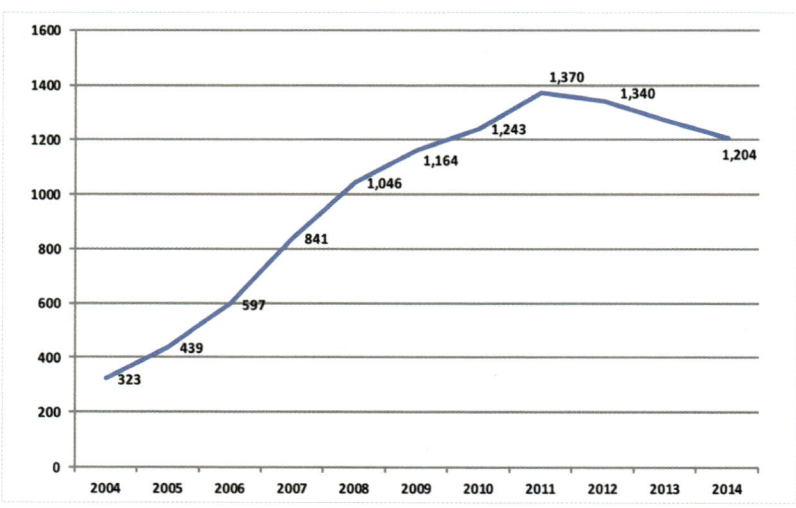

출처: 2004년-2012년은 보건복지부, 『보건복지백서』(각 년); 2014년은 중앙자활센터, 『2014년 자활백서』.

1-6. 비영리민간단체(중앙 및 지방 등록 단체 수: 2000-2015)

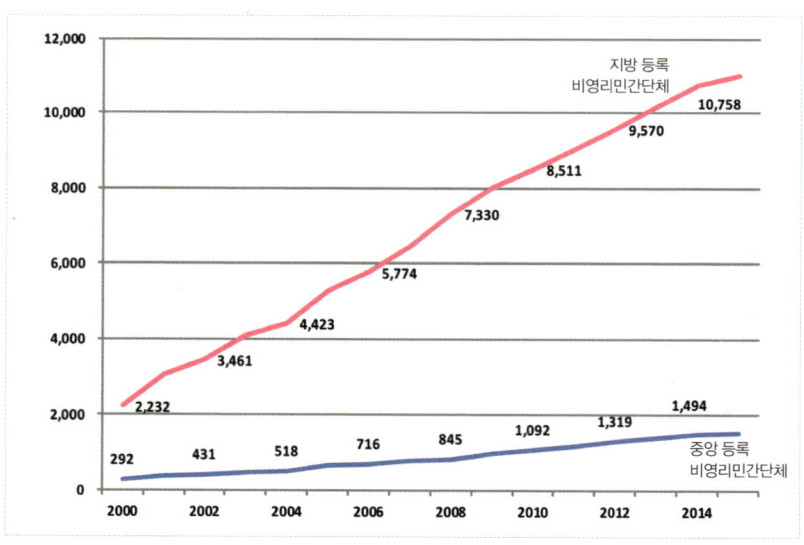

*2015년은 3월 기준임

출처: 2000년-2007년은 행정자치부, 『행정자치백서』(각 년); 2008년-2013년은 행정안전부, 『행정안전백서』(각 년); 2014년-2015년은 행정자치부, "비영리민간단체 등록 현황"(각 년).

한·중·일 사회적경제 Mapping

1-7. 비영리법인 및 공익법인(가동 법인 수: 1990~2013)

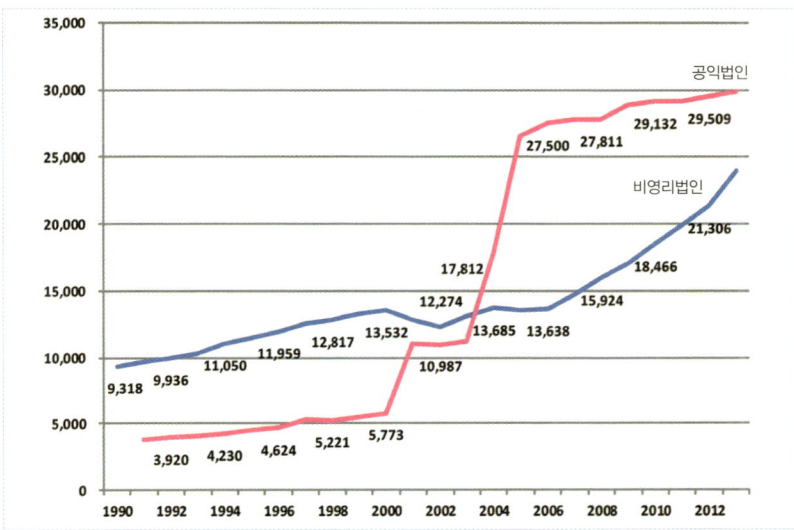

*비영리법인은 민법상 사단법인과 재단법인 그리고 특별법상의 사회복지법인, 학교법인, 의료법인 등을 포함함. **공익법인은 세법상의 공익법인을 의미함(비영리법인, 종교단체, 공익법인법에 따른 법인 등을 포함). 출처: 국세청, 『국세통계연보』(각 년).

1-8. 노동조합(단위 조합 수: 1990~2013)

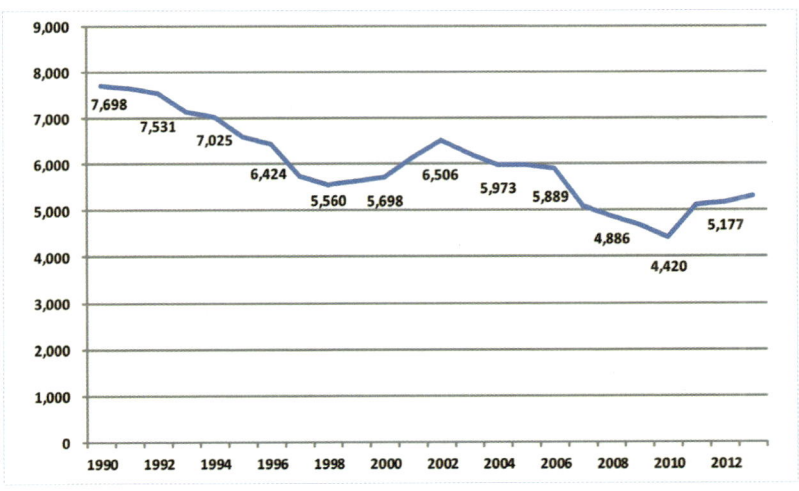

출처: 고용노동부, "전국노동조합조직현황"

1-9. 주민자치위원회(2002-2014)

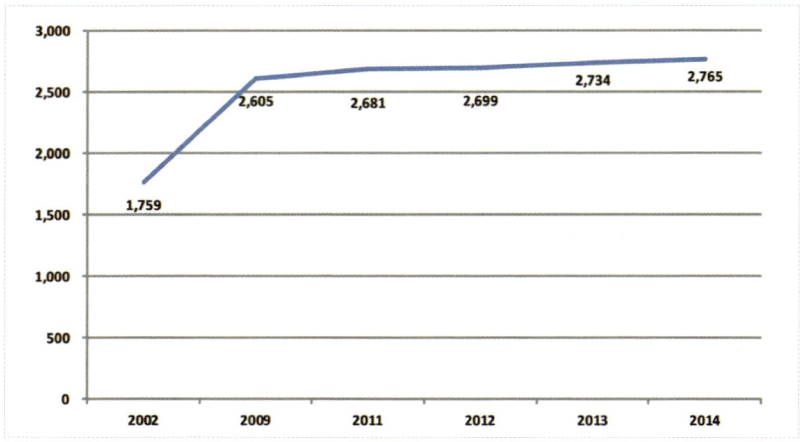

출처: 행정자치부, "주민자치센터 설치 및 운영 현황"(각 년).

1-10. 기업법인(주요 유형별 법인 수: 1990-2013)

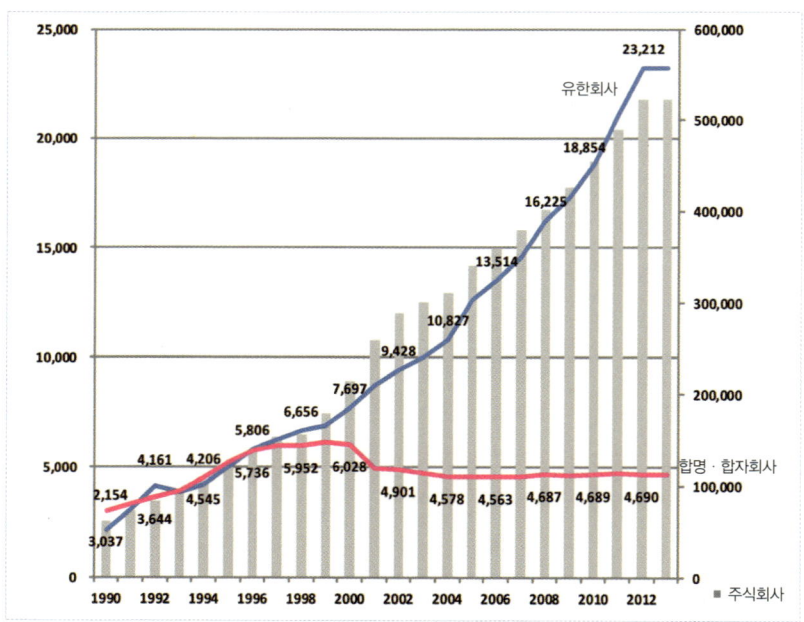

출처: 국세청, 『국세통계연보』(각 년).

        한·중·일 사회적경제 Mapping

2. 중국 관련 통계

2-1. 농민전업합작사(农民专业合作社: 2007-2015)

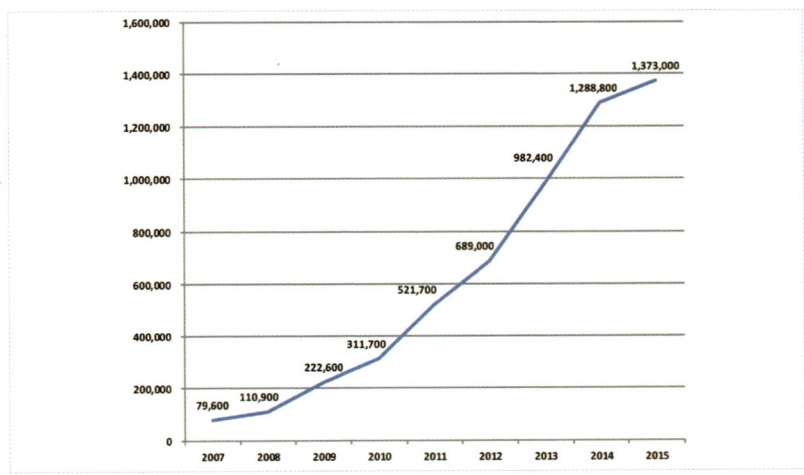

*2015년은 4월 기준임. 2008년, 2009년은 전년도 대비치를 토대로 산출했음.
출처: 国家工商行政管理总局, 『全国市场主体发展报告』(각 년).

2-2. 사회복리기업(社会福利企业: 1990-2013)

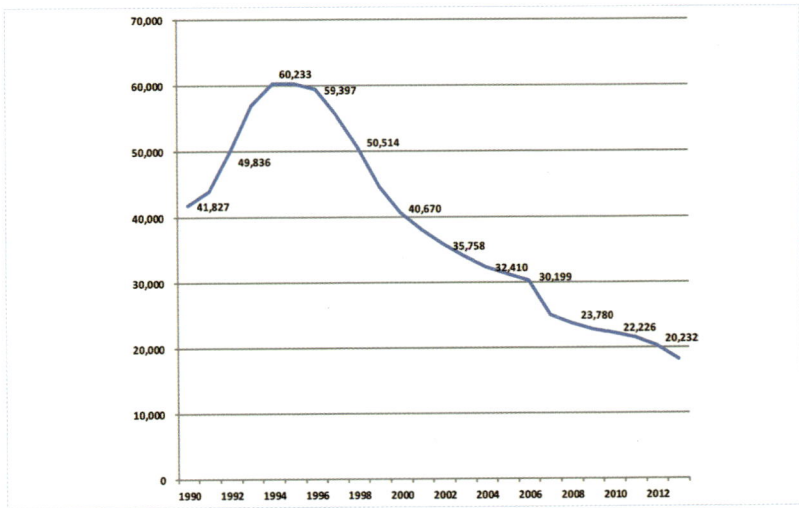

출처: 国家统计局, "国家数据".

2-3. 사회단체 및 민영비기업단위(社会団体 및 民力非企業単位: 1990-2014)

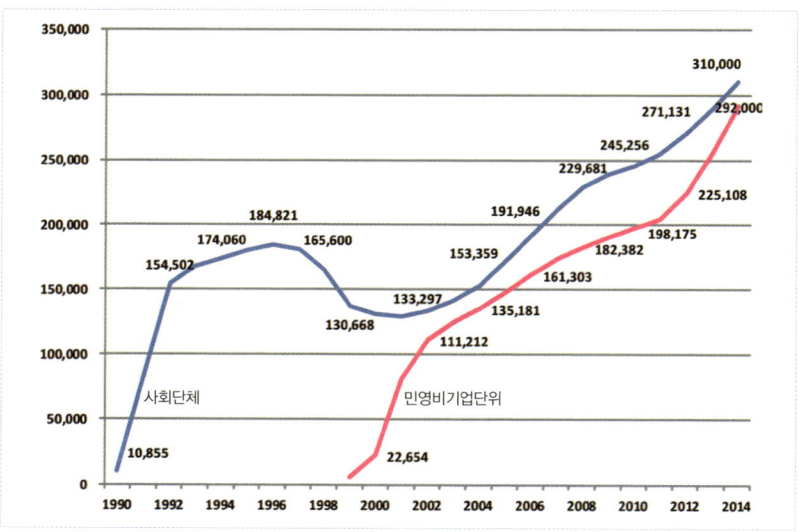

출처: 1991년-1994년은 国家统计局, 『中国统计年鉴』(2012년); 1995년-2013년은 国家统计局, "国家数据"; 2014년은 民政部, 『2014年 社会服务发展统计公报』(2014년).

2-4. 기금회(基金会: 2003-2014)

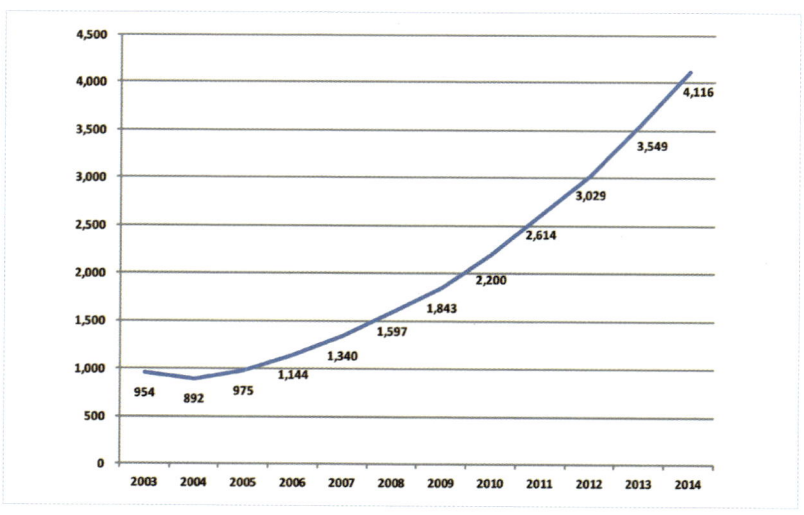

출처: 2003년-2013년은 国家统计局, "国家数据"; 2014년은 民政部, 『2014年 社会服务发展统计公报』(2014년).

한·중·일 사회적경제 Mapping

2-5. 사구서비스기구(社区服务机构: 1991-2014)

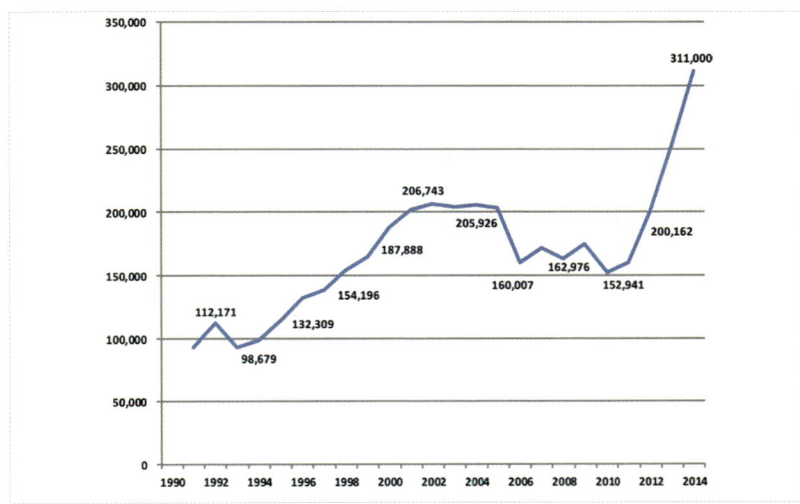

*1991년-1992년은 서구서비스시설(社区服务设施) 수. 1993년-2014년은 사구복리서비스중심(社区福利服务中心), 사구서비스점(社区服务站), 기타 사구서비스시설(其它社区服务设施)의 합산임.
출처: 1991년-1992년은 国家统计局,『中国统计年鉴』(각 년); 1993년-2013년은 国家统计局, "国家数据";
2014년은 民政部,『2014年 社会服务发展统计公报』(2014년).

2-6. 도시거민위원회 및 촌민위원회(城市居民委员会 및 村民委员会: 1990-2014)

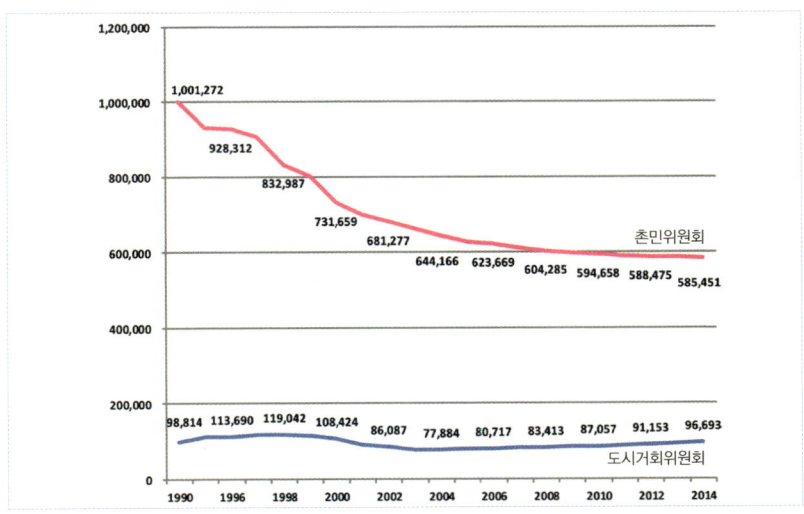

출처: 1990년, 1995년-2013년은 国家统计局, "国家数据"; 2014년은 民政部,『2014年 社会服务发展统计公报』(2014).

2-7. 노동조합(工会, 기층 단위 조합 수: 1990~2013)

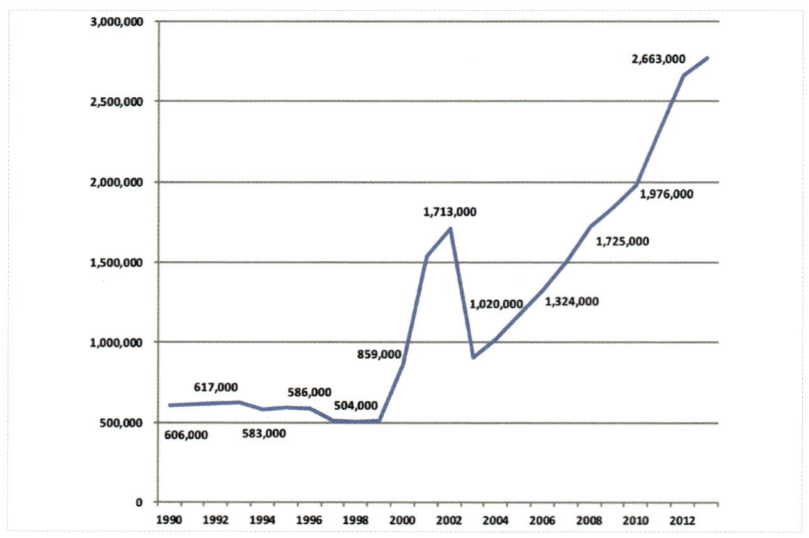

출처: 国家统计局, "国家数据".

2-8. 기업법인(주요 유형별 법인 수: 2010~2013)

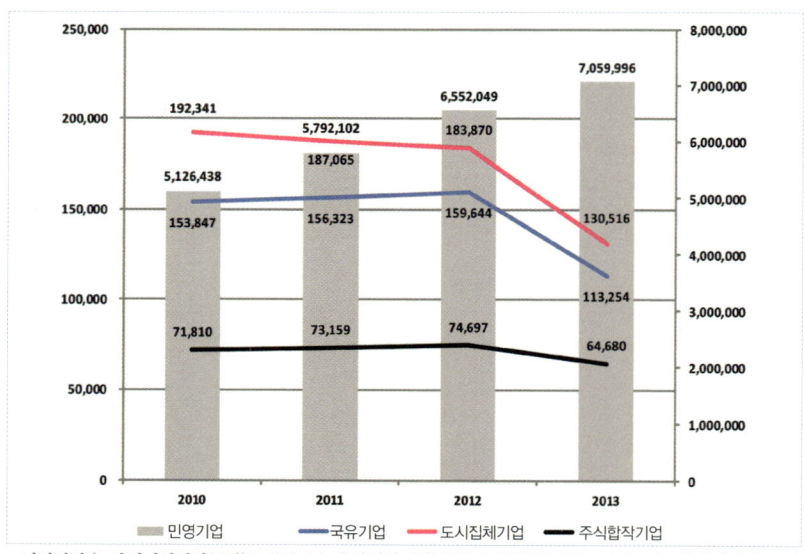

* 민영기업은 사영기업법인(私营企业法人), 유한책임기업법인(有限责任公司法人), 주식유한기업법인(股份有限公司法人) 등을 포함한 사인주식보유기업법인(私人控股企业法人)임.

출처: 国家统计局, "国家数据".

한·중·일 사회적경제 Mapping

2-9. 기업 유형별 취업자 수1(1990-2013, 만 명)

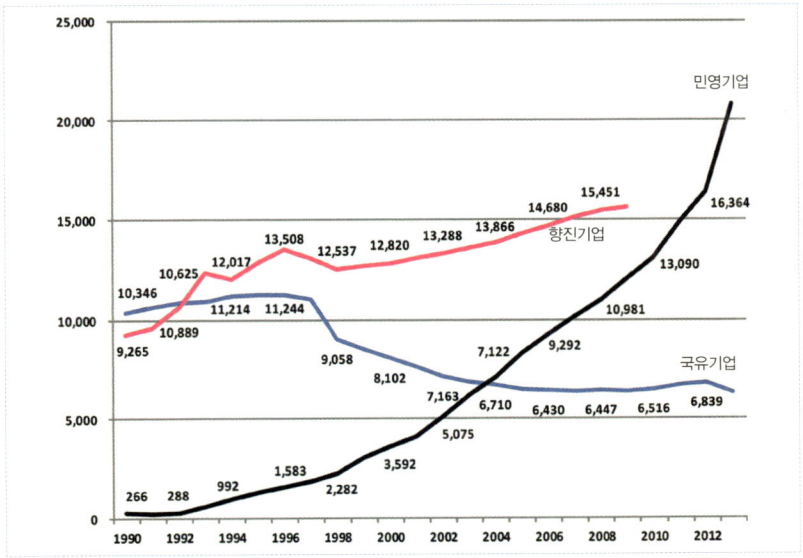

*주식합작회사는 1980년대에 도입되었으며 입수한 통계자료(1998년 이후)에서 작성했음.
출처: 1990년-1999년은 国家统计局, 『中国统计年鉴』(2012); 2000년-2013년은 国家统计局, "国家数据".

2-10. 기업 유형별 취업자 수2(1990-2013, 만 명)

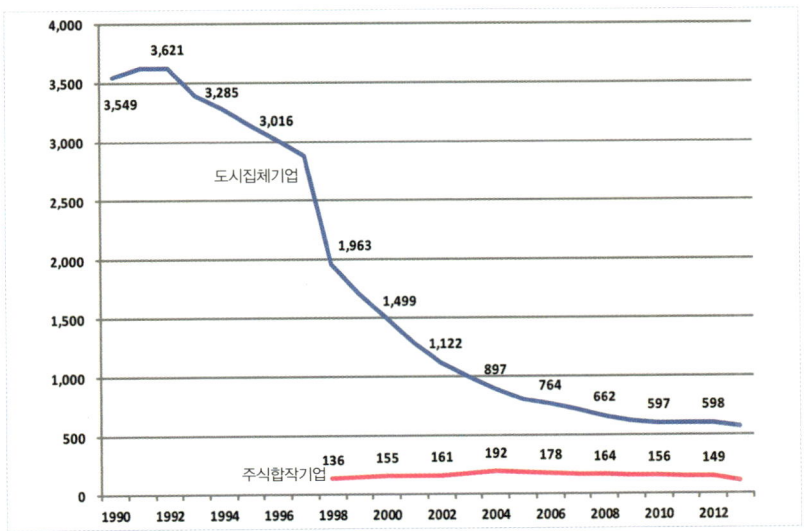

출처: 1990년-1999년은 国家统计局, 『中国统计年鉴』(2012); 2000년-2013년은 国家统计局, "国家数据".

3. 일본 관련 통계

3-1. NPO법인(인증 및 인정NPO법인 수: 1998-2015)

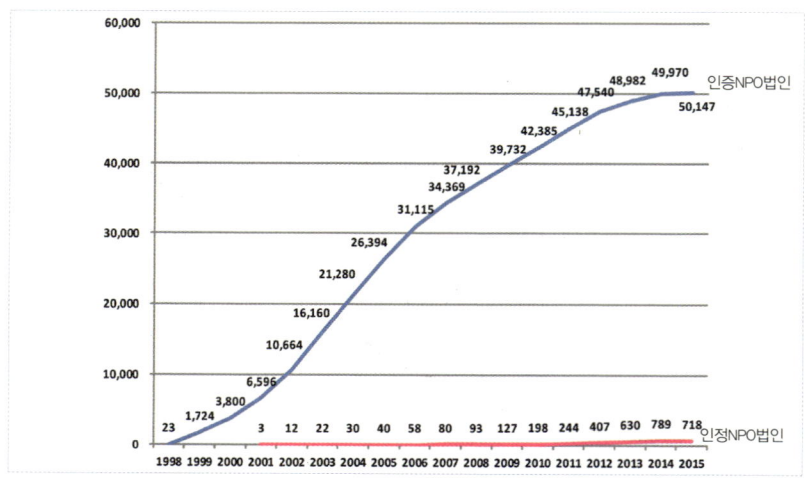

*2015년은 4월 기준임.

출처: 内閣府, "内閣府NPOホームページ."

3-2. 각종 협동조합1(산업 분야별 조합 수: 1990-2013)

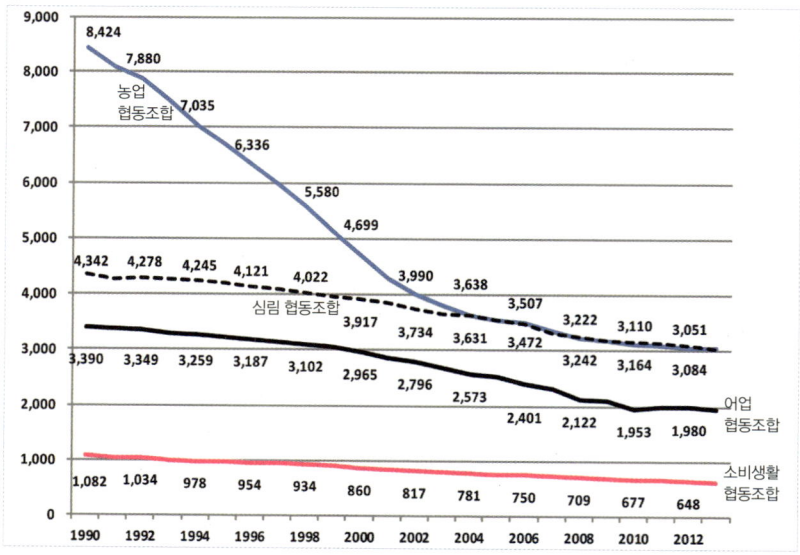

출처: 国税庁, 『統計年報』(각 년).

한·중·일 사회적경제 Mapping

3-3. 각종 협동조합2(산업 분야별 조합 수: 1990–2013)

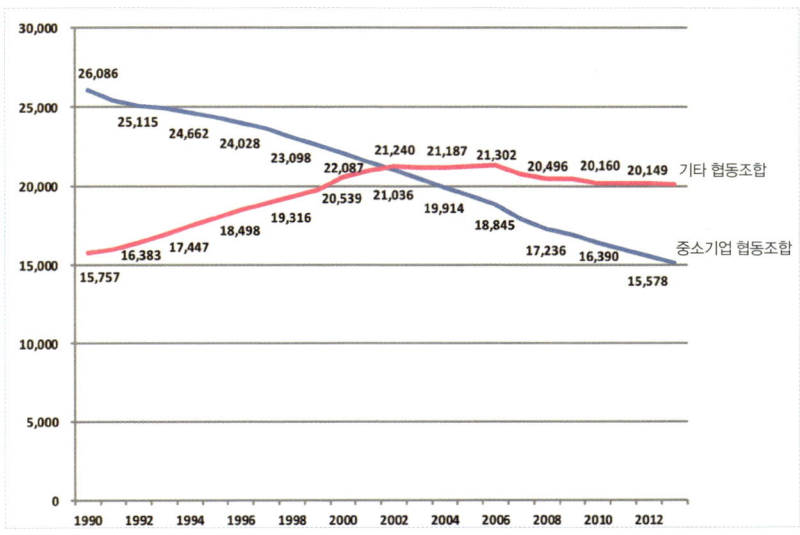

출처: 国税庁, 『統計年報』(각 년).

3-4. 민법상 법인 및 중간법인(1992–2008)

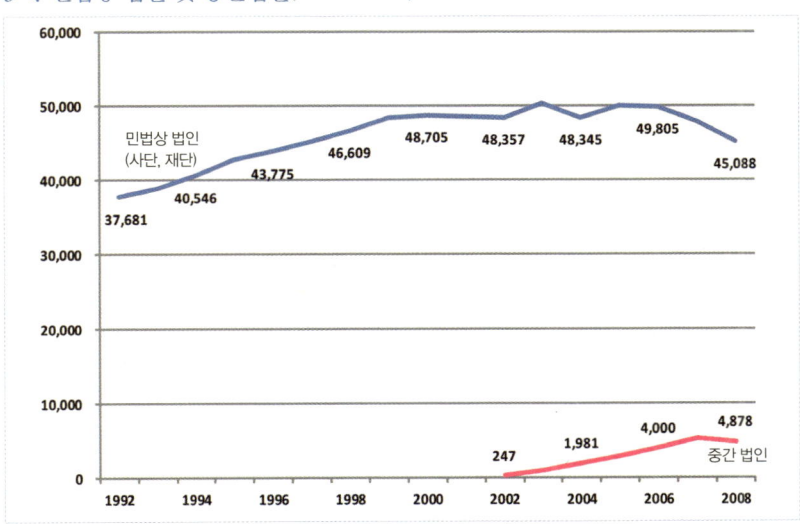

*민법상 법인은 민법 제38조에 따른 사단법인 및 재단법인을 의미하며 2008년 해당 조항은 폐지되었음.
중간법인은 2001년에 도입되며 2008년에 폐지되었음.
출처: 法務省, 『登記統計』(각 년).

3-5. 공익법인 및 일반법인(2008-2014)

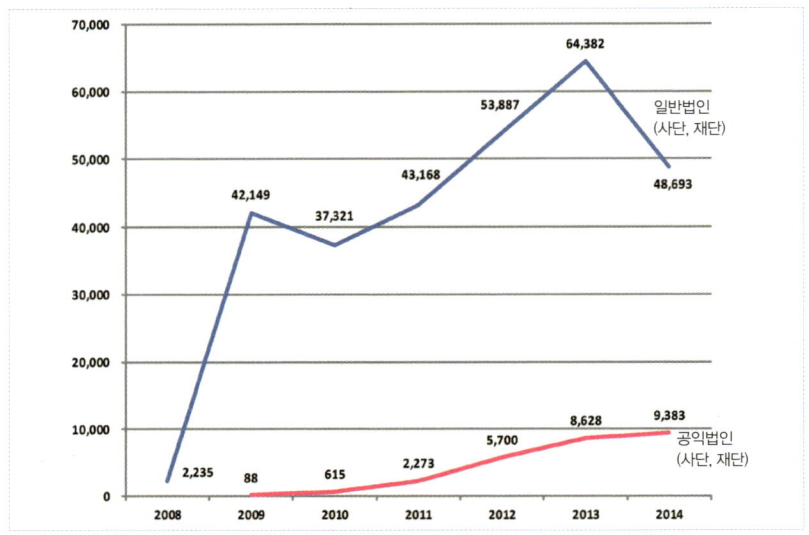

*일반법인 및 공익법인 모두 2008년에 도입되었음.
출처: 法務省, 『登記統計』(각 년). 内閣府, "公益法人Information"

3-6. 의료법인 및 사회복지법인(1990-2013)

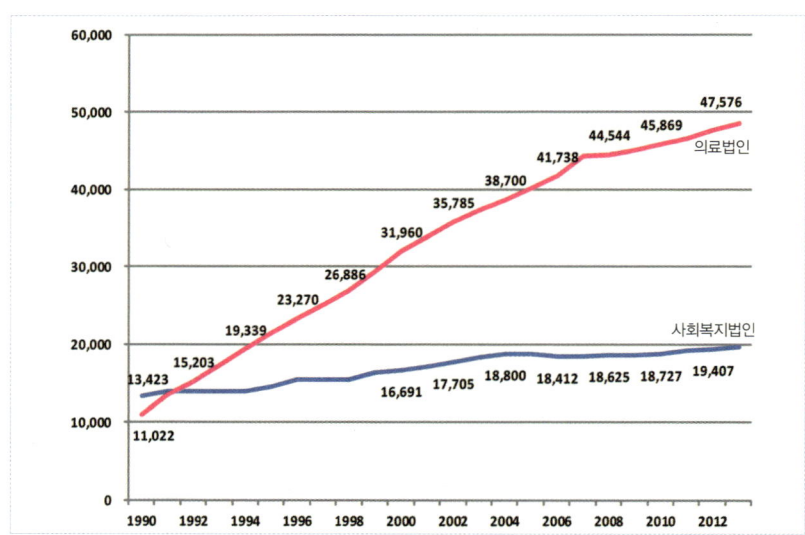

출처: 国税庁, 『統計年報』(각 년); 厚生労働省, 『厚生労働白書』(각 년).

한·중·일 사회적경제 Mapping

3-7. 종교법인 및 노동조합(1990~2014)

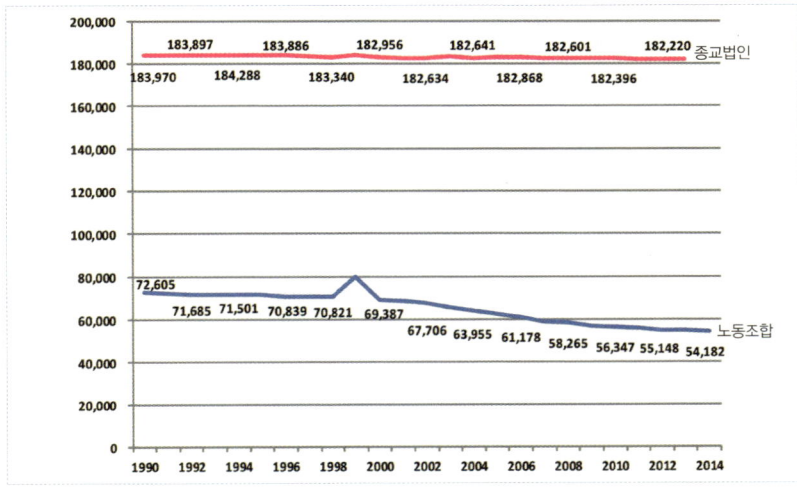

183,970 183,897 184,288 183,886 183,340 182,956 182,634 182,641 182,868 182,601 182,396 182,220 종교법인

72,605 71,685 71,501 70,839 70,821 69,387 67,706 63,955 61,178 58,265 56,347 55,148 54,182 노동조합

출처: 厚生労働省, "労働統計要覧"; 文化庁, "宗教統計調査".

3-8. 세법상 각종 법인(1990~2013)

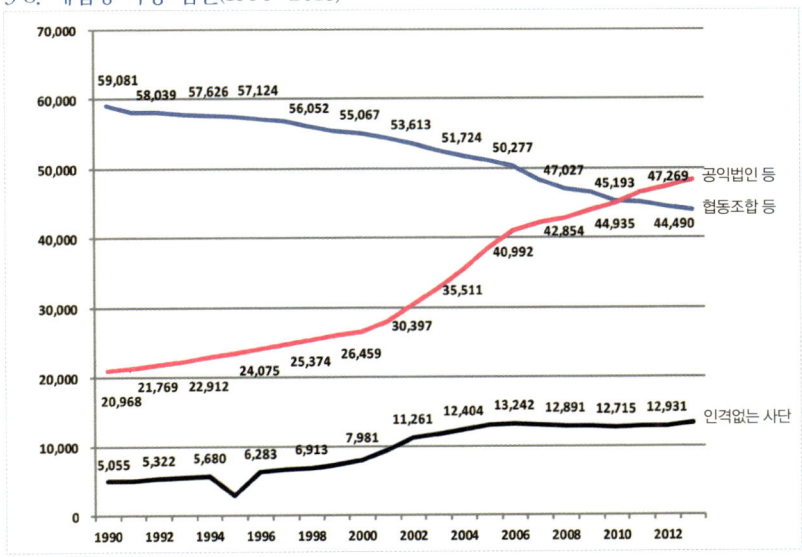

59,081 58,039 57,626 57,124 56,052 55,067 53,613 51,724 50,277 47,027 45,193 47,269 공익법인 등

44,935 44,490 협동조합 등

20,968 21,769 22,912 24,075 25,374 26,459 30,397 35,511 40,992 42,854

5,055 5,322 5,680 6,283 6,913 7,981 11,261 12,404 13,242 12,891 12,715 12,931 인격없는 사단

*협동조합 등(協同組合等)은 법인세법(法人税法)상의 분류이며 각종 협동조합과 신용조합 등 34개 종류의 법인이 포함됨. 공익법인 등(公益法人等)은 법인세법상의 분류이며 공익법인, 사회복지법인, 종교법인, 학교법인, 공제조합, 상공회의소 등 111개 종류의 법인이 포함됨. 인경 없는 사단은 법인이 아니지만 과세 대상인 사단 및 재단임. 출처: 国税庁, 『統計年報』(각 년).

3-9. 지연단체 및 인가지연단체(1996, 2002, 2008, 2013)

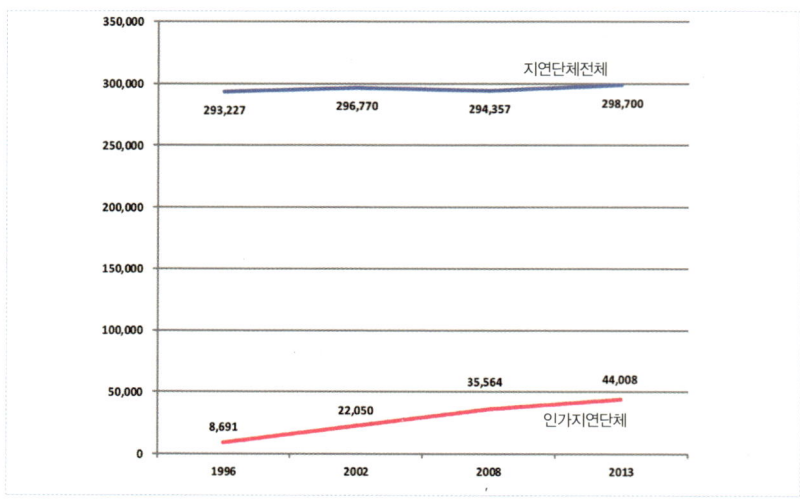

출처:国土交通省,"建設白書"(2000); 総務省, "基礎自治体における住民自治について"(2002); "自治会·町内会とは"(2013); "地縁団体名義への所有権移転登記手続の改善促進"(2013).

3-10. 기업법인(주요 유형별 법인 수: 1998~2014)

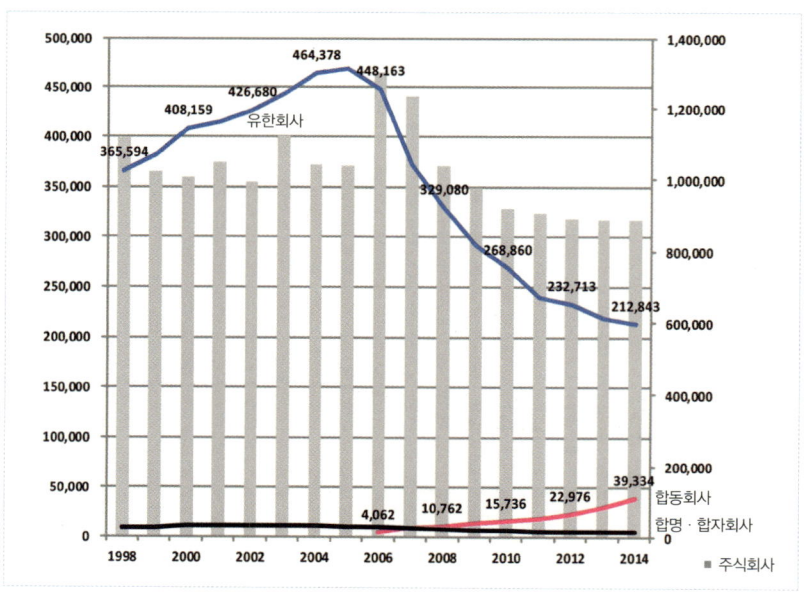

*합동회사는 2006년에 도입되었음. 출처: 法務省,『登記統計』(각 년).

　　　　　　　　　　　　　　　　　　　　　한·중·일 사회적경제 Mapping

4. 한중일 대표적 사회적경제 조직과 지원·연구 기관

4-1. 한중일 사회적기업 60

한중일 각국에서 사회적기업으로 인식되는 조직 혹은 사회기업가가 운
영하는 조직 중 수상 경력 등 사회적으로 높이 평가를 받거나 사업 분야
혹은 사업운영상 특색 있는 조직을 임의로 선별한 리스트임.

> 보기
>
> 기업 이름(원어표기-중국, 일본의 경우, 조직 형태) 홈페이지 URL
> - 사업 개요나 주요 사업 분야
> - 비고(수상 경력, 기타 선정 근거 등)

■ **한국(20개 조직)**

- **공신**(서울형 사회적기업, 주식회사) http://gongsin.com
- 불평등 교육해소, 저소득층 청소년을 위한 1:1 멘토링
- 2009년 소셜벤처경연대회 대상, 2013년 국무총리 포창 수상, 아름다운가
  게 뷰티풀 펠로우 선정(강성태 대표) 등

- **극단 날으는 자동차**(인증사회적기업, 비영리민간단체) http://www.nalja.net
- 문화예술교육, 찾아가는 예술교육, 취약계층 사회서비스, 문화기획
- 2013년 서울시 선정 우수 사회적기업

- **노리단**(인증사회적기업, 주식회사) http://noridan.org
- 지역재생, 커뮤니티 활성화, 청년 세대 새로운 자립모델 확장을 위한 통합
  적이고 창의적인 비즈니스와 사회서비스 실행
- 문화예술분야 첫 번째 사회적기업, 2009년 피터 드러커 협회 혁신상(사회적
  기업부문) 수상, 2009년 서울시 환경상 자원재활용분야 최우수상 수상 등

• **다솜이재단**(재단법인, 인증사회적기업) http://www.dasomi.org

- 양질의 사회서비스와 품위 있는 일자리 기회 제공으로 사회적 약자의 삶
 의 질 향상
- 사회적기업 인증 제1호, 2010년 피터 드러커 협회 혁신상(사회적기업부문)
 수상 등, 2013년도 일자리창출 유공자 정부포상 단체부문 대통령상 수상
 (고용노동부)

• **딜라이트**(서울형 사회적기업, 주식회사) http://www.delight.co.kr

- 사회적 책임을 바탕으로 국내 난청 문제 해결, 무료청력검진 차량 운행, 지
 자체 보청기 지원사업 협력, 적십자사 연계 보청기 지원
- 2010년 소셜벤처경연대회 대상 수상, 2013년 사랑받는 기업 정부포상 산업
 통산자원부 장관상 수상, Schwab재단 사회기업가 선정(김정현 대표) 등

• **도우누리**(인증사회적기업, 사회적협동조합) http://www.gjcare.net

- 노인돌봄, 가사간병, 중증장애인 활동보조, 산모신생아 관리, 방과후 아동
 돌봄서비스 등.
- 2013년 서울시 선정 우수 사회적기업, 보건복지부 BEST 자활기업 선정,
 기획재정부 협동조합 운영 우수사례 선정

• **(사)빅이슈코리아**(인증사회적기업, 사단법인) http://www.bigissue.kr

- 빅이슈매거진 발행, 노숙인 인식개선 사업, 용산쪽방상담소 운영
- 2007년 세상 사회적기업 콘테스트 수상, 2013년 서울시 선정 우수 사회적
 기업

• **성미산 좋은날 협동조합**(협동조합)
 https://www.facebook.com/goodday dutchcoffee

- 장애인 일자리 창출을 위한 더치커피사업, 장애인과 장애인 가족을 위한
 복지사업
- 2014 서울시 협동조합 우수 운영 사례

- **성수동수제화협동조합**(협동조합) http://www.coop5.co.kr
  - 수제화 제작과 해외수출입전략사업, 협동조합 협업식 웨딩사업
  - 2014 서울시 협동조합 우수 운영 사례

- **일과 나눔**(사회적기업, 자활기업) http://www.ilnanum.com
  - 건물위생관리서비스, 돌봄서비스, 주거복지서비스
  - 2011년 사회적기업 공로상(남양주시장), 2013 보건복지부 BEST 자활기업

- **아름다운 가게**(재단법인, 인증사회적기업) http://www.beautifulstore.org
  - 물건 재사용과 재순환을 통해 생태적, 친환경적 변화에 기여, 국내외 소외
    계층 및 공익활동 지원, 시민의식 성장과 풀뿌리 공동체 발전에 기여
  - 사회적기업 인증 제2호, 2014년 GS샵, 사회적기업진흥원과 '사회적기업 판
    로지원을 위한 3자협약' 체결

- **안성의료복지사회적협동조합**(인증사회적기업, 사회적협동조합)
  https://www.asmedcoop.or.kr:50007
  - 주민의 자치적이고 협동적인 활동을 통한 지역사회 내 보건의료문제 해결
  - 2009년 피터 드러커 협회 혁신상(사회적기업부문) 수상

- **열정대학**(주식회사) http://passioncollege.com
  - 20대에게 진로교육 제공, 재미를 바탕으로 다양한 활동이 가능한 공부생
    태계를 통해 잘할 수 있는 일을 찾고, 자기주도적 태도를 함양하도록 지원
  - 2007년 세상 사회적기업콘테스트 수상, 아름다운가게 뷰티풀 펠로우 선정
    (윤덕수 대표), 2012년 SK '세상 사회적기업 콘테스트' 1위 수상, 2013년
    한국사회적기업진흥원 '2012년도 우수창업팀 우수상' 선정

- **(주)대지를 위한 바느질**(인증사회적기업, 주식회사)
  http://www.sewingforthesoil.com
  - 친환경적인 재료와 생산방법을 통해 결혼식 전반에 대한 서비스를 제공.

- 2010년 카르티에 세계 여성사업가 15인 선정(이경재 대표), 2012년 서울시 환경상 수상, 2014년 서울시 사회적경제 우수 기업 선정.

• (주)페어트레이드코리아(인증사회적기업, 주식회사)
  http://www.fairtradegru.com
- 공정무역 상품 도, 소매. 여성의 경제적 자립 지원 지속 가능 지구촌 건설
- 2013년 서울시 선정 우수 사회적기업

• 터치포굿(사회적기업, 주식회사) http://www.touch4good.com
- 생활속 친환경 제품 제작, 환경성 질환을 앓고 있는 저소득층 어린이 지원
- 2009년 소셜벤처경연대회 최우수상 수상, 2013년 서울시 환경상 대상 수상 등

• 트래블러스맵(인증사회적기업, 주식회사) http://www.travelersmap.co.kr
- 공정여행을 통한 지역사회의 지속 가능한 발전, 지역경제를 살리는 여행, 환경을 고려하는 여행
- 2010년 세상 사회적기업콘테스트 수상, 2012년 한국윤리경영학회 윤리경영대상

• 트리플래닛(서울형 사회적기업, 주식회사) http://www.treepla.net
- 숲 조성으로 사회적가치 창출, DMZ평화의 숲, 몽골 사막화 방지 숲 등
- 2007년 세상 사회적기업콘테스트 수상, 2010년 Asia Social Venture Competition 1위, 2011년 Global Social Venture Competition 3위, 2014년 사랑받는 기업 정부포상 산업통상자원부 장관상 수상 등

• 한국소아마비협회 사업단 정립전자(인증사회적기업, 사회복지법인)
  http://www.junglip.or.kr
- SMD표면 실장장치, 자동 삽입라인, 조립, 완제품 라인, 디지털 애니메이션
- 2013년 서울시 선정 우수 사회적기업

- 행복도시락(인증사회적기업, 사회적협동조합, 주식회사)

  http://www.happydosirak.com

  - 결식이웃에게 안전한 공공급식 사회서비스 제공, 일자리 창출을 통한 저소
    득층의 자립지원
  - 2007년 민관협력 우수사례 최우수상 수상, 2008년 사회적기업육성공로
    국무총리상 수상 등

■ 중국(20개 조직)

- 간쑤이산이수환경과사회발전중심(甘肃伊山伊水环境与社会发展中心, 사회조직)

  http://www.yishanyishui.org

  - 간쑤성 소재 란저우대학 센터와 협력. 생태환경 보호 및 빈곤감축, 역량강
    화 활동
  - 2012년 중국사회혁신상, 인텔 복지혁신상 수상, 2010년 포드 기후변화대
    응상 수상

- 북경농촌여성문화발전중심(北京农家女文化发展中心, 민영비기업단위)

  http://www.nongjianv.org

  - 농촌여성 문자교육 및 창업 지원
  - 2011년 슈밥세계경제포럼 펠로우 선정, 2012년 중국공익제 최고상 수상

- 북경민들레 중학교(北京蒲公英中学, 민영비기업단위)

  http://www.dandelionschool.org

  - 자원봉사자나 기부로 운영되며 농민공 자녀들 등 사회적 약자에 대한 교육
    기회 제공
  - 2015년 LIFE 교육 혁신상 수상

- 선도넷(善淘网, 민영기업) http://buy42.com

  - 기업이나 단체, 개인으로 기증을 받은 물품을 재판매하여 수익금으로 장
    애인의 취업을 지원

- 2013년 『中国社会创业案例集』에서 소개

• Shokay(민영기업) http://www.shokay.com
- 티벳지역의 야크털 산지와 상해 교외의 수공업 지역을 결합시켜 뜨게질 옷 등 브랜드 제품 판매
- 2007년 Newsweek지 '세계를 바꾸는 사회적기업가 100인' 선정, 2009년 카르티에 세계 여성사업가 선정, 2012년, 2013년 상해 사회적기업포럼 참여 등

• 잔우그룹(残友集团, 사회복리기업, 민영기업) http://www.canyouchina.com
- 장애인이 운영하는 IT기업. 영리-비영리 조직 네트워크로 운영
- 2010년 중국사회혁신상, 2013년 중국빈곤퇴치상 수상

• 진애몽상(真爱梦想, 기금회) http://www.adream.org
- 소외지역 어린이들 교육 커리큘럼 개발, 훈련 교육 등 교육활동. Adream Center 네트워크 운영
- 2011년 포브스 중국자선재단 랭크, 2012년 중국사회혁신상 수상

• 주지아러 요양서비스중심(居家乐养老服务中心, 사회복리기업, 민영비기업단위)
  http://www.jujiale.com
- 재가 노인 돌봄 서비스 제공. 회원제도와 서비스 인력의 관리 시스템을 혁신
- 2011년 중국사회혁신상 수상, 민정부 과학기술혁신상 수상 등

• 중경시청년자원봉사협회(重庆市青年志愿者协会, 사회단체)
  http://t.qq.com/t1910931856
- 시내의 학교와 기업, 공공기관 등에서 사용하지 않은 물품을 회수하여 재활용
- 2014년 중국사회혁신상 수상, UNDP 특별상 수상

• 중국부빈기금회(中国扶贫基金会, 기금회) http://www.cfpa.org.cn
- 교육, 금융지원 등 빈곤감축 노력. 아프리카 등 인도적지원, 국제개발협력 사업도 진행
- 2012년 중국빈곤퇴치상 수상(국무부와 공동주관)

• 중국사회복리기금회(中国社会福利基金会, 기금회) http://www.zgshfljjh.org
- 취약, 빈곤지역 어린이, 노약자 지원. 학교 무료점심 제공 사업 등
- 2012년 중국사회혁신상 수상

• 지경농 상해관화생태농업과학유한회사(智耕农 上海观和生态农业科技有限公司, 유한회사) http://www.zgnong.com
- 소비자와 농산지의 네트워크화와 식품안정보장 시스템의 운영
- 2012년 상해 사회적기업포럼 참여 등

• 아라산SSE생태협회(阿拉善SEE生态协会, 기금회) http://see.sina.com.cn
- 중국에서 처음으로 생태환경보호를 위해 기업인 80명이 조직한 단체

• 요우청기금회(友成企业家扶贫基金会, 기금회) http://www.youcheng.org
- 사회정의, 조화발전을 목표로 사회적기업 지원, 민관협력 추진
- 2015년 스탠포드 사회혁신 리뷰(SSIR), 민정부 사회혁신평론에 기재

• 하나 더하기 북경장애인문화발전센터(一加一北京残障人文化发展中心, 민영비기업 단위) http://www.yijiayi.org
- 장애인에 위한 장애인을 위한 매체, 방송 프로그램 제작. 장애인을 위한 권리 보장 운동이나 교육훈련 및 창업 지원 제공
- 2012년 상해 사회적기업포럼 참여. 2013년 『中国社会创业案例集』에서 소개, 공익혁신상 수상 등

• 쑤핑투왕(旭平兔王, 토끼왕쑤핑, 민영기업) http://chinarabbitking.com
- '토끼왕' 쑤핑이 농민공, 빈곤층에 토끼를 길러 팔아 빈곤 탈출하도록 지원

− 2010년 스콜세계포럼에서 소개됨

• 치평시부녀지속가능발전협회(内蒙古赤峰市昭乌达妇女可持续发展协会, 사회조직)
  http://www.czwsda.org.cn

− 빈곤탈출 위한 여성 소액금융지원, 지속가능발전 사업 추진
− 2006년 중국은행협회 소액금융상, 2012년 중국사회혁신상 수상

• 칭하이성유수주 목인발전보존회(青海省玉树州牧人发展促进会, 사회단체) http://
  www.muren.org.cn

− 칭하이성 소재 유목민 자조조직으로 지진 이후 텐트 이용해 아동구호 및
  교육
− 2012년 중국사회혁신상

• 판더바협회(潘得巴协会, 민영비기업단위) http://www.pendeba.org
− 티벳의 첫 비영리조직으로 환경보호, 지역사회 발전 추진
− 2012년 중국사회혁신상, 2014년 UNDP Equator Prize 수상

• 학동노년고익기금회(鹤童老年公益基金会, 기금회, 민영비기업단위)
  http://www.hetong.org.cn

− 지역 커뮤니티에 기반으로 두고 고령자에 대한 유상, 무상의 서비스를 제공
− 2001년 중국 대형자선사업상 수상, 2010년 중국 자선운동가상 수상 등

■ 일본(20개 조직)

• 고령사(高齢社, 주식회사) http://www.koureisha.co.jp
− 노인 지원 사업(노인 (재)취업 지원, 상담 업무 등)
− 2009년 경제산업성 소셜 비즈니스 55 선정

• 대지를 지키는 모임(大地を守る会, 주식회사) http://www.daichi-m.co.jp/
− 회원제 유기농산물 유통판매를 통해 환경시민운동 전개

－2007년 소셜비즈니스 상, 2008년 사회혁신 사례집 게재, 2009년 아사히 신문사 환경상, 2012년 일본환경경영대상 우수상 수상 등

• 마마노엔(ままのえん, 합동회사) http://mamanoen.net
－아이를 기르는 엄마를 대상으로한 강좌, 세미나 개최, 탁아사업
－2015년 일본정책금융공고 선정

• 마이 팜(マイファーム, 주식회사) http://myfarm.co.jp
－토마토 재배 및 판매를 통한 재해지역 농가 지원 사업, 연계 사업
－2012년 경제산업성 소셜 비즈니스 케이스 북(지진 부흥판) 선정

• 미도리 마을만들기(緑井まちづくり, 주식회사) http://www.midorii.co.jp
－지역 순환버스 사업 지원, 지역청소, 건물관리, 재개발 건물 임대 등
－2013년 국토교통성 마을만들기 선정

• 미소를 이어서(えがおつなげて, 인정NPO법인) http://www.npo-egao.net
－봉사활동, 유통, 기업노장사업 등을 통해 도시와 농촌을 연결하는 지역공생형 시민운동을 전개
－2009년 경제산업성 소셜 비즈니스 55 선정, 2013년 아쇼카 펠로우 선정, 환경성 에코 투어리즘 상, 2014년 일본경제신문사 소셜 이니셔티브 대상 수상 등

• 빅이슈재팬(ビッグイシュー日本, 유한회사) http://www.bigissue.jp
－노숙자 구제 및 지역사회 적응 사업
－2009년 경제산업성 소셜 비즈니스 55 선정

• 아사자 기금(アサザ基金, 인정NPO법인) http://www.asaza.jp
－하천 살리기 운동, 자연 환경 학습 프로그램, 환경보존 연계 프로젝트 실시
－2008년 내각부 사회혁신 사례집 선정, 2009년 환경성/이온환경재단제 주최 제1회 생물다양성 일본 어워드 그랑프리 수상, 문부과학성/사단법인 윤

리연구소 주최 2012년 지구윤리추진상 국내활동부문 우수상

• 유-홈 클리닉(鉄祐会 祐ホームクリニック, 의료법인)

  http://www.you-homeclinic.or.jp

－ 재해지역에서 의료활동 실시(방문의료), 조직연계활동
－ 2012년 경제산업성 소셜 비즈니스 케이스 북(지진 부흥판) 선정

• 이로도리(いろどり, 주식회사, 제3섹터기관) http://www.irodori.co.jp
－ 산간지역의 고령자가 IT 관리 시스템으로 운영하는 나뭇잎 비즈니스
－ 2002년 일본기업가상, 지역활성화공헌특별상, 2005년 일본자선대상특별
  상, 2007년 News Week지 '세상을 바꾸는 100인' 선정, 2009년 '새로운
  공공' 정책에서 소개된 대표 사례. 2012년 영화화 등

• 카모노하시 프로젝트(かものはしプロジェクト, 인정NPO법인) http://www.
  florence.or.jp

－ 아시아에서 아동매매 방지를 위한 지역 일자리 창출과 경찰지원, 공정무역
－ 2003년 소셜벤처 경영대회 우수상, 2006년 Women of the Year, 2007년
  TOYP상, 2010년 사회공헌상, 2012년 지구시민상 수상 등

• 커뮤니티 시스템(コミュニティシステム, 합동회사)

  http://communitysystem.web.fc2.com

－ 소셜비즈니스, 커뮤니티 비즈니스 컨설팅
－ 2015년 일본정책금융공고 선정

• 케어센터 야와라기(ケアセンターやわらぎ, 인정NPO법인, 사회복지법인) http://
  www.yawaragi.or.jp

－ 1980년대 이후 365일 24시간의 재택개호시스템을 운영. 지역건강사업, 개
  호인재육성 사업
－ 2008년 내각부 사회혁신 사례집 게재, 2009년 슈밥재단 올해의 사회기업
  가상 심사원특별상 수상

• 케어프로(ケアプロ, 주식회사) http://carepro.co.jp

‒ 예방 의료의 촉진으로서 소규모 점포를 활용한 저가격 셀프 건강검진 사업

‒ 2010년 경제산업성 소셜 비즈니스 사례집 게재, 2013년 아쇼카 펠로우 선정, 2014년 '새로운 의료 방법' 상 수상 등

• 키움 네트워크 (「育て上げ」ネット, 인정NPO법인) http://www.sodateage.net

‒ 청년층의 취업 지원, 청년문제를 안고 있는 가정 지원 등

‒ 2009년 경제산업성 소셜 비즈니스 55 선정

• 팀 토모다찌(チームともだち, 일반사단법인) http://tomodachi.in

‒ 재해지역의 고용 창출, 재해기업, 공장 복구, 상품 판매

‒ 2012년 경제산업성 소셜 비즈니스 케이스 북(지진 부흥판) 선정

• 플로렌스(フローレンス, 인정NPO법인) http://www.florence.or.jp

‒ 지역 커뮤니티를 기반으로 한 공제조합형 아이 돌봄이 서비스

‒ 2009년 경제산업성 소셜 비즈니스 55 선정

• 후루노 농장(古野農場) http://aigamokazoku.com

‒ 친환경 오리농법을 아시아 지역으로 전파.

‒ 2000년 슈밥재단 사회기업가 선정, 2008년 내각부 사회혁신 사례집 게재, 큐슈지역 소셜벤처 비즈니스상, 2012년 환경보존형농업추진콩클 대상 수상 등

• ISF Net(アイエスエフネット, 주식회사) http://www.isfnet.co.jp

‒ IT비즈니스를 주요 사업으로, 장애인, 노인, NEET, 난민 등을 적극적으로 고용

‒ 2011년 일본자선대상 특별상, 2012년 비즈니스 혁신상, 우수상, 2013년 다양성 경영기업 100 선정, 2015년 소셜 비즈니스 리더상 수상 등

• TFT(テーブル・フォー・ツー, 인정NPO법인) http://jp.tablefor2.org

− 가맹점에서 식사 시 20엔이 개발도상국의 학교급식에 기부되는 활동

− 2009년 후생노동성 장관상, 2010년 비즈니스 신인상, 2011년 슈밥재단 아
  시아 사회기업가상, 일본이노베이터상 수상 등

4-2. 국제협동조합연맹(ICA) 가입 조직

한중일 각국의 ICA 회원 조직임. 정식 회원^{Members} 및 준회원^{Associate Members}을 포함함.

> 보기:
> 기관 이름(원어표기-중국, 일본의 경우) 홈페이지 URL
> 설립연도, 가입연도, 회원 자격

■ 한국(9개 조직)

• **농업협동조합중앙회** http://www.nonghyup.com

1961년 설립, 1963년 가입, 정회원.

• **산림조합중앙회** http://www.nfcf.or.kr

1962년 설립, 1996년 가입, 정회원.

• **수산업협동조합중앙회** http://www.suhyup.co.kr

1962년 설립, 1972년 가입, 정회원.

• **신용협동조합중앙회** http://www.cu.co.kr

1964년 설립, 1992년 가입, 정회원.

• **새마을금고연합회** http://www.kfcc.co.kr

1973년 설립, 1994년 가입, 정회원.

• 두레생협연합회(생협수도권연합회) http://dure-coop.or.kr

1997년 설립, 2014년 가입, 준회원.

• 아이쿱생협시압연합회 http://www.icoop.or.kr

1998년 설립, 2009년 가입, 정회원.

• 대안노동자협동조합연합회(한국노동자협동조합연합회)
  https://www.facebook.com/2013KFWC

2003년 설립, 2014년 가입, 준회원.

• 한국대학생활협동조합연합회 http://www.univcoop.or.kr

2011년 설립, 2014년 가입, 준회원.

■ 중국(4개 조직)

• 중국공합국제위원회(中国工合国际委员会) http://www.gungho.org.cn

1939년 설립, 2010년 가입, 준회원.

• 중화전국공소합작총사(中华全国供销合作总社) http://www.chinacoop.com

1954년 설립, 1985년 가입, 정회원.

• 중화전국수공업합작총사(中华全国手工业合作总社)

1957년 설립, 정회원.

• Co-op Global Sourcing Limited(CGS) http://www.coopgs.com

1979년 설립, 2013년 가입, 준회원.

■ 일본(14개 조직)

• 농림중앙금고(農林中央金庫) http://www.nochubank.or.jp

1923년 설립, 1976년 가입, 정회원.

• 사단법인 이에노히카리협회((社)家の光協会) http://www.ienohikari.ne

1944년 설립, 1977년 가입, 정회원.

• 전국대학생활협동조합연합회(全国大学生活協同組合連合会) http://www.
  univcoop.or.jp

1947년 설립, 2002년 가입, 정회원.

• 일본농업신문(日本農業新聞) http://www.agrinews.co.jp

1948년 설립, 1989년 가입, 정회원.

• 공제련(全国共済農業協同組合連合会, JA共済連) http://www.ja-kyosai.or.jp

1951년 설립, 1977년 가입, 정회원.

• 일본생활협동조합연합회(日本生活協同組合連合会) http://jccu.coop

1951년 설립, 1952년 가입, 정회원.

• 사단법인 노동금고협회 ((社)全国労働金庫協会) http://all.rokin.or.jp

1951년 설립, 2010년 가입, 정회원.

• 전국삼림조합연합회(全国森林組合連合会) http://www.zenmori.org

1952년 설립, 1970년 가입, 정회원.

• 전국농업협동조합중앙회(全国農業協同組合中央会, JA全中)
  http://www.zenchu-ja.or.jp

1954년 설립, 1954년 가입, 정회원.

• 전국노동자공제생활협동조합연합회(全国労働者共済生活協同組合連合会, 全
  労災) http://www.zenrosai.coo

1957년 설립, 1992년 가입, 정회원.

• 전국농업협동조합연합회(全国農業協同組合連合会, 全農)

　http://www.zennoh.or.jp

1972년 설립, 1977년 가입, 정회원.

• 일본노동자협동조합연합회(日本労働者協同組合連合会)

　http://www.roukyou.gr.jp

1979년 설립, 1992년 가입, 정회원.

• 전국어업협동조합연합회(全国漁業協同組合連合会, JF全漁連)

　http://www.zengyoren.or.jp

1979년 설립, 2013년 가입, 정회원.

• 일본의료복지생활협동조합연합회(日本医療福祉生活協同組合連合会) http://
　www.hew.coop

2010년 설립, 2011년 가입, 정회원.

4-3. 사회적경제 관련 지원·연구 기관

사회적경제 및 비영리섹터, 제3섹터, 시민사회에 관한 한중일 각국의
주요 지원기간 및 연구기관의 리스트임. 정부 설립과 민간 설립은 모
두 포함함.

> 보기:
> 기관 이름(원어표기-중국, 일본의 경우) 홈페이지 URL

■ 한국(21개 기관)

(사)거버넌스센터 거버넌스통합정보센터 http://www.giec.kr
(사)사회적기업연구원 http://www.rise.or.kr

(사)씨즈 http://www.theseeds.asia

사회투자지원재단 http://www.ksif.kr

(사)한국사회적기업중앙협의회 http://www.ikose.or.kr

(사)한국NPO공동회의 http://npokorea.kr

(사)한국협동조합연구소 http://www.kcoops.or.kr

서울시 사회적경제지원센터 http://www.sehub.net

서울시 마을공동체종합지원센터 http://www.seoulmaeul.org

(재)중앙자활센터 http://www.cssf.or.kr

(재)함께일하는재단 http://www.hamkke.org

(재)희망제작소 http://www.makehope.org

(재)아이쿱협동조합연구소 http://www.icoop.re.kr

아름다운재단 http://www.beautifulfund.org

SK행복나눔재단 http://www.skhappiness.org

연세대학교 창조적 국제개발협력을 위한 사회적경제 연구팀 http://bk21se.
  yonsei.ac.kr

KAIST SK사회적기업연구원 http://sksecenter.kaist.ac.kr

한겨레경제연구소 http://heri.kr

한국사회복지협의회 사회공헌정보센터 http://www.crckorea.kr

한국사회적기업진흥원 http://www.socialenterprise.or.kr

한양대학교 제3섹터연구소 http://www.ngo.hanyang.ac.kr

■ 중국(14개 기관)

글로벌 소셜 벤처 경연대회 중국 사무국(GSVC中国) http://www.gsvc-
  china.org

Global Links Initiative China (环球协力社, GLI) http://www.glinet.eu

북경대학 홍콩폴리테크닉대학 공동 중국사회공작연구중심(中國社會工作研
  究中心) http://polyucrdn.eksx.com

북경러핑공익기금회(北京乐平公益基金会) http://www.lepingfounda tion.

org

북경사범대학교 부속 중국공익연구원(北京师范大学中国公益研究院)
  http://www.bnu1.org

북경푸핑학교(北京富平学校, 민영비기업단위) http://www.fdi.ngo.cn

사회자원연구소(社会资源研究所, SRI) http://www.csrglobal.cn

상해재경대학교 부속 사회적기업연구센터(上海财经大学社会企业研究中心,
  SERC) http://www.serc-china.org

중국발전간보(中国发展简报, China Development Brief) http://www.
  chinadevelopmentbrief.org.cn

중산대학 공익자선연구원(中山大学公益慈善研究院) http://sop.sysu.edu.cn

FYSE http://www.fyse.org

NPI(恩派, 기금회) http://www.npi.org.cn

일기금(壹基金) http://www.onefoundation.cn

칭화대학 NGO연구소(清华大学NGO研究所) http://www.ngorc.org.cn

■ 일본(20개 기관)

사회기업대학(社会起業大学, 재단법인) http://www.socialvalue.jp

소셜비즈니스 지원협회(ソーシャルビジネス支援協会, 일반사단법인)
  http://www.sb-support.or.jp

전국NPO은행연락회(全国NPOバンク連絡会) http://www.npobank.net

지역활성화센터(地域活性化センター, 일반사단법인) http://www.jcrd.jp

츄고쿠 지역 뉴 비즈니스 협의회(中国地域ニュービジネス協議会, 사단법인)
  http://www.chugoku-cb-sb.net

아쇼카 재펜(アショカ・ジャパン, 일반사단법인) http://japan.ashoka.org

아키라기금 (あきら基金, 재단법인) http://www.akira-foundation.org

와세다대학교 WBS연구센터(早稲田大学WBS研究センター)
  http://www.wsei.jp

오사카대학교 NPO정보연구센터(大阪大学研究情報センター)

http://www.osipp.osaka-u.ac.jp/npocenter

일반사단법인 소셜비즈니스 네트워크(ソーシャルビジネス・ネットワーク)
　　http://socialbusiness-net.com

일본재단(日本財団, 공익재단법인) http://www.nippon-foundation.or.jp

일본협동조합학회(日本協同組合学会) http://www.coopstudies.com

일본NPO센터(日本NPOセンター, NPO법인) http://www.jnpoc.ne.jp

일본NPO학회(日本NPO学会) http://www.janpora.org

큐슈대학 유누스 & 시키 소셜비즈니스 리서치센터(ユヌス&椎木 ソーシャル
　　·ビジネス研究センター) http://sbrc.kyushu-u.ac.jp/pg269.html

NPO법인 씨즈: 시민활동을 위한 제도를 만드는 모임(シーズ:市民活動を支え
　　る制度を作る会) http://www.npoweb.jp

NPO법인 커뮤니티비즈니스서포트센터(コミュニティビジネスサポートセンタ
　　ー) http://www.k-cb.net

NPO법인 ETIC(ETIC) http://www.etic.or.jp

NPO법인 ISL 사회혁신센터(ISL 社会イノベーションセンター) http://www.
　　isl.gr.jp/society

SVP도쿄(ソーシャル・ベンチャー・パートナーズ東京) http://www.svptokyo.
　　org

참고문헌

제1장 한중일 사회적경제 조직 Map

공석기. "한국형 사회적기업 모델 개발을 위한 탐색적 연구: 한국 시민사회 사회적 기업 길 찾기."『신학과 사회』제28집 1호 (2014).

권용혁 외.『한중일 시민사회를 말하다』서울: 이학사, 2004.

김교성 외(편).『동아시아 사회복지와 사회투자전략: 한·중·일 비교연구』서울: 나눔의집, 2010.

김대정. "법인법개정안 해설." 법무부 주최 법인 시효제도 개선을 위한 민법개정안 공청회 (2010).

김승현.『비영리부문의 비교연구』파주: 집문당, 2008.

김연정. "사회적 기업의 현황 및 정책분석: 한국. 일본. 유럽 및 미국의 노인고용창출을 중심으로."『아시아연구』제15권 3호 (2012).

김의영. "협동조합의 정치경제: 협동조합의 혼종성에 대한 학제적 연구." 한국정치학회 연례학술대회 발표논문 (2013).

김학실. "한국·영국·일본의 사회적기업 지원제도 비교."『한국비교정부학보』제15권 2호 (2011).

노대명·김신양·장원봉·김문길.『한국 제3섹터 육성방안에 대한 연구』서울: 한국보건사회연구원, 2010.

노대명 외(편).『고용·복지 연계정책의 국제비교연구: 한·중·일 비교를 중심으로』서울: 한국보건사회연구원, 2013.

미우라 히로키. "시민섹터 관련 법인제도에 관한 한중일 비교연구."『아태연구』제21집 제2호 (2014).

박상필.『NGO학: 자율·참여·연대의 동학』서울: 아르케, 2005.

_____.『국가·시장 비판: 자기완성 원천으로서의 시민사회 재발견』서울: 한울아카데미, 2010.

박준식·안동규. "사회적 기업 발전 경로 비교."『지역사회학』제15권 2호 (2014).

보건복지부. "2013 사회서비스 수요·공급 실태조사 결과 발표." http://www.mw.go. kr/front_new/al/sal0301vw.jsp?PAR_MENU_ID=04&MENU_ID=0403&CONT_ SEQ=305809&page=1 (검색일: 2014.12.10).

보건복지부 사회서비스 바우처사업. "주요 통계." http://www.mw.go.kr/front_ new/al/sal0301vw.jsp?PAR_MENU_ID=04&MENU_ID=0403&CONT_ SEQ=305809&page=1 (검색일: 2014.12.10).

서울사회적기업개발센터. "사회적경제 현황과 정책흐름." http://www. slideshare.net/ kimnoza/2013-20130221 (검색일: 2015.01.01).

성승제 외. 『'공공기관의 운영에 관한 법률' 비교법적 연구』 서울: 한국법제연구원, 2008.

손원익. "비영리법인 관련 제도의 국제비교: 비영리법인의 정의와 설립을 중심으로." 『재정포럼』 제179호 (2011).

신명호. "사회적경제의 이해." 김성기 외. 『사회적경제의 이해와 전망』 서울: 아르케, 2014.

_____. "한국의 '사회적경제' 개념 정립을 위한 시론." 『도시와 빈곤』 통권 제89호 (2008).

이남주 외. 『아시아의 시민사회(Ⅱ)』 서울: 아르케, 2005.

장원봉. "사회적 경제(Social Economy)의 대안적 개념화: 쟁점과 과제." 『시민사회와 NGO』 제5집 2호 (2007a).

_____. 『사회적 경제의 이론과 실제』 서울: 나눔의집, 2007b.

정갑영 외. 『동북아 지역의 정치와 시민사회』 서울: 오름, 2004.

정형곤 외. 『한중일 공기업 개혁정책의 변천과 성과』 서울: 대외경제연구원, 2010.

조상미·김진숙. "일본, 홍콩, 한국의 사회적기업 지원체계 및 지원방법 비교연구." 『한국 사회복지학』 제66권 2호 (2014).

조효제·박은홍 엮음. 『한국, 아시아 시민사회를 말하다』 서울: 아르케, 2005.

주성수. 『NGO와 시민사회: 이론, 모델, 정책』 서울: 한양대학교 출판부, 2004.

_____. 『사회적경제: 이론, 제도, 정책』 서울: 한양대학교 출판부, 2010.

최나래·김의영. "자본주의의 다양성과 사회적 기업: 영국과 스웨덴 비교연구." 『평화연구』 제22집 1호 (2014).

한국조세연구원. 『주요국의 공공기관 I』 서울: 한국조세연구원, 2009.

_____. 『주요국의 공공기관 III』 서울: 한국조세연구원, 2011.

American Political Science Association. (Task Force Report) *Democratic Imperatives: Innovations in Rights, Participation, and Economic Citizenship.* Washington DC: APSA, 2012. http://www.apsanet.org/democraticimperatives.

Bridge, Simon, Brendan Murtagh and Ken O'Neill. *Understanding Social Economy and the Third Sector (2nd Edition)*. London: Palgrave, 2014.

Cheng, Willie and Sharifah Mohamed (eds.). *The World That Changes the World: How Philanthropy, Innovation and Entrepreneurship are Transforming the Social Ecosystem*. San Francisco: Jossey Bass, 2010.

Chiweshe, Manase Kudzai. "Understanding Social and Solidarity Economy in Emergent Communities: Lessons from Post-Fast Track Land Reform Farms in Mazowe, Zimbabwe." *UNRISD Occasional Paper* 1 (March, 2014).

Crutchfield, Leslie R. and Heather Mcleod Grant. *Forces for Good (Revised and Updated)*. San Francisco, CA.: Jossey-Bass, 2012.

Defourny, Jacques, Lars Hulgård and Victor Pestoff (eds.). *Social Enterprise and the Third Sector: Changing European Landscapes in a Comparative Perspective*. New York: Routledge, 2014.

Defourny, Jacques and Marthe Nyssens. "Conceptions of Social Enterprise and Social Entrepreneurship in Europe and the United States: Convergences and Divergences." *Journal of Social Entrepreneurship* 1-1 (2010).

Defourny, Jacques and Patrick Develtere. "Social Economy: the Worldwide Making of a Third Sector." in Jacques Defourny, Patrick Develtere, and Bénédicte Fonteneau (eds.). *Social Economy North and South*. HIVA: KULeuven, 1999.

Defourny, Jacques and Shin-yang Kim. "Emerging Models of Social Enterprise in Eastern Asia: A Cross-country Analysis." *Social Enterprise Journal* 7-11 (2011).

Defourny, Jacques and Victor Pestoff. "Images and Concepts of the Third Sector in Europe." *EMES Working Papers* 8-2 (2008).

EU. *The Social Economy in the European Union*. Brussel: EU, 2012.

ILO. *Social and Solidarity Economy: Our Common Road towards Decent Work*. Turin: ILO, 2011.

Jayasooria, Denison. *Developments in Solidarity Economy in Asia*. Malaysia: JJ Resources, 2013.

Laville, Jean-Louis. *The Social and Solidarity Economy: A Theoretical and Plural Framework*. Geneva: UNRISD, 2013.

Marques, Joana S. "Social and Solidarity Economy Between Emancipation and Reproduction." *UNRISD Occasional Paper* 2 (March, 2014).

McMurtry, J.J. "Social Economy as Political Practice." *International Journal of Social Economics* 31-9 (2004).

Ninacs, William. "A Review of the Theory and Practice of Social Economy." *SRDC Woeking Paper Series* 2-2 (2002).

Noya, Antonella and Emma Clarence (eds.). *The Social Economy: Building Inclusive Economies*. Paris: OECD, 2007.

Noya, Antonella (ed.). *The Changing Boundaries of Social Enterprises*. Paris: OECD, 2009.

Pestoff, Victor A. *Beyond the Market and State: Social Enterprises and Civil Democracy in a Welfare Society*. Aldershot: Ashgate, 1998.

_____. *A Democratic Architecture for the Welfare State*. New York: Routledge, 2009.

Salamon, Lester M. *The Resilient Sector: the State of Nonprofit America*. Washington D.C.: Brookings Institution Press, 2003.

Smith, Graham and Simon Teasdale. "Associative Democracy and the Social Economy: Exploring the Regulatory Challenge." *Economy and Society* 41-2 (May, 2012).

SSE(Social Economy Europe). "Presentation." http://www.socialeconomy.eu.org (검색일: 2014.07.31).

UNDP. *Creating Value for All: Strategies for Doing Business with the Poor*. Paris: UNDP, 2008.

UNRISD. "Social and Solidarity Economy and the Challenge of Sustainable Development." http://www.unrisd.org/ssetaskforce-positionpaper (검색일: 2014.07.31).

_____. "Social and Solidarity Economy: A Pathway to Socially Sustainable Development?" http://www.unrisd.org/unrisd/website/newsview. nsf/%28httpNews%29/AB920B156339500AC1257B5C002C1E96?OpenDocume nt (검색일: 2014.07.31).

Weller, Robert P. *Civil Life, Globalization, and Political Change in Asia: Organizing between Family and State*. New York: Routledge, 2005.

Yu, Xiaomin. "Social Enterprise in China: Driving Forces, Development Patterns and Legal Framework." *Social Enterprise Journal* 7-11 (2011).

税兵. 『非营利法人解释: 民事主体理论的视角』 北京: 法律出版社, 2010.

小倉充夫 ほか. 『アジア社會と市民社會の形成: その課題と展望』東京: 文化書房博文社, 2009.

重富慎一(編). 『アジアの国家と15ヶ国の比較』東京: 明石書店, 2001.

崔銀珠. "日本と韓国における民間非営利セクターに関する研究: JHCNPを中心に." 『評論・社会科学』94号 (2011).

辻中豊·山本英弘·久保慶明. "日本における団体の形成と存在." 辻中豊·森裕城(編). 『現代社会集団の政治機能: 利益集団と市民社会』東京: 木鐸社, 2013.

제2장 한국 사회적경제 조직 Map

고용노동부. 『사회적기업 육성 기본계획(2013-2017)』(고용노동부 지침) (2012).

_____. "2011년도 사회적기업육성을 위한 (예비)사회적기업 일자리 창출사업 시행지침" (2010).

_____. 『사회적기업 제품 우선구매 지침』(2012).

_____. 『2013년 사회적기업제품 우선구매 실적 및 계획 공고』(보도자료) (2014).

권오범. "한국생협운동과 공동체운동의 평가와 전망." 『진보평론』제55호 (2013).

김경우·곽효문. "국민의 정부와 참여정부의 사회복지정책에 관한 변천과 성과연구." 『한국행정사학지』제29권 (2011).

김규한. "한국 마이크로크레딧의 현황과 과제." 『질서경제저널』제15권 2호 (2012).

김기태 외. 『협동조합 키워드 작은 사전』서울: 알마, 2014.

김대중. 『김대중 자서전 2』서울: 삼인, 2010.

김석은·김유현. "경제사회적 환경이 비영리부문 성장에 미치는 영향의 시계열 회귀분석." 『한국행정학보』제47권 4호 (2013)

김성기. 『사회적기업의 이슈와 쟁점 : '여럿이 함께'의 동학』홍천: 아르케, 2011.

_____. "사회적경제의 제도화와 사회적기업 육성정책의 이슈." (한국직업능력개발원 연구보고서) (2014).

김성현. "한국시민사회의 환경: 정치적 환경과 경제·사회적 환경을 중심으로." 『시민사회와 NGO』제9권 1호 (2011).

김영종. "한국 사회복지서비스의 공공과 민간 부문간 협력관계." 『한국사회복지행정학』제6권 1호 (2004).

김정원. "한국의 사회적경제 현황 및 전망." 『사회적경제의 이해와 전망』홍천: 아르케, 2014.

김지숙. "공공기관의 사회적기업 지원을 통한 사회적 책임 제고방안." 『보건복지포럼』

통권 171호 (2011).

김순영. "이명박 정부의 사회복지정책: 사회복지정책의 후퇴?." 『현대정치연구』 제40집 1호 (2011).

김혜원. "제3섹터에서의 고용창출." 『월간노동리뷰 2월호』 (2009).

_____. "사회적 경제 기본법의 의의와 필요성." (사회적경제기본법공청회발제문) (2014).

_____. "한국 사회적기업 정책의 형성과 전망." 『동향과 전망』 제75권 (2009).

노대명. "사회적경제를 강화해야 할 세가지 이유 - '생활세계의 위기'를 넘어." 『창작과비평』 2009년 가을호(통권 145호) (2009).

노대명 외. 『한국 제3섹터 육성방안에 대한 연구』 서울: 한국보건사회연구원, 2011.

노란들판 유한회사 홈페이지. http://www.norandp.co.kr/ (검색일: 2014.12.15).

농림축산식품부. 『'14년 농촌공동체회사 실태조사결과』(보도자료) (2014).

도묘연·이관률. "비영리 민간단체 활동의 협력특성에 관한 연구 : 충남지역 비영리 민간단체를 사례로." 『한국행정논집』 제22권 3호 (2010).

두레생협연합 홈페이지. http://www.dure-coop.or.kr/ (검색일: 2014.12.10).

맑은손지압힐링센터 홈페이지. http://www.malgunson.com/ (검색일: 2014.12.15).

미우라히로키.한주희. "한국 사회생태계에서 정부-기업-시민섹터 간 융합적 영역: 조직. 재정. 시민참여의 실태와 경향." 『한국정치연구』 제22권 3호 (2013).

박상필. "1990년대 이후 한국 시민사회의 발전: 정부와 시민사회와의 관계를 중심으로." 『기억과 전망』 제27권 (2012).

_____. 『NGO학 : 자율·참여·연대의 동학』 홍천: 아르케, 2011.

박준형. "공공부문 산별노조의 단체교섭 구조 결정요인." 『노동연구』 제27권 (2014).

박태정. "사회적기업육성법의 주요 쟁점과 개선방향에 관한 연구." 『인문사회과학연구』 제12권 2호 (2011).

박홍엽. "공공부문의 갈등관리 제도화 모색." 『한국공공관리학보』 제25권 1호 (2011).

백종만. "비영리민간부문 활용의 근거: 사회복지서비스를 중심으로." 『사회복지정책』 제15권 (2002).

백학영·조성은. "자활공동체의 사회적기업 전환가능성에 대한 연구." 『사회복지정책』 제36권 3호 (2009).

보건복지부. 『사회복지법인 관리안내』(보건복지부 지침) (2013).

사득환. "한국 기업의 CSR활동 평가." 『한국행정과 정책연구』 제9권 1호 (2011).

사회공헌정보시스템 홈페이지. http://www.crckorea.kr/crc_web/?sub_num=29 (검색일: 2014.12.15).

사회적경제센터 홈페이지. http://blog.makehope.org/smallbiz/772 (검색일:

2014.12.10).

사회투자재단 홈페이지. https://www.social-investment.kr (검색일: 2014.12.15).

서울시 사회적경제 홈페이지. http://sehub.net/ (검색일: 2014.12.01).

서울사회적기업개발센터. "사회적경제 현황과 정책흐름." http://www.slideshare.net/kimnoza/2013-20130221 (검색일: 2015.01.02).

서울시마을기업사업단. 『서울시 마을기업 백서: 다른 경제. 새로운 희망 서울시 마을기업』 서울: 솔텍, 2014.

서울시정개발연구원. 『서울형 마을기업을 통한 지역공동체 활성화』 서울: 서울시정개발연구원, 2012.

서울신문. "한국 직선제 동시선거 '세계 유일'". http://www.seoul.co.kr/news/newsView.php?id=20150131011001 (검색일: 2015.01.31).

서울연구원. 『서울시 제3섹터 지원정책연구: 서울시 비영리 민간단체를 중심으로』 서울: 서울연구원, 2012.

서울특별시 협동조합 상담지원센터. 『협동조합 제도개선 119 제2차 토론회』(자료집) (2014).

생협전국연합회. 『생협전국연합회 20년의 기록』(20주년 기념 자료집) (2003).

생협전국협의회. "지역별/연합회별 생협 숫자."(내부 자료) (2011).

신광영. "한국 공공부문 임금 결정에 대한 연구." 『한국사회학』 제43권 5호 (2009).

신명호. "한국의 "사회적경제" 개념 정립을 위한 시론." 『동향과 전망』 통권 75호 (2009).

신진욱. "진보의 혁신과 시민정치." 『시민과 세계』 하반기 16호 (2009).

아이쿱생협사업연합회 홈페이지. http://www.icoop.or.kr/ (검색일: 2014.12.10).

안전행정부 홈페이지. http://www.mospa.go.kr/ (검색일: 2014.12.01).

엄한진·박준식·안동규. "대안운동으로서의 사회적 경제 : 프랑스 지역관리기업의 사례를 중심으로." 『사회와 이론』 제18호 (2011).

여성민우회생협 홈페이지. http://www.happycoop.or.kr/ (검색일: 2014.12.10).

여영현·박정규. "제3섹터 운영효율화를 위한 제도적 연구." 『한국정책과학학회보』 제14권 1호 (2010).

연합뉴스. "경남도-농협-사회적기업 '일자리 창출' 협약." http://www.yonhapnews.co.kr/economy/2014/09/04/0302000000AKR20140904042000052.HTML (검색일: 2014.09.04).

원구환. "제3섹터 지방공기업의 출자지분 및 이사회구조 분석." 『한국정책과학학회보』 제10권 1호 (2006).

유니세프한국위원회·한국NPO공동회의. 『2010년 정부의 비영리민간단체 지원 백서』

서울: 한국NPO공동회의, 2011.

유병홍. "공공부문과 민간부문 단체협약에 관한 탐색적 비교연구: 형평성과 의견개진을 중심으로." 『노동연구』 제23집 (2012).

이도희. "사회적기업 관련 제도 고찰." 『경영경제연구』 제35권 1호 (2012).

이문국 · 변재관. "자활사업과 사회적경제." 『사회적경제의 이해와 전망』 홍천: 아르케, 2014.

이주호. "협동조합기본법 제정과 사회적 기업 환경변화 분석." 『사회적기업과 정책연구』 제3권 1호 (2014).

임경수 · 하태영. "지속가능한 마을기업의 발전방안에 관한 연구." 『사회적기업연구 (Social Enterprise Studies)』 제6권 1호 (2013).

임업 외. 『사회적 기업과 지속가능한 지역발전』 서울: 집문당, 2013.

임혁백. "민주화 이후 한국 시민사회의 부활과 지속적 발전 : 동원적 시민사회에서 제도적 시민사회로의 전환과 신유목적 시민사회의 출현." 『OUGHTOPIA』 제24집 1호 (2009).

장원봉. "사회적경제의 대안적 개념화." 『시민사회와 NGO』 제5권 제2호 (2007).

장종익. "협동조합과 사회적경제." 『사회적경제의 이해와 전망』 홍천: 아르케, 2014.

_____. "협동조합기본법 제정이후 한국협동조합의 발전방향과 과제." 『동향과전망』 통권 86호 (2012).

전국경제인연합회. 『2014 기업 및 기업재단 대표 사회공헌프로그램 사례집』 (2014a). http://csr.fki.or.kr/issue/csr/data/View.aspx?content_id=2cb5ef64-48df-40a0-99da-3851d9d70f4c (검색일: 2015.01.01).

_____. 『2014년 주요 기업 · 기업재단 사회공헌백서』 (2014b). http://csr.fki.or.kr/issue/csr/data/View.aspx?content_id=2cb5ef64-48df-40a0-99da-3851d9d70f4c (검색일: 2015.01.01).

전국사회연대경제지방정부협의회 홈페이지 http://www.gsef2013.org/about/kr_about_3.asp?sMenu=abo3 (검색일: 2014.12.01).

조효제. "한국 시민운동의 발전과 도약." 『시민과세계』 제3호 (2003).

주성수. 『NGO와 시민사회』 서울: 한양대 출판부, 2005.

____. "시민사회의 영향력에 관한 경험적 분석: 정부와 시민사회 관계를 중심으로." 『시민사회와 NGO』 제9권 1호 (2011).

중앙자활센터 홈페이지. http://www.cssf.or.kr (검색일: 2014.12.01).

최나래 · 김의영. "자본주의의 다양성과 사회적 기업 : 영국과 스웨덴 비교연구." 『평화연구』 제22집 1호 (2014).

최조순. "사회적기업의 지속가능성과 지방정부의 역할." 『시민사회와 NGO』 제10권 2호

(2012).

한겨레. "수원 농협하나로클럽, 사회적기업 등 생산품 판다". www.hani.co.kr/arti/
economy/economy_general/584591.html (검색일: 2013.04.25).

한국노동연구원. 『2012 사회적기업 성과 분석』(한국사회적기업진흥원 위탁과제)
(2013).

한국노인인력개발원. 『2013년 노인일자리사업실태조사』 서울: 리드릭, 2013.

한국노총중앙연구원. 『노동조합과 사회적경제의 활성화: 협동조합을 중심으로』 서울:
한국노총중앙연구원, 2013.

한국보건사회연구원. "한국 제3섹터의 현황과 과제."『보건·복지 Issue&Focus』 제76
호 (2011).

한국사회적기업진흥원. 『사회적기업가 육성사업 우수사례집』 성남: 한국사회적기업진
흥원, 2013.

_____. 『사회적기업개요집 1094』 성남: 한국사회적기업진흥원, 2014.

한국사회적기업진흥원 홈페이지. http://www.socialenterprise.or.kr/index.do (검색
일 2015.01.03).

한국지방자치학회. 『읍·면·동 주민자치회 모델개발 연구』(최종보고서) (2011).

한살림 홈페이지 www.hansalim.or.kr/ (검색일: 2014.12.10).

함께일하는재단 홈페이지. http://hamkke.org/ (검색일: 2014.12.15).

함께일하는재단·한겨레경제연구소. 『협업과 상생의 거버넌스 혁신: LH 마을형 사회적
기업 사례집』 서울: 신우문화인쇄, 2013.

행정안전부. "2011년 「마을기업」육성 시행지침." (2011).

행정자치부. 『주민자치회 시범실시 추진현황(6월말 기준/서울.부산.대구): 서울 성동구
마장동』(지침) (2014).

행정자치부 홈페이지. http://www.mogaha.go.kr (검색일: 2014.12.15)

협동조합 홈페이지. http://www.coop.go.kr/COOP/state/guildEstablish.do (검색일
2015.01.03).

황덕순. "한국의 사회적일자리 창출 정책의 전개과정과 향후 발전방향." 사람입국.일자
리정책 심포지움 자료집 (2005).

Marques. Joana S. *Social and Solidarity Economy: Between Emancipation and
Reproduction*. UNRISD, 2014.

McMurtry. J.J. "Social economy as political practice." *International Journal of
Social Economics* 31-9 (2004).

ILO. "Decent work and the informal economy. Report VI." International Labour
Conference 91th Session. (2002).

ICA(International Co-operative Alliance). "ICA Statement on the Co-operative Identity." (1995).

UN. "Cooperatives in social development." Report of the Secretary-General. 2009.

Mendell. M. et al.. "Improving Social Inclusion at the Local Level Through the Social Economy: Report for Korea." *OECD Local Economic and Employment Development (LEED) Working Papers.* OECD Publishing, 2010.

제3장 중국 사회적경제 조직 Map

강평.『중국민법』. 노정환 외 옮김. 서울: 삼성경제연구소, 2007.

곽태열.『중국 향진기업에 관한 연구: 칭다오시(靑島市) 민영기업을 중심으로』창원: 경남발전연구원, 2011.

구기고. "중국 농촌금융시장의 발전과 농촌금융개혁 – 농촌신용합작사를 중심으로-."『중국연구』제34권 (2004).

김도희. "중국 사구연구의 쟁점에 관한 시론적 고찰."『중국학연구』제33집 (2005).

_____. "중국 도시 기층의 자율성: 사구의 조직과 행위를 통한 고찰."『中蘇研究』통권 111호. 2006 가을 (2006)

김모하. "중국 국유기업의 주식합작제 개혁: 국유소기업을 중심으로." 한국경제통상학회(구 한국경상학회. 한국국민경제학회).『경제연구』제8권 1호 (1999)

김병철. "도시와 농촌으로 이원화된 중국의 공공부조."『사회복지정책』35호 (2008).

김유섭. "중국 농촌 금융기관의 개혁과 과제."『2011 NHERI 리포트』제135호 (2011).

김종현. "거민위원회를 통해 본 도시 사구자치의 문제."『중국연구』제49권 (2010).

박경철. "중국 농촌합작체계의 형성과 전개(1919-1958): 서구 공상적 사회주의와 협동조합사상의 영향을 중심으로."『농촌지도와 개발』제18권 4호 (2011).

박윤철. 2005. "중국 비영리조직(NPOs) 성장과 시민사회발전."『중국학연구』제33집 (2005)

백승욱.『중국의 노동자와 노동정책』. 서울: 문학과 지성사, 2001.

_____. "변화와 갈등속의 중국 노동자."『현대 중국의 이해』. 파주: 나남, 2005.

서경택. "중국 농촌 경제체제 개혁 개황."『비교문화연구』1호 (1993).

서석흥. "중국의 농촌 주식합작기업에 관한 연구."『국제지역연구』제7권 제1호 (1997).

선우덕·김태완·김병철·양입웅·양찬미.『중국의 인구고령화 대비 지역사회 중심의 노인장기요양보호대책 실태분석과 상호협력방안』. 경제인문사회연구회 중국종합연구 협동연구총서. 서울: 대외경제정책연구원·한국보건사회연구원, 2012.

쌍호.『중국의 사회적경제에 관한 고찰-농민전업합작사 사례를 중심으로』. 인천대학교 석사학위논문, 2013.

쑨리핑.『단절』. 김창경 옮김. 부산: 산지니, 2007.

쓰펑진(石風今).『중국 동북3성지역 신농촌건설에서 농민합작사의 역할에 관한 연구』. 경북대학교 농업경제학과 석사학위논문. 2011.

양순찬.『중국식 사회주의의 이론과 실제』, 서울: 무한, 1999.

유현정. "중국 사회단체에 대한 통제 및 사회단체제도 규제완화 동향".『국가전략』제18권 2호 (2012).

윤들.『중국의 사회주의 이행기 농촌시장 재편과 국가-농민관계 변화』. 연세대 사학과 석사학위논문, 2008.

이남주.『중국 시민사회의 형성과 특징』. 서울: 폴리테이아, 2007.

이민자.『중국 농민공과 국가-사회관계』. 서울: 나남출판, 2001.

이이지마 와타루·사와다 유카리.『중국의 사회보장과 의료』. 서울: 한울아카데미, 2014.

이일영.『중국의 농촌개혁과 경제발전』. 서울: 서울대학교 출판부, 1997.

장영석. "난하이 혼다의 파업과 중국 노동운동에 대한 함의."『중소연구』제35권 3호 (2011).

장윤미. "중국과 아시아: 중국의 사회불평등과 노동운동의 전환."『아시아 저널』2호 (2010).

장정길 리경호. "중국 농민전업합작사 발전현황." 한국농촌경제연구원『중국농업정책브리핑』10-29 (2011).

전성흥. "중국의 지방소유제 구조와 정부-기업 관계."『국제정치논총』제41집 4호 (2001).

정상은. "다국적 기업의 중국 내 사회적 책임(CSR) 활동 분석."『국제지역연구』제11권 1호 (2007).

정상호. "동아시아 공민(公民) 개념의 비교 연구."『동북아연구』(구 통일문제연구) 제27권 1호 (2012).

정종호. "현대 중국 사회의 연속성과 불연속성." 김익수 외.『현대중국의 이해』. 서울: 나남, 2005.

조영남.『후진타오 시기의 중국정치』. 서울: 나남, 2006a.

_____. "지방의회와 사회단체."『중국 지방의회의 발전』. 서울: 폴리테이아. 2006b.

차창훈. "중국에서 시장화가 초래하는 정책혁신과 굿거버넌스(good governance): 사구(社區. Shequ) 건설과 행정삼분제(行政三分制)를 중심으로."『시민사회와 NGO』제8권 2호(2010).

최병헌. "중국내 기업의 사회적 책임(CSR)의 유형과 영향에 관한 연구." 『중국학 연구』 45호 (2007).

KIEP 북경사무소. "중국 지역발전의 최근 변화와 전략." 『중국경제 현안 브리핑』 2010 년 1월 14일 제10-1호. 서울: 대외경제정책연구소. 2010.

乔健. "2002年中国劳动关系的现状及面临的问题." 汝信·陆学艺·李培林 主编. 『2003年 中国社会形式分析与预测』. 北京: 社会科学文献出版社, 2003,

____. "2003年:新一轮结构调整下的劳动关系." 汝信·陆学艺·李培林 主编. 『2004年中国 社会形式分析与预测』. 北京: 社会科学文献出版社, 2004.

国家统计局 编. 『中国统计摘要 2013』. 北京: 中国统计出版社, 2013.

国务院办公厅. "国务院办公厅转发劳动部关于实施再就业工程报告的通知." 1995. 4. 16 http://www.gov.cn (검색일: 2015. 1. 15).

罗大贵·杨红. "中国NGO的发展现状及其对策研究." 『四川理工学院学报(社会科学版)』 23-5 (2008).

罗湘·魏震·谭可. "我国非营利组织资金困境分析." 『玉溪师范学院学报』 21-11 (2005).

卢代福. 『企业社会责任研究』. 北京: 法律出版社, 2014.

刘菁. "中国关于残疾人就业的文献述评." 『CHINA 연구』 16 (2014).

李扬 主编. 『中国企业社会责任研究报告(2013)』. 北京: 社会科学院出版社, 2013.

明善道. 『中国企业基金会发展研究报告 2011』. 基金会中心网. http://www.npi.org. cn/ (검색일: 2014. 12. 20).

民政部中民慈善捐助信息中心. 『中国慈善捐助报告(2010)』. 北京: 中国统计出版社, 2011.

潘毅 等主编. 『社会经济在中国: 超越资本主义的理论与实践』. 北京: 社会科学文献出版 社, 2013.

沙勇. 『中国社会企业研究』. 北京: 中央编译出版社, 2013.

时立荣·徐美美·贾效伟. "建国以来我国社会企业的产生和发展模式." 『东岳论丛』 32-9 (2011).

杨聪敏·杨黎源. "当代中国农民工流动规模考察." 中国社会学网. http://www. sociology2010.cass.cn/ (검색일: 2014. 12. 20).

王名. "社会企业伦纲." 『社会组织论纲』. 北京: 社会科学文献出版社, 2013.

____. "民间组织的发展及通向公民社会的道路." 王名 主编. 『中国民间组织30年: 走向公 民社会』. pp. 1-52. 北京: 社会科学文献出版社, 2008.

王亚栋. "实施积极的就业政策千方百计扩大就业." http://www.iprcc.org.cn/ (검색일: 2014. 12. 20).

王春光. ""半个"城市人."『百科知识』11 (2007).

王汉生·陈智霞. "再就业政策与下岗职工再就业行为."『社会学研究』4 (1998).

俞可平. "中国公民社会: 概念, 分类与制度环境."『中国社会科学』1 (2006).

_____. "序言: 发展社会企业, 推进社会社会." http://www.chinavalue.net/ (검색일: 2015. 1. 15).

张嘉伟·陈娅秋. "社会企业的这十年." http://www.serc-china.org/ (검색일: 2014. 12. 20).

张曙光 等. "社会经济在中国(上)."『开放时代』. 2012年第1期 (2012).

张玉磊. "非营利组织市场化运作的国外经验及其对我国的启示."『河南商业高等专科学校学报』20-2 (2007).

张晓山·李周.『新中国农村60年的发展与变迁』. 北京: 人民出版社, 2009.

中国社会科学院 民间组织与公共治理研究 课题组, "民间组织正逐步成为中国进一步深化改革的基础和重点", 黄晓勇 主编,『中国民间组织报告(2013)』北京: 社会科学文献出版社, 2013.

崔乃夫.『当代中国的政(下)』. 北京: 当代中国出版社, 1994.

何辉. "社会企业的兴起: 理论观念与中国实践." 黄晓勇 主编『中国民间组织报告(2013)』. 北京: 社会科学文献出版社, 2013.

韩克庆·黄淑敏. "福利企业的残疾人保障功能."『山东经济』2 (2008).

红旗文稿. "中国企业社会责任的演变." http://www.sasac.gov.cn/ (2012).

黄承伟·覃志敏. "我国社会企业发展研究述评."『学习与实践』5 (2013).

Cho, Mun Young. "On the Edge between "the People" and "the Population": Ethnographic Research on the Minimum Livelihood guarantee." *China Quarterly* 201 (2010).

Defourny, Jarque and Kim Sinyang. "Emerging Models of social enterprise in East Asia: a cross-country analysis", in Defourny, J. & Kuan, Y.-Y. (eds.) *Social Enterprise in Eastern Asia. Social Enterprise Journal*, special issue, 7-1 (2011).

Fulda, Andreas, Yanyan Li and Qinghua Song. "New Strategies of Civil Society in China: a Case Study of the Network Governance Approach." *Journal of Contemporary China* 21-76, pp.675-693 (2012).

FYSE. "China Social Enterprise Report 2012." http://www.fyse.org/ (검색일: 2015. 1. 15).

Gallagher, M. E. "China: The Limits of Civil Society in a Late Leninist State," in

M. Alagappa (ed.) *Civil Society and Political Change in Asia: Expanding and Contracting Democratic Space*. Stanford: Stanford University Press, 2004.

Garnaut, Ross, Ligang Song and Yang Yao. "Impact and Significance of State-owned Enterprise Restructuring in China," *The China Journal* 55 (2006).

ILO Social and Solidarity Academy. "Social and Solidarity Economy: Our common road towards Decent Work", *The Reader 2011* (2011).

Lee, Hong yung. "Xiagang, the Chinese Style of Laying Off Workers." *Asian Survey* 40 (2000).

Lee, Rebecca. "The Emergence of Social Enterprises in China: The Quest for Space and Legitimacy." *Tshinghua China Law Review* 2-79 (2012).

Li, Lianjiang and Kevin J. O'Brien. "Protest Leadership in Rural China," *China Quarterly* 193 (2008).

Lu, Mai and Mingliang Feng. "Reforming the Welfare System in the People's Republic of China", *Asian Development Review* 25-1,2 (2008).

Lu, Xiaobo and Elizabeth J. Perry. *Danwei: The Changing Chinese Workplace in Historical and Comparative Perspective*. Armonk: M. E. Sharpe, 1997.

Naughton, Barry. "Danwei: The Economic Foundations of a Unique Institution." in X. Lu and E. J. Perry (eds.) *Danwei: The Changing Chinese Workplace in Historical and Comparative*, Armonk: M. E. Sharpe, 1997.

O'Brien, Kevin J. "Rightful Resistance." *World Politics* 49-1 (1996).

Saich, Tony. "Negotiating the State: The Development of Social Organizations in China," *China Quarterly* 161 (2000).

Solinger, Dorothy J. "China's Floating Population," in M. Goldman and R. MacFarquhar (eds.) *The Paradox of China's Post-Mao Reforms*. Cambridge: Harvard University Press, 1999.

_____, Dorothy J. "Labour Market Reform and the Plight of the Laid-off Proletariat", *China Quarterly* 170, (2002).

Wang, Yunhui. "The Status of Mutual Insurance in China and a Proposed Mixed Mutual/Commercial Insurance Model." Swiss Federal Institute of Technology Zurich, MA thesis, 2009.

Wright, Teresa. *Accepting Authoritarian Regime: State-Society Relations in China's Reform Era*. Stanford: Stanford University Press, 2010.

Yu, Jiang and Jun Zhou. "Local Governance and Business Associations in Wenzhou: a model for the road to civil society in China?." *Journal of*

Contemporary China 22-81 (2013).

Yu, Xiaomin. "Social Enterprise in China: Driving Forces, Development Patterns and Legal Framework." *Social Enterprise Journal* 7-11 (2011).

Zhang, Xiaomin. "Challenges Facing the Development of Chinese Specialized Cooperatives in China", B. Rolelants (ed.) *Cooperative Growth for the 21st Century.* ICA and CICOPA, 2013.

Zhao, Li. "Conceptualizing the Social Economy in China." *Modern Asian Studies*, 47-3 (2013).

Zhao, Meng. "The Social Enterprise Emerges in China." *Stanford Social Innovation Review* (2012).

제4장 일본 사회적경제 조직 Map

가네코 이쿠요. 김정복 역.『커뮤니티 비즈니스의 시대』서울: 이매진, 2010.

김명중. "일본기업의 사회적 책임: 동향과 과제."『국제노동브리프』제4권 4호 (2006).

김병로. "한국과 일본 기업의 사회공헌활동에 관한 연구."『일본근대학연구』36호 (2012).

김용민·제점숙·이원범. "일본의 사회적기업에 대한 고찰."『일본근대학연구』35호 (2012).

김장권. "세계화시대의 지방자치." 장달중 편.『세계화와 일본의 구조전환』서울: 서울대학교출판부, 2002.

김진범·정윤희·이승욱·진영환.『도시재생을 위한 커뮤니티 비즈니스 지원방안 연구』서울: 국토연구원, 2009.

김창규.『지역사회를 비즈니스하다: 고령지역사회에 활력을 불어넣는 커뮤니티 비즈니스 안내서』서울: 아르케, 2010.

김학실. "한국·영국·일본의 사회적기업 지원제도 비교."『한국비교정부학보』제15권 2호 (2011).

노일석. "중간법인에 관한 연구."『성심법학』3호 (2003).

노희진·김인선. "사회적기업의 육성 방안: 한일 양국의 사적 고찰을 통하여."『경영사학』66호 (2013).

네모토 마사쯔구. "일본 사회적기업 지원제도에 관한 연구: NPO법인을 중심으로."『사회적기업과 정책연구』제1권 1호 (2011).

다무라 아키라. 강혜정 역.『마을 만들기의 발상』서울: 소화, 2005.

미야모토 타로. 임성근 역.『복지정치: 일본의 생활보장과 민주주의』서울: 논형, 2011.

미우라 히로키·한주희. "한국 사회생태계에서 정부-기업-시민섹터 간 융합적 영역: 조직, 재정, 시민참여의 실태와 경향."『한국정치학회보』제22권 3호 (2013).

민병로. "일본 시민사회의 구조와 법인화: NPO법인 제도를 중심으로."『민주주의와 인권』제10권 2호 (2010).

박경숙. "세계화와 일본 사회정책의 변화." 송호근 외 편.『세계화와 복지국가』서울: 나남출판, 2001.

박명희. "일본의 정당정치 변화와 NPO의 애드보커시: 1990년대 이후 고령자 복지 영역을 중심으로."『한국정치학회보』제45집 5호 (2011).

_____. "일본 고령자 복지 거버넌스와 NPO: 지역 정치구조의 개방성, 연계성, NPO 애드보커시."『일본연구논총』35호 (2012).

_____. "일본 민주당의 정책체계: 생활자중심 정치의 시도와 좌절."『일본연구논총』38호 (2013).

박현숙. "일본 복지클럽 소비자생활협동조합의 발전과 워커즈 콜렉티브의 역할."『한국협동조합연구』제25권 2호 (2007).

배원기. "일본의 비영리법인(공익법인) 제도의 개혁과 시사점: 우리나라 제도와의 비교를 중심으로."『한국비영리연구』제11권 1호 (2012).

사이토 요시아키. 다나카 히로시 역.『현대일본생협운동소사』홍성: 그물코, 2012.

사토 요시유키. 송석원 역.『NPO와 시민사회: 결사론의 가능성』서울: 아르케, 2004.

사토 시게루. "마치츠쿠리란 무엇인가."『도시와 빈곤』50호 (1995).

_____. 이왕건 역.『마을 만들기 시민사회』안양: 국토연구원, 2012.

송애정·김예성. "지역활성화 측면에서 본 일본기업메세나활동 연구."『한국지역경제연구』22호 (2012).

송경숙. "세계화 시대 일본적 노사관계의 지속과 노동시장제도의 변화: 노자 간 계급연합 정치를 중심으로."『민주사회와 정책연구』26호 (2014).

신명호. "한국의 '사회적 경제' 개념 정립을 위한 시론."『동향과 전망』75호 (2009).

신카와 토시미츠. 윤문구 역.『일본 사회복지의 정치경제학』. 서울: 홍익재, 2001.

신호균·김영애·장흥매. "사회적기업에 대한 국제적 비교: 한·중·일을 중심으로." 한국로고스경영학회 학술발표대회논문집 발표문 (2009).

야마모토 마사유키. 충남발전연구원 역.『도시와 농촌이 공생하는 마을 만들기: 농업과 함께하는 지역재생』서울: 한울, 2007.

양세훈.『(마을기업과 사회적기업의) 거버넌스: 사회적 일자리 정책의 불편한 진실』파주: 이담Books, 2012.

오사와 마리. 김영 역.『현대 일본의 생활보장체계』서울: 후마니타스, 2009.

오승은. "일본의 특수법인 개혁에 관한 연구." 『한국지방자치학회보』 제16권 4호 (2004).

오세웅. "일본의 개호보험제도 관련시책의 변화내용에 관한 분석 – 입소시설의 서비스 및 인력관리를 중심으로." 『노인복지연구』 제59권 (2013).

와카츠키 타케유키. 이은선 역. 『꺼지지 않는 협동조합의 불꽃』 홍성: 그물코, 2012.

은복주·김도훈·임진섭. "일본의 개호보험의 개혁동향과 정책적 함의: 2차 개호보험 개혁을 중심으로." 『한국정책연구』 제12권 4호 (2012).

이광재. "노인장기요양보험제도 정책과정에 관한 한·일 비교연구: 정책네트워크이론을 중심으로." 『한국사회복지학』 제62권 2호 (2010).

이숙종. "공공서비스 제공자로서 일본 시민단체의 대두." 이숙종 편. 『작은 정부와 일본 시민사회의 발흥』 파주: 한울아카데미, 2004. .

이종구. "세계화시대의 지방분권과 주민생활." 장달중 외 편. 『세계화와 일본의 구조전환』 서울: 서울대학교출판부, 2002.

이시재. "일본의 지역생활조직 연구: 町內會활동을 중심으로." 『지역연구』 제2권 3호 (1993).

_____. "현대 일본의 새로운 사회운동의 '새로움'이란 무엇인가?: 생활클럽 소비자생활협동조합의 얼터너티브 운동을 중심으로." 『경제와 사회』 26호 (1995).

이혜경. "일본의 비영리부문: 역사적 배경과 구조적 특성." 『동서연구』 제13권 1호 (2001).

정이환. 『경제위기와 고용체제: 한국과 일본의 비교』 파주: 한울, 2011.

정미애. "일본의 시민사회와 NPO: 행정과 NPO와의 파트너십을 중심으로." 『국제지역연구』 제6권 2호 (2002).

정윤성. 『마을기업에서 희망을 보다』 서울: 씽크스마트, 2013.

정재욱. "일본에 있어서의 사회적기업의 발전과정과 함의." 『지역발전연구』 제9권 2호 (2010).

조영복 역. 『사회적기업: 국제비교(Social Enterprise: A Global Comparison)』 서울: 시그마프레스, 2010.

조영훈. "유교주의, 보수주의, 또는 자유주의? 한국의 복지유형 검토." 『한국사회학』 제35권 6호 (2001).

_____. 『일본 복지국가의 어제와 오늘: 복지국가 이론들의 비교와 평가』 파주: 한울아카데미, 2006.

진창수. "일본 정당정치의 변동과 정책변화: 2001년 성청 개혁을 중심으로." 『일본연구논총』 24호 (2006).

최성경. "일본의 공익법인제도 개혁: 「공익사단법인 및 공익재단법인의 인정 등에 관한 법률」을 중심으로."『민사법학』 41호 (2008).

_____. "일본의 법인정비법."『한양법학』 제20집 2호 (2009).

칼린 제넬. "사회적기업 모델과 배경의 비교."『사회적기업연구』 제3권 2호 (2010).

한영혜.『일본의 지역사회와 시민운동』 파주: 한울아카데미, 2004.

하루히토 다케다. 강성우 역. 『일본 속의 NPO』. 서울: 제이앤씨, 2014.

호소우치 노부타가 편. 박혜연·이상현 역.『지역사회를 건강하게 만드는 커뮤니티비즈
니스』 서울: 아르케, 2007.

호소우치 노부타카. 정정일 역.『우리 모두 주인공인 커뮤니티비즈니스』 파주: 이매진,
2008.

いろどり. "いろどりストーリー." http://www.irodori.co.jp/asp/nwsitem.asp?nw_
id=2&design_mode=0 (검색일: 2015. 01. 10).

後房雄.『日本におけるサードセクターの範囲と経営実態』東京: 経済産業研究所, 2011.

岡本仁宏. "民社会論の諸論点について."『法と政治』48-2 (1997).

川原彰.『現代市民社会論の新地平 – アレント的モメントの再発見』東京: 有信堂高文
社, 2006.

厚生労働省. "種類別医療法人数の年次推移" http://www.mhlw.go.jp/topics/
bukyoku/isei/igyou/igyoukeiei/houzinsuu04.pdf (검색일: 2015. 01. 15).

_____. "地域包括ケアシステムの実現へ向けて." http://www.mhlw.go.jp/stf/
seisakunitsuite/bunya/hukushi_kaigo/kaigo_koureisha/chiiki-houkatsu/ (검색
일: 2015. 01. 15).

_____. "公的介護保険制度の現状と今後の役割." http://www.mhlw.go.jp/
seisakunitsuite/bunya/hukushi_kaigo/kaigo_koureisha/gaiyo/dl/hoken.pdf
(검색일: 2015. 01. 24).

産業経済省. "ソーシャルビジネス研究会報告書." http://www.meti.go.jp/policy/local_
economy/sbcb/sbkenkyukai/sbkenkyukaihoukokusho.pdf (검색일: 2014. 10.
21).

_____. 「中心市街地活性化政策の見直しの方向性」, http://www.meti.go.jp/
committee/kenkyukai/shoryu/revitalize_city/pdf/report_01_01.pdf (검색일:
2014. 12. 10).

篠原一.『市民の政治学: 討議デモクラシーとは何か』東京: 岩波書店, 2004.

総務省. "指定管理者制度について." http://www.soumu.go.jp/main_content/000088
822.pdf. (검색일: 2015. 01. 24).

_____. "公の施設の指定管理者制度の導入状況等に関する調査結果." http://www.

soumu.go.jp/main_content/000184386.pdf. (검색일: 2015. 01. 24).

全国社会福祉施設経営者協議会. http://www.keieikyo.gr.jp/data/panf2.pdf (검색일: 2015. 01. 15).

谷本寛治.『ソーシャル・エンタープライズ: 社会的企業の台頭』東京: 中央経済社, 2006.

中小企業基盤整備機構. "ソーシャルビジネス調査." http://www.smrj.go.jp/keiei/dbps_data/_material_/b_0_keiei/chosa/pdf/h22socialbusiness.pdf (검색일: 2014. 10. 01).

辻中豊·坂本治也·山本英弘.『現代市民社会叢書4: 現代日本のNPO政治—市民社会の新局面』東京: 木鐸社, 2012.

辻中豊·山本英弘·久保慶明. "日本における団体の形成と存在." 辻中豊·森裕城 編.『現代社会集団の政治機能: 利益集団と市民社会』東京: 木鐸社, 2013.

内閣府. "市民活動団体等調査." http://www.caa.go.jp/seikatsu/2001/0409shiminkatsudou/main.html (검색일: 2014. 10. 23).

_____. "特定非営利活動促進法のあつまり." https://www.npo-homepage.go.jp/pdf/201204_pamphlet.pdf (검색일: 2014. 12. 20).

_____. "基本情報." https://www.npo-homepage.go.jp/pdf/kihon/kihon_all.pdf (검색일: 2015. 01. 15).

_____. "公益法人制度とNPO法人制度の税制上の優遇措置の比較について." http://www.cao.go.jp/others/koeki_npo/koeki_npo_zeisei.html (검색일: 2015. 01. 15).

_____. "認定·仮認定ＮＰＯ法人名簿." https://www.npo-homepage.go.jp/portalsite/ninteimeibo.html (검색일: 2015. 1. 10)

_____. "NPOについて." https://www.npo-homepage.go.jp/portalsite/ninteimeibo.html (검색일: 2015. 01. 25).

_____. "イノベーション25とは?." http://www.cao.go.jp/innovation/ (검색일: 2015. 01. 23)

日本経済団体連合会. "企業行動憲章." http://www.keidanren.or.jp/japanese/policy/cgcb/charter2004.html (검색일: 2014. 12. 20).

_____. "2010年度社会貢献活動実績調査結果." http://www.keidanren.or.jp/japanese/policy/2011/097/ (검색일: 2015. 01. 20).

_____. "公益法人制度とNPO法人制度の税制上の優遇措置の比較について." http://www.cao.go.jp/others/koeki_npo/koeki_npo_zeisei.html (검색일: 2015. 01. 15).

日本生活協同組合聯合會. "全国生協の総合概況." http://jccu.coop/aboutus/coop/

synthesis/ (검색일: 2014. 11. 20).

原田誠司. "ソーシャル・ビジネスへの視点: 地域におけるソーシャル・ビジネス起こしに向けて." 『長岡大学 研究論叢』 8 (2010).

細川淳. "ソーシャル・ビジネスのデュアル・ミッション性: その概念と動態的発展過程." 『21世紀社会デザイン研究』 10 (2011).

細内信孝. 『地域を元気にするコミュニティ・ビジネス』東京: きょうせい, 2006.

山口定. 『市民社会論 歴史的遺産と新展開』東京:有斐閣, 2004.

山内直人. "政策対象としてのNPO." http://www.esri.go.jp/jp/tie/npo_chiiki/t1.pdf#search='%E5%86%85%E9%96%A3+NPO+%E5%AE%9A%E7%BE%A9+%E7%8B%AD%E7%BE%A9+%E5%BA%83%E7%BE%A9 (검색일: 2014. 10. 21).

やわらぎ. "やわらぎのご紹介." http://www.yawaragi.or.jp/F-01_2.html (검색일: 2015. 01. 10).

米澤旦. "ハイブリッド組織としての社会的企業・再考: 対象特定化の困難と対応策." 『大原社会問題研究所雑誌』 662 (2013).

Avenell, S. "Civil Society and the New Civic Movements in Contemporary Japan: Convergence, Collaboration, and Transformation." *The Journal of Japanese Studies* 35-2 (2009).

Defourny, J. and Kim Shin-Yang. "Emerging models of social enterprise in Eastern Asia: a cross-country analysis." *Social Enterprise Journal* 7-1 (2011).

Foljanty-Jost, Gesine. "Bringing the Citizen Back In: Democratic Dimensions of Local Reforms in Germany and Japan." *East Asia* 28 (2011).

Grameen UNIQLO. "Social Buisness Framework." http://www.grameenuniqlo. com/en/about/business.html (검색일: 2014. 12. 20).

International Co-operative Alliance. "Co-operative identity, values & principles." http://ica.coop/en/whats-co-op/co-operative-identity-values-principles (검색일: 2014. 12. 23).

Hasegawa, Miki. "Economic Globalization and Homeless in Japan." *American Behavioral Scientist* 48-8 (2005).

Kingston, Jeff. *Japan's Quiet Transformation: Social Change and Civil Society in the Twenty-first Century*, London and New York: Routledge, 2004.

Kume, Ikuo. *Disparaged Success: Labor Politics in Postwar Japan*, Ithaca, N.Y.: Cornell University Press, 1998.

Laratta, R., S. Nakagawa and M. Sakurai. "Japanese Social Enterprises: Major

Contemporary Issues and Key Challenges." *Social Enterprise Journal* 7-1 (2011).

Menju, Toshihiro and Takako Aoki. "The Evolution of Japanese NGOs in the Asia Pacific Context." Tadashi Yamamoto (ed.), *Emerging Civil Society in the Asia Pacific Community: Nongovernmental Underpinnings of the Emerging Asia Pacific Community*, Tokyo: Japan Center for International Exchange, 1996.

Ogawa, Akihiro. *The Failure of Civil Society?: The Third Sector and the State in Contemporary Japan*, Albany: State University of New York Press, 2009.

_____. "The New Prominence of the Civil Sector in Japan." Victoria Lyon Bestor and Theodore C. Bestor, and Akiko Yamagata (eds.), *Routledge Handbook of Japanese Culture and Society*, London and New York: Routledge, 2011.

Osborne, Stephen (ed.). *The voluntary and Non-Profit Sector in Japan: The Challenge of Change*, Oxford: RoutledgeCurzon, 2003.

Pekkanen, Robert. *Japan's Dual Civil Society Members without Advocacy*, California: Stanford University Press, 2006.

Schwartz, Frank J. and Susan J. Pharr (eds.). *The State of Civil Society in Japan*, Cambridge: Cambridge University Press, 2003.

Tanimoto, Kanji. "A Conceptual Framework of Social Entrepreneurship and Social Innovation Cluster: A Preliminary Study." *Hitotsubashi Journal of Commerce and Management* 42-1 (2008).

Tsukamoto, Ichiro and Mariko Nishimura. "Japan." in Janelle A. Kerlin (ed.), *Social Enterprise: A Global Comparison*, Medford MA: Tufts University Press, 2009.

제5장 한중일 사회적경제 조직 Map의 비교와 함의

한국사회적기업진흥원. "사회적기업 리스트." http://www.socialenterprise.or.kr/ kosea/company.do (검색일: 2015. 01. 20).

_____. "'13년도 예비사회적기업 지정현황." http://www.socialenterprise.or.kr

_____. "협동조합현황." http://www.coop.go.kr/COOP/state/majorStatistics1.do (검색일: 2015. 01. 20).

한국협동조합연구소. 『한국 협동조합 섹터의 발전방향과 사회적기업과의 연계 가능성』서울: 함께일하는재단, 2011.

_____. "2013년 한국 협동조합 현황."『협동조합네트워크』제66호(2014).

EU. *The Social Economy in the European Union*. Brussel: EU, 2012.

UN. *Demographic Yearbook 2013*. http://unstats.un.org/unsd/demographic/ products/dyb/dyb2013.htm (검색일: 2015. 05. 03).

中华人民共和国国家统计局. "年度数据." http://data.stats.gov.cn (검색일: 2015. 01. 20).

中华人民共和国国家工商行政管理总局. "2014年度全国市场主体发展´工商行政管理市场监管和消费维权有关情况." http://www.saic.gov.cn/zwgk/tjzl/zhtj/xxzx/201501/t20150123_151591.html (검색일: 2015. 01. 20).

日本内閣府. "認定·仮認定ＮＰＯ法人名簿." https://www.npo-homepage.go.jp/portalsite/ninteimeibo.html (검색일: 2015. 01. 25).

公益法人協会. "非営利法人データベース." http://nopodas.com (검색일: 2015. 01. 25).

日本厚生労働省. "平成24年度消費生活協同組合(連合会)実態調査." http://www.e-stat.go.jp/SG1/estat/NewList.do?tid=000001019315 (검색일: 2015. 01. 25).

부록

고용노동부.『제2차 사회적기업 육성계획』(2013).

_____. "전국노동조합조직현황." http://kosis.kr.

통계청. "농어업법인조사". http://kosis.kr.

신용협동조합. "신협통계." http://research.cu.co.kr.

한국협동조합연구소.『한국 협동조합 섹터의 발전방향과 사회적기업과의 연계 가능성』서울: 함께일하는재단, 2011.

_____. "2013년 한국 협동조합 현황."『협동조합네트워크』제66호(2014).

행정자치부.『행정자치통계연보』(각 년)

_____.『행정자치백서』(각 년)

_____. "비영리민간단체 등록 현황" (각 년). http://www.mogaha.go.kr.

_____. "주민자치센터 설치 및 운영 현황"(각 년). http://www.mogaha.go.kr.

행정안전부.『행정안전백서』(각 년)

안전행정부.『안정행정통계연보』(각 년).

보건복지부.『보건복지백서』(각 년)

중앙자활센터.『2014년 자활백서』.

국세청. 『국세통계연보』(각 년). http://www.nts.go.kr.

한국사회적기업진흥원. "사회적기업 인증 현황"(각 년). http://www.socialenter prise. or.kr.

_____. "협동조합 설립현황". http://www.coop.go.kr/COOP/state/guildEstablish.do

国家工商行政管理总局. 『全国市场主体发展报告』(각 년).

国家统计局. "国家数据". http://data.stats.gov.cn.

_____. 『中国统计年鉴』(각 년)

民政部. 『2014年 社会服务发展统计公报』(2014년).

内閣府. "内閣府NPOホームページ." https://www.npo-homepage.go.jp/toukei.

国税庁. 『統計年報』(각 년).

法務省. 『登記統計』(각 년).

内閣府. "公益法人Information". https://www.koeki-info.go.jp.

厚生労働省. 『厚生労働白書』(각 년).

_____. "労働統計要覧". http://www.mhlw.go.jp/toukei/youran/index-roudou. html.

国土交通省. 『建設白書』(2000)

総務省. "自治会・町内会とは"(2013) http://www.soumu.go.jp/main_ content/000307324.pdf.

_____. "基礎自治体における住民自治について"(2002) http://www.soumu.go.jp/ main_sosiki/singi/chihou_seido/singi/pdf/No29_senmon_5_si1.pdf.

_____. "地縁団体名義への所有権移転登記手続の改善促進"(2013). http://www. soumu.go.jp/main_content/000203515.pdf.

文化庁. "宗教統計調査". http://www.bunka.go.jp/tokei_hakusho_shuppan/ tokeichosa/shumu/index.html.